KB063330

초등 상담교사의

마음수업

초등 상담교사의

마음수업

이진희 · 손주현 · 김효경 지음

에듀니티

차례

* **일러두기**

이 책에 나오는 학생들의 이름은 모두 가명입니다.

프롤로그

마음도 공부가 필요하다

마음이란 무엇일까? 마음은 그냥 알아서 크는 것일까?

상담교사로 아이들과 함께하면서 항상 마음에 대해 생각하고 고민한다. 우선 마음이라 하면 사람마다 가지는 감정이나 생각 또는 인간 내면의 심리를 의미한다. 마음은 그 쓰임에 따라 무엇을 하고자 하는 의지를 뜻하기도 하고, 겉으로 드러나지 않는 속마음을 가리키기도 한다. 이런 마음은 눈에 보이지 않는다. 그래서일까? 사람들은 몸이 자라듯이 마음도 알아서 커진다고 여긴다. 과연 그럴까? 정말 마음은 학습과 돌봄 같은 특별한 노력 없이도 저절로 자라는 걸까? 지식으로 머리를 채우는 것처럼 마음도 공부해야 한다. 감정에 대해 알고, 생각을 쌓고 가슴을 채워가야 하는 것이다.

상담교사 일을 하면서 마음이 공허한 아이들을 많이 보

았다. 한글을 잘 읽고 쓰며, 수학도 잘하는데 자기 감정이 어떤지, 무엇을 잘하고 좋아하는지, 친구와 관계맺기를 어떻게 해야 하는지, 갈등은 어떻게 해결하는지, 힘들 때 무엇을 하면 좋을지, 누구에게 어떤 도움을 받을 수 있는지 등에 대해서는 서툴다. 이 아이들은 자신이 가진 능력과 잠재력에 비해 자존감이 낮고 심리적으로도 안정되어 있지 못하다. 그런 아이들을 볼 때마다 안쓰러운 마음이 들어 도와주고 싶지만, 상담교사라고 해서 그런 능력이 본디 뛰어난 것은 아니다. 아이들에게 어떤 도움을 줄 수 있을지, 아이들의 마음을 어떻게 채워가야 할지 그 방법을 고민하고 실천해 나가는 시도를 끊임없이 할 수밖에 없다.

초등학교에서의 상담은 중등학교 상담과 분명한 차이가 있다. '감정'이라는 단어도 생소한 초등학생에게는 '오늘 너의 감정은 어떠니?'라는 질문에 답하기가 쉽지 않다. 감정이란 무엇인지 이야기하고, 어떤 감정들이 있는지 함께 살펴보고, 어떻게 내 감정을 표현하면 좋을지를 의논하며 하나하나 감정에 대한 개념과 표현과 경험을 서서히 쌓아가는 것이 좋다. 우리는 이를 '마음수업'이라 명명했다. '마음수업'의 중요성에 공감하는 강원도 전문상담교사들이 모여 '초등상담교육연구회'를 만들고 초등학생에게 필요한 상담 주제에 대해 마음수업 방법과 자료를 함께 개발하고 있다. 아직 갈 길이 멀지만 이 책을 통해 초등학교 상담교사의 역할과 다양한 활동을 소개하며 아이들의 마음성장을 돕는 마음수업 노하우를 여러 교육자들과 함께 나눌 수 있기를 바란다.

초등학교에서 마음수업의 성공을 위해서는 담임교사와 더불어 보호자의 협력이 반드시 필요하다. 또한 아이들의 마음성장과 마음건강을 위해서는 교사와 보호자인 부모의 마음건강이 선행되어야 한다. 부족하나마 부모님과 선생님의 마음건강에 대한 고민도 담으려 노력했다.

첫 장에서는 초등학교 상담교사에 대해 소개하고 그들의 역할과 일과, 강점과 장점, 열정과 노력, 고민과 어려움, 희망과 바람 등을 담아보았다. 그동안 많이 알려지지 않은 초등학교 상담교사의 삶과 일상을 진솔하게 표현하려고 했다.

두 번째 장에는 초등학교 아이들이 흔히 겪는 어려움과 필요한 주제에 대해 상담교사의 경험과 마음수업 방법을 담았다. 책에 제시된 방법은 교사가 반에서 전체 학생들이나 개별 학생에게 혹은 가정에서 보호자가 자녀에게 적용할 수 있도록 쉽게 표현하였으며 마음수업에 관심 있는 사람이라면 누구나 아이들의 마음성장을 위해 활용할 수 있도록 했다.

세 번째 장에서는 부모님, 선생님에 대한 마음수업을 다루며 보호자와 초등학교 교사가 겪는 고충에 공감하고 그 어려움을 조금이라도 덜 수 있는 방법을 제시하고자 했다.

상담교사의 시각에서 부모님과 선생님에게 필요한 마음의 자세에 대한 조언도 담았다.

이 책은 세 사람의 공저이나 따로 쓴 글을 단순히 합친 것은 아니다. ○번의 글을 누가 썼느냐고 묻는다면 누구 글이라고 답할 수 없다. 모든 꼭지, 모든 문장에 우리 세 사람의 숨결이 고루 담겼다. 물론 각자 자신 있는 부분의 초안을 쓰는 것으로 진행했지만 같이 글을 검토하고 보완하면서 세 사람의 생각과 경험을 합쳤다.

이 책에 보내주신 많은 분들의 관심과 정성을 기록해두고 싶다. 먼저 뜻을 모아 아이들의 마음성장과 마음건강을 위해 노력하고 있는 강원도 '초등상담교육연구회' 상담교사 동료들이 있다. 저마다 바쁜 업무와 생활 속에서도 아이들을 위하는 한결같은 마음으로 같이 고민하고 애써준 연구회 회원들과 최선을 다해 함께 집필해준 두 분의 선생님께 감사함을 전한다. 그리고 생각에만 머물렀던 것을 행동으로 옮길 수 있도록 좋은 기회를 주신 강원도교육청과 강원도교육연구원, 상담교사로서 먼저 좋은 책을 써주시고 조언을 아끼지 않으신 용진숙 선생님께도 감사드린다.

2022. 10. 17

저자들을 대표하여

이진희

1장

마음수업 하는 상담교사

01
선생님은 누구세요?

나는 '토닥이쌤'이야

초등학교에서 상담교사는 담임이 아니다 보니 아이들과 만날 수 있는 시간이 제한적이다. 상담만 한다면 1년 동안 상담교사가 만날 수 있는 아이는 100명도 채 되지 않을 것이다. 적은 시수지만 반마다 '마음수업'을 진행하며 상담실과 상담교사를 홍보하고 있음에도 학생들, 특히 저학년 아이들의 기억에는 늘 흐릿한 존재로 남아 있다. 상황이 이렇다 보니 초등학교에서 아이들에게 많이 듣는 질문도 "선생님은 누구세요?"이다. 저학년 아이들은 정말 몰라서 궁금함을 표현하는 반면 고학년은 알면서도 상담교사의 관심을 받으려고, 또는 장난으로 그런 질문을 한다.

요즘 유행하는 성격유형지표 MBTI 검사에서 나는 '외향

(Extraversion)'으로 선호가 매우 분명하다. 외부 세계에 집중하며 말로 표현하는 것을 좋아하는 편이다. 그래서 상담실을 오가며 아이들을 볼 때마다 나는 모두에게 "안녕!" 하며 인사를 한다. 같이 인사하는 아이도 있고 쭈뼛거리며 피하는 아이도 있지만 어떤 아이는 다가와서 진지하게 묻는다. "선생님은 누구세요?" 이 질문을 처음 들었을 때는 적잖이 당황했다. "나는 선생님인데…."라고 대답했지만 정작 아이가 궁금한 건 그게 아니었을 것이다. 반복되는 아이들의 질문에 스스로 답을 찾아야 했고 지금은 이렇게 답하고 있다.

"선생님은 우리 학교 상담실에서 친구들의 마음을 토닥여주는 '토닥이쌤'인데 친구들에게 어려움이나 문제가 있으면 같이 고민해서 해결 방법을 찾고 있어."

상담교사에 대해 언급하기 전에 상담이 무엇인지를 먼저 설명해야 할 것 같다. 한자로 보면 상담(相談)은 '서로 상(相)'에 '말씀 담(談)'이 합쳐진 것으로 '서로 말한다'는 뜻이다. 대부분의 이론서에서 상담은 '내담자와 상담자 간의 상호작용을 통해 내담자의 성장과 발전을 도모하는 심리적 조력 과정'이라고 정의한다. 초등학교에서 내가 아이들의 눈높이에 맞춰 상담을 설명해줄 때는 '힘들거나 도움이 필요할 때 상담 선생님과 대화를 통해 함께 어려움을 해결해가는 과정'이라고 소개한다. 상담이란 결국 '서로의 마음을 열고 나누는 과정'이다.

학교에 있는 상담실을 '위(Wee)클래스'라고 부르는데 여기서 'Wee'는 We(우리) + education(교육) + emotion(감성)의 합성어이다. '위(Wee)'는 학교, 교육지원청, 지역사회가 연계하여 학생들의 건강하고 즐거운 학교생활을 지원하는 다중 통합지원 서비스망으로 학교에 위(Wee)클래스, 교육지원청에 위(Wee)센터, 강원도의 경우 직속 기관인 위(Wee)스쿨 강원학생교육원과 사임당교육원이 있다. 위(Wee)클래스는 단위학교에서 운영하며 학교 적응력 향상을 위한 학생 및 학부모 상담 등을 일차적으로 담당하고 있고 그 담당자가 바로 전문상담교사이다. 위(Wee)클래스 전문상담교사의 주요 업무에는 개인상담, 집단상담, 심리검사, 교육·행사, 교사·보호자 자문, 홍보 및 상담기록, 전문기관 연계 등이 있다.

초등학교 전문상담교사 되기

이 책에서는 줄곧 '상담교사'라 하지만 정식 명칭은 '전문상담교사'이다. 교원 자격 중 유일하게 '전문'이 앞에 붙어 있다는 데 자부심을 느낄 법도 하지만 '전문'에 대한 책임감과 부담감이 따른다. 신규 교사의 경우 이제 막 시작하는 출발선에 있음에도 '전문'상담교사이기 때문에 처음부터 전문가여야 할 거 같고 학교에서도 그렇게 기대한다. 11년 차 상담교사인 나도 가끔 '전문'이 부담스러운데 신규

나 저경력 상담교사들은 오죽할까 싶다. 초등학생 역시 '전문'이라는 단어가 익숙하지 않다. "전문상담쌤!"보다는 그냥 "상담쌤!"이다.

전문상담교사는 초·중등교육법의 전문상담교사 자격기준에 해당하는 사람으로서 대통령령으로 정하는 바에 따라 교육부 장관이 검정·수여하는 자격증을 받은 사람이다. 2005년 교육지원청에 전문상담순회교사를 배치한 것을 시작으로 2007년에 전문상담교사 제도가 전국 학교로 확대되었다. 전문상담교사의 자격기준을 살펴보면 2급의 경우 대학 재학 중 소정의 교직 학점을 취득한 상담·심리 관련 학과 졸업자이거나, 교육대학원의 상담·심리교육과에서 전문상담 교육과정을 이수한 석사학위 취득자다. 현재 사범대학 내에 전문상담교육과 또는 상담교육과는 없는 실정이다.

국·공립학교의 경우 전문상담교사 2급 자격 취득 후 중등학교교사 임용후보자 선정경쟁시험에 응시하여 합격해야 한다. 그동안 자체적으로 선발하던 사립학교도 점차 시험을 통해 전문상담교사를 임용하고 있다. 전문상담교사 1급 자격의 경우 2급의 자격증을 가지고 3년 이상의 교육경력이 있는 자가 교육대학원에서 소정의 전문상담교사 양성과정을 마치거나 또는 2급 자격증을 가지고 3년 이상의 전문상담교사 경력이 있는 자로 1급 자격연수를 받으면 취득

할 수 있다. 전문상담교사의 경우 학교 급간의 제한이 없어서 초등학교, 중학교, 고등학교 모든 곳에 갈 수 있으며 각 지역교육청 위(Wee)센터나 위(Wee)스쿨에서도 근무할 수 있다. 전문상담교사로 일하다 보면 급간의 제한이 없어 다양하게 다닐 수 있다는 것이 큰 강점이기도 하지만 어려움이 되기도 한다.

인사카드를 보면 나는 초·중구분에서는 '중등', 직위는 '교사(상담)', 직급은 '전문상담교사'로 되어 있다. 인사카드가 증명하듯 어찌 보면 전문상담교사는 중등교사이지, 초등교사는 아니다. 초등학교 교사를 양성하는 교육대학교, 우리가 흔히 말하는 교대에서는 미래에 전문상담교사가 될 사람을 만날 수 없다. 강원도의 경우 인사관리지침 개정 후 2016년부터 초등학교에 전문상담교사가 배치되기 시작했다. 전문상담교사가 배치된 지 10년이 훌쩍 넘은 중학교, 고등학교와 달리 초등학교는 2022년 현재 7년차에 접어들었다. 그래서인지 초등학교 안에서 상담과 상담교사에 대한 이해도는 낮은 편이다. 강원도 내 전문상담교사의 초등학교 배치가 2016년 6명에서 2022년 65명까지 늘어나며 짧은 기간 동안 제법 몸집을 키웠지만 안정적으로 뿌리를 내리지는 못한 상태다.

02

상담실에서 뭐 하세요?

상담교사의 하루

아침 8시 30분. 출근하자마자 상담실의 창문을 활짝 연다. 어젯밤 동안 쌓였던 탁한 공기를 밖으로 내보내고 맑은 공기로 바꾸면 내 마음도 덩달아 상쾌해진다. 그다음 모든 직장인이 그렇듯이 컴퓨터를 켜고 무의식적으로 강원도교육청 메신저에 로그인하여 쪽지를 확인한다. 새로 온 쪽지가 있는지와 함께 전날 상담을 마친 후 담임교사에게 보낸 쪽지의 수신 상태를 점검하는 것이다. 그리고 오늘 하루의 상담 일정을 파악하면서 업무가 시작된다. 상담 시간표에 상담이 약속된 아이들 명단을 확인하고 지난주 상담일지를 살펴보며 오늘의 상담 접근과 진행 방법을 고민한다.

상담교사는 아이들의 학습권을 최대한 보호하려 하지만

상황과 필요에 따라 수업 시간에 상담이 진행되기도 한다. 수업 시간 중 상담은 담임교사와 협의하여 보호자의 동의를 받고 진행하며 아이에게도 이유를 설명한다. 아이가 겪고 있는 어려움과 문제가 크거나 학교폭력, 자살 생각 등 신속한 접근이 요구되는 상황, 조용하고 정돈된 상담 분위기가 필요한 경우가 있다. 아무래도 아침이나 점심시간, 쉬는 시간, 방과 후에는 많은 아이들이 상담실에 수시로 들락날락하기 때문에 안정된 상담 진행이 어렵다. 오늘 2교시에 만나기로 한 승우는 어머니께서 먼저 수업 시간에 상담을 해달라고 요청하셨다. 항상 친구와 어울리는 걸 좋아하는 승우가 수업 시간 이외의 상담은 거부했기 때문이다. 게다가 산만하고 충동적인 행동을 보이는 승우에게는 수업 시간 중 상담이 더 효과적일 거라 판단하신 것이다.

오전 상담을 마치면 점심시간이다. 나도 아이들처럼 설레는 마음으로 급식을 기다리지만 때때로 급히 상담을 해야 하거나 진행하던 상담이 늦어지면 어쩔 수 없이 점심을 거르게 된다. 보통 점심시간에도 상담을 하기 때문에 나의 식사시간은 늘 10분을 넘기지 못한다. 자기 문제를 해결하고자 스스로 상담실에 찾아오는 아이들이 기특해 나의 점심은 언제나 후순위에 두었지만 내가 건강해야 아이들 마음도 잘 지켜줄 수 있다는 걸 깨닫고 나서는 되도록 잘 챙겨 먹으려고 한다. 오후 일정은 수업이 일찍 끝나는 1~2학년 아이들 상담으로 시작된다. 저학년일수록 보호자의 협력과 가정 내 지도가 중요하기 때문에 아이 상담을 마치고 나면 거의 이어서 보호자 전화 상담을 한다. 보호자가 먼저 상담실로 전화하여 자녀에 대한 정보나 훈육법을 묻기도 한다. 담임교사가 의뢰한 아이라면 상담 후에 업무 메신저 쪽지로 간략한 내용과 다음 상담 계획, 참고사항 등을 적어 보낸다.

오후 일정까지 마무리하고 나면 대략 15시 30분에서 16시쯤 된다. 오늘도 애썼을 나의 목을 위해 물을 한 잔 마신 후 다시 정신을 차려 상담일지를 검토한다. 매번 상담을 끝내고 나서 바로바로 상담일지를 작성하지만 혹시 빠진 건 없는지 한번 더 보고 보완하는 것이다. 상담이 연달아 있는 날에는 밀린 일기를 쓰듯 이 시간에 상담일지를 부랴부랴 작성하기도 한다. 또한 상담실 행사와 교육을 기획하거나 외부 의뢰, 심리검사 분석 등 기타 업무를 처리하고 아이들이 모두 하교한 후의 시간을 활용해 담임교사와 면담하거나 협의회를 한다. 그렇게 하고 나면 어느덧 퇴근시간이 가까워져 있거나 조금 늦어져 있다. 마지막으로 "오늘 하루도 고생했어."라고 나 자신에게 말하고 스스로 어깨를 토닥여주면서 상담교사로서의 하루를 마친다.

상담실의 다양한 행사

3월	상담주간	학생·학부모·담임교사 대상으로 상담실 홍보하기. 마음건강 자료 제공하기. '상담'글자로 이행시 짓기. 힘이 나는 말 포스트잇에 적기.
4월	친구사랑주간	친구에게 다가가기 미션 수행하기. 친구에게 듣고 싶은 말 적어보기.
5월	감사의 달	어린이날·어버이날·스승의 날을 맞아 감사장 만들어 전달하기.
7월	칭찬샤워	물방울 모양 종이에 1학기에 사귄 친구의 칭찬 메시지 적기.
9월	생명존중주간	세계 자살예방의 날을 맞아 생명존중 교육하기. 나비포옹법 자세 취하여 사진 찍기.
10월	사과의 날	사과 편지 쓰기. 사과 전달하기. 사과 받고 싶은 마음 적어보기.
11월	1+1	하나의 목표를 정해 노력하고 하나의 결과를 얻는 활동하기.
12월	나만의 나무 만들기	나무 열매에 자신에게 해주고 싶은 말, 가장 기억에 남는 일, 친하게 지냈던 친구, 후회되는 순간 등 적어보기.

2022년 ○○초 상담실에서 진행한 행사

나는 상담실 홍보를 위해 작게라도 매달 행사를 마련한다. 행사를 통해 모든 아이들이 한 번 이상은 상담실에 오게끔 만들고 누구나 필요할 때 언제든 올 수 있는 곳으로 여기도록 하고 있다. 아직 상담실의 문턱이 높다고 생각하는 학생과 보호자가 있기 때문에 행사를 통해 그런 인식이 조금이라도 달라지기를 기대하는 것이다. 어떤 행사를 해야 참여도를 높이고 나의 목적을 달성할 수 있을지 늘 고민하고 있다.

상담실 행사에는 자기성장과 변화를 위해 적극적으로 참

여하는 아이도 있지만 단순히 간식이나 선물을 목적으로 오는 아이도 있다. 상담실이 무척 궁금했지만 차마 오지 못했던 아이도 용기를 내어 방문할 수 있는 계기가 되면 성공이다. 어떤 이유든 아이들이 상담실로 발걸음하고 그렇게 상담실의 존재를 알게 되길 바란다.

또래상담부 운영

상담에 관심을 보이는 5~6학년 아이들로 '또래상담부'를 구성하여 매년 운영해오고 있다. 초등학교 아이들이 또래친구를 상담하는 게 과연 가능할까 생각하는 사람도 있겠지만 또래상담부 아이들은 기대 이상으로 잠재력이 크고 열정도 넘친다. 오히려 상담교사인 나보다 친구의 마음을 더 잘 이해하고 공감해주기도 한다. 물론 친구를 상담할 때 어떻게 접근할지, 어떤 방법이 효과적인지 등의 기본 상담기술을 먼저 상담교사로부터 교육받게 된다. 또래상담부 아이들은 상담자로서 역량을 기르는 가운데 친구의 문제를 먼저 발견하고 다가가 상담교사에게 상담이 연계되도록 한다.

매해 또래상담부를 모집하면서 아이들의 지원서를 보면 아직은 어리지만 친구를 돕고 싶다는 각오와 의지가 비장하다. 어떤 아이는 자신이 학교폭력 피해경험이 있기 때문에 학교폭력으로 힘들어하는 친구의 마음을 더 알아주고 싶다고 했다. 또 다른 아이는 자신이 친구들과의 갈등을 잘 극복한 경험이 있기에 친구관계로 어려워하는 친구를 돕고 싶다고 했다. 보통은 일주일에 한 번 또래상담부 교육을 실시하며 이를 통해 또래상담자 역량 강화뿐 아니라 자신의 마음도 튼튼히 하며 자존감과 자신감을 키우도록 한다. 또래상담자의 마음이 건강해야 다른 친구도 잘 도울 수 있기 때문이다.

또래상담부 아이들과 함께 우리 학교 학생들이 고민을 적어 넣을 수 있는 '우리의 고민함'을 만들어 상담실 복도에 설치했다. 그리고 그 함에 쌓인 고민들을 보며 또래상담부 아이들과 머리를 맞대고 어떻게 상담하며 도움을 줄지 의논했다. 우리는 공감과 응원의 말을 적어 답장하거나 약속을 정해 또래상담을 진행했고 필요하다면 상담교사인 나와 상담하도록 했다. 또래상담부 아이들의 의견을 수렴하여 캠페인을 하거나 상담실 행사를 진행하기도 했는데 '네가 짱이야! 네가 내 친구라서 행복해! 우리 우정 forever!'라는 피켓을 만들어 활동한 것도 또래상담부 아이들의 아이디어였다. 그때 아이들의 눈이 어찌나 반짝반짝 빛났던지!

03

상담사? 상담교사?

수업을 해야 한다

초등학교로 발령을 받고 난 2월 중순. 새 학년, 새 학기 준비를 위한 '교육과정 함께 만들기' 협의회에 참석 중이었는데 연구부장이 나에게 다가와 말했다.

연구부장: 선생님은 '전문상담사'가 아니라 '전문상담교사'이기 때문에 수업을 하셔야 합니다. 몇 학년, 몇 시간씩 하시겠어요?

상담교사: 네? 저는 '비교과교사'라 수업이 아닌 상담을 해야 하는데요. 제가 수업을 맡으면 상담은 어떻게 하나요?

'비교과교사'란 초중고교에서 교과 이외의 영역을 담당하는 교사로 보건, 전문상담, 영양, 사서 교사 등이 있다. 교과교사의 경우 임용후보자 선정경쟁시험 2차에서 '수업실연'을 통해 학습지도능력을 평가하지만 상담은 비교수 교과이기에 해당되지 않는다. 더욱이 상담 교과서나 지도서도 전무한지라 상담수업을 하려면 그야말로 맨땅에 헤딩. 그래서 난 연구부장의 상담수업 제안이 별로 달갑지 않았다. 또 앞에 붙어 있는 '상담'은 무시한 채 수업을 하지 않으면 교사가 아니라고 여겨지는 게 참 씁쓸했다. 그러나 나는 이런 순간마다 마음속으로 '위기가 곧 기회'라는 말을 되뇌었다. 연구부장의 수업 요구를 교실에서 아이들을 만날 수 있는 기회로 삼았고 지금까지도 열심히 반별 수업을 하고 있다. 처음 시작은 녹록하지 않았지만 상담과 함께 아이들의 마음을 성장시키는 교육적인 접근도 꼭 필요하다는 사실을 깨닫게 됐다.

상담교사가 교실에 들어가 수업한다고 하면 반대하는 사람도 분명 있을 것이다. 상담교사들 사이에서도 의견이 분분하지만 각자의 사정과 학교 상황이 있는지라 딱 잘라 판단하거나 결정할 수가 없다. 수업을 반대하는 입장에서는 '상담자와 내담자의 이중관계 금지'를 내세운다. 즉 상담에서는 상담자와 내담자로서의 관계 외에 다른 관계를 맺으면 안 된다는 것이다. 최근에는 이중관계보다 다중관계로 표현하는데 사실 이러한 관계로 인해 윤리적 문제가 발생하거나 상담자의 객관성과 전문성을 해칠 수도 있다. 예를 들어 수업 중 보일 수 있는 상담교사의 지시적인 태도가 아이와의 상담에 부정적인 영향을 줄 수 있다는 말이다. 이 문제를 '상담'의 입장에서만 본다면 윤리강령을 위반하게 된 것이지만 그 뒤에 '교사'도 함께 붙기에 무조건 '안 된다'고 할 수는 없을 것 같다.

나는누구인가?

상담교사로 일하면서 '나는 누구인가?'를 가끔 생각하게 된다. 어떤 노래의 가사와 비슷하게 '교사인 듯 교사 아닌 교사 같은 나'라고 할 수 있을까? 교사라면 아이들을 위하는 마음이야 다 같겠지만 보는 시각이나 대하는 방법에서 상담교사는 뭔가 다른 것 같다. 아니, 달라야 할 것 같다. 초등학교에서 상담교사는 상담전문가뿐만 아니라 아이들의 친구, 엄마, 대변인과 함께 때때로 연기자와 개그맨의 역할까지 다양하게 수행해야 한다. 어떨 때는 내 마음이 그렇지 않더라도 가면을 쓰고 그런 척해야 한다. 이렇게 하다 보면 어느 순간 교사로서의 정체성과 나의 진짜 모습을 찾아 허우적대는 나를 발견하곤 한다.

하루는 상담실에서 선생님 몇 명과 차를 마시며 대화하는데 나는 그 대화에 낄 수가 없었다. 대화 주제는 자기 반 아이들에 대한 자랑이었는데 그동안 나는 아이들의 문제와 어려움만 다뤘던지라 우리 학교에서 누가 공부를 잘하고 모범적인지 알지 못했다. 선생님의 대다수가 성실하고 공부 잘하는 아이를 먼저 본다면 상담교사인 나는 그 반대인 것 같다. 반에 들어가면 나의 관심과 상담이 필요한 아이가 먼저 보이고 나는 이 아이들을 '나만의 진주'라 부른다. 왜냐하면 꽉 닫힌 조개를 열어 그 안에서 진주라는 보석을 발견하듯 문제와 어려움 속에 숨겨진 아이들의 가능성과 잠재력을 찾아주고 싶기 때문이다.

교사라면 아이들의 문제행동에 분명한 제지와 훈계를 해야 할 때가 있는데 나는 되도록 그런 상황은 피하고 싶다. 하지 말라고 말해야 하는 역할이 나는 너무 힘들고 가장 자신이 없다. 그래서 간혹 학교에서 본의 아니게 학생부장과 갈등이 생기기도 한다. '하지 마!'를 수시로 말해야 하는 학생부장 눈에 '괜찮아! 그럴 수도 있어'라고 말하는 상담교사가 곱게 보일 리 없는 것이다. 7년 전 우연히 각 학교 학생부장들을 대상으로 상담에 대한 강의를 한 적이 있는데 그 자리에서 아이들에 대한 나의 시각과 지도방법을 대놓고 비판받았다. 상담교사들의 공감과 수용이 오히려 아이들의 버릇을 망치고 학교 내 일관적이지 않은 지도로 문제가 생길 수 있다는 게 이유였다. 그때 나는 이렇게 말했던 것 같다. "지금까지의 방법으로 효과가 없었다면 접근을 다르게 해봐야 하지 않을까요?"

학교에서 상담교사는 '아니요' 하는 다수 속에서 '네' 해야 할 때가 있다. 상담교사는 협력과 어울림을 중요시해야 하지만 한편으로 외딴섬이 될 각오도 있어야 한다. 아이들과 함께 많이 웃고 행복하면서도 또 많이 울고 불행하기도 한 사람이 바로 상담교사이다. 모순적인 상황과 애매한 위치에서 하루하루 지치고 때론 상담교사로서의 자부심을 잃기도 한다. 그래서 나는 그럴 때마다 나를 바라보는 아이들의 눈을 하나하나 자세히 들여다본다. 아이들의 눈동자 속에는 내가 누구인지, 왜 상담교사로 있는지에 대한 답이 들어 있다. 나를 필요로 하고 믿어주는 아이들의 눈빛과 '상담쌤이 있어서 너무 좋아요'라는 말은 흔들리는 나를 언제나 단단히 잡아준다.

상담교사도 배우는 마음수업

5학년 교실에서 학교폭력 예방교육을 할 때였다. 말 그대로 학교 내외에서 학생을 대상으로 발생하는 폭력을 막기 위한 교육이었지만 나는 그 명칭이 썩 마음에 들지 않았다. 뭔가 문제 위주로만 접근해야 할 것 같고 초등학교 아이들의 입장에서도 남의 일처럼 느껴져 대충 듣고 흘려보내기 십상이었다. 그래서 나는 아이들과 함께 '학교폭력예방'이라는 말을 우리의 마음에 좀더 와 닿는 다른 표현으로 바꿔보기로 했다. 이런저런 의견이 오고갔고 마침내 아이들은 '학교폭력예방'을 '친구를 지키는 나'라고 새롭게 고쳐 부르기로 결정했다. 이어서 나는 그렇다면 과연 친구를 지키는 것은 무엇인지 아이들로 하여금 정의 내리도록 했다.

'친구를 지키는 것은 유리컵이다. 왜냐하면 유리컵처럼 친구의 마음도 깨지지 않게 조심조심해야 하기 때문이다.'

'친구를 지키는 것은 비빔밥이다. 왜냐하면 친구를 지키려면 우리가 같이 비빔밥처럼 똘똘 뭉쳐야 하기 때문이다.'

'친구를 지키는 것은 물이다. 왜냐하면 물이 흘러가듯 친구를 지키는 내 마음이 흘러가서 친구에게 전해지기 때문이다.'

'친구를 지키는 것은 열쇠이다. 왜냐하면 나와 친구 모두 마음의 문을 먼저 열어야 하기 때문이다.'

'친구를 지키는 것은 바위이다. 왜냐하면 바위처럼 단단한 마음과 용기가 필요하기 때문이다.'

아이들이 자기 나름대로 내린 정의를 들으며 나는 왠지 마음이 따뜻해졌다. 어쩌면 아이들은 그 순수한 눈으로 어른보다 더 본질을 꿰뚫고 있는 건 아닐까? 마음수업을 하다 보면 상담교사인 내가 오히려 아이들에게 배우고 깨닫게 될 때가 있다. 문제나 상황을 보는 나의 딱딱한 시각이 아이들로 인해 부드럽게 바뀌는 것이다. 이래서 나는 아이들과 함께하는 마음수업이 정말 좋고 자꾸만 하고 싶어진다.

04

상담교사의 존재 이유

아이들의 안식처

상담교사는 아이들의 마음성장과 마음건강에 관심을 가지고 그것을 다루며 아이들이 학교에 잘 적응할 수 있도록 돕는다. 그리고 매일 아이들 마음이 어떤지, 어려움은 없는지 살피며 필요한 도움을 주고자 한다. 초등학교에서 아이들은 유치원에 비해 지켜야 할 규칙도, 배워야 할 것도 많아져 긴장감과 불안감 또는 부담감을 느끼기도 한다. 게다가 학교 수업으로 끝나지 않고 학원 공부까지 해야 하는 아이들은 때때로 상담실로 찾아와 숨이 막힌다고 표현한다. 아이들에게는 잠시라도 마음의 짐을 내려놓을 수 있는 공간과 그걸 받아줄 수 있는 사람이 필요하다. 학교에서 그 역할을 하는 사람이 바로 상담교사이며 나는 아이들의 안식처가 되기 위해 최선을 다하고 있다.

아이들은 주로 친구, 부모님, 선생님과의 갈등으로 어려움을 겪는데 그럴 때 상담교사는 객관적으로 문제에 접근하여 갈등해결을 도울 수 있다. 나는 담임교사와 부모의 의뢰로 상담하게 될 때도 기초정보로 인한 편견이나 선입견을 갖지 않으려 하며 무엇보다 아이의 생각과 감정에 초점을 맞추고 존중한다. 가장 중요한 건 아이와 신뢰관계를 만들어가며 아이의 속마음에 집중하는 것이다. 초등학생은 아직 미숙하기 때문에 어른들이 다 해줘야 한다고 생각하겠지만 사실 문제해결의 열쇠는 아이의 마음속에 깊이 숨어있다. 그 열쇠가 숨겨진 진짜 속마음을 누군가 알아주고 그것을 지지할 때 아이의 문제해결뿐 아니라 성장도 기대할 수 있다.

3학년 민기는 수업 시간에 갑자기 일어나 춤을 추고 노래하는 문제행동으로 담임교사가 상담을 의뢰했다. 민기의 튀는 행동으로 수업이 제대로 진행되지 않아 반 아이들의 불만도 큰 상황이었다. 부모님도 민기의 반항심이 커서 지도에 어려움이 있다고 했다. 그렇게 민기는 여기저기서 문제아로 여겨지고 있었다. 나는 상담을 통해 민기의 내면을 찬찬히 들여다보며 진짜 원하는 게 무엇인지 탐색했고 마침내 사랑과 관심을 받고자 하는 욕구가 크다는 걸 알게 됐다. 민기는 아무리 해도 자신의 욕구를 채울 수 없자 급기야 돌발행동과 반항행동으로 표현하게 된 것이었다. 나는 민기와 함께 그 욕구를 건강하게 채워 나갈 방법을 고민했고 찾은 방법을 실천하도록 격려했다. 상담을 받으며 민기는 상담교사인 나의 관심으로 조금은 욕구를 채웠다. 문제아가 아닌 온전한 인격체로 대해주는 어른과의 만남이 민기에게 도움이 되었던 것 같다.

상담교사가 있어 다행이다

학교마다 상담교사가 배치된 곳도 있지만 아닌 곳도 있고 배치가 되었더라도 상담교사의 역할에 대해 잘 아는 곳도 있고 모르는 곳도 있다. 이런 현실 속에서 상담교사는 묵묵히 일을 해나가야 한다. 상담은 기본적으로 비밀보장이 원칙이고 아이의 마음과 정신건강을 다루기에 항상 조심스럽다. 상담실에서 했던 상담이나 활동을 자랑하는 아이도 있지만 숨기고 싶어 하는 아이도 분명 있다. 나는 상담교사로서 후자도 배려해야 하기 때문에 상담실에서 하는 모든 걸 굳이 내 입으로 먼저 꺼내 말하지 않는다. 가끔 상담교사는 상담실에서 편히 지낼 거라는 오해의 말이 들려오면 큰 상처가 된다. 때로는 나도 내가 하는 일을 인정받고 싶은 마음이 들기도 한다. 그러나 상담이라는 게 누군가에게 알리면서 하는 일은 아니지 않는가?

상담실에 오는 아이들은 내게 "고민이 있을 때 언제든 얘기할 수 있는 상담 선생님이 있어서 너무 좋아요."라고 말해주곤 한다. 나와의 상담 경험이 없는 아이들도 고민이나 걱정이 생길 때 제일 먼저 나를 떠올린다고 말한다. 아이들은 나에 대해 마음을 솔직하게 터놓을 수 있는 사람이라는 믿음을 가지고 있다. 그래서 나는 그런 존재로 끝까지 변함없이 아이들과 함께하기로 다짐했다.

어느 날 상담실로 찾아온 담임교사가 내게 "같이 고민해줘서 고마워요. 외롭지 않고 든든하네요."라고 했다. 이전에 상담교사가 없었을 때는 담임교사 혼자서 반 아이들의 모든 심리문제를 해결하고 책임지며 애썼다고 한다. 평소에 나는 상담하는 아이가 학교에 잘 적응할 수 있도록 담임교사와 긴밀히 소통하고 협력한다. 아이들의 관계만큼 담임교사와의 관계에도 최선을 다하며 필요한 도움을 주고받는다. 그 결과 지금은 학급에서 갈등이 발생하거나 심리적으로 어려움이 있는 아이가 있으면 많은 담임교사가 나를 찾아준다. 아이들의 마음문제에 대해 같이 의논할 상담교사가 있어 든든하다는 말은 나를 힘나게 한다.

또 다른 날에는 어머니 한 분이 전화로 내게 "우리 아이의 마음을 잘 읽어주시고 공감해주셔서 감사해요."라고 했다. 아이가 조금씩 변하는 걸 보며 부모님들은 상담교사가 아이의 입장에서 생각하며 도움을 준다고 여긴다. 부모인 자신이 알아주지 못한 아이의 마음을 상담교사가 이해해준 것에 대해 긍정적으로 평가하는 것이다. 아이들의 성장과 변화를 위해서는 보호자의 협력도 반드시 필요하기 때문에 나는 아이의 발달 단계에 맞는 양육과 훈육 방법에 대한 정보를 제공하며 가정 내에서 실천하도록 격려한다. 이렇게 애쓰는 학부모의 모습을 볼 때 나는 상담교사의 중요성을 다시 한번 인지하며 책임감을 갖는다. 지치고 힘들 때도 많지만 아이들, 담임교사, 부모님들의 지지와 응원으로 오늘도 힘차게 상담을 시작한다.

징검다리의 역할

징검다리는 멀어진 사이나 틈을 연결하고 잘 건널 수 있도록 도와준다. 상담교사는 학교에서 다양한 징검다리 역할을 하는데 가장 먼저 아이들, 담임교사, 부모님 사이에서 서로의 마음을 잘 전달할 수 있도록 돕는다. 특히 아이들의 경우 자기 마음을 어떻게 전할지 잘 모르기 때문에 표현하는 방법을 알려주고 그 기회를 만들기도 한다. 아이들은 관계에서 어려움이 생길 때 쉽게 좌절하고 포기할 수 있다. 관계가 너무 멀어졌거나 이미 끝나서 더이상 이어갈 수 없다고 생각하는 것이다. 이럴 때 상담교사가 중재자이자 징검다리가 되어 관계를 이어주고 회복할 수 있도록 한다.

두 번째, 상담교사는 아이에게 보다 전문적인 접근이 필요한 경우 외부기관으로 연계한다. 예를 들어 자해 행동으로 상담 의뢰된 한 아이에 대해 나는 우선 위기관리위원회를 열어 적절한 지원방법을 협의했다. 문제의 심각성에 따라 교내 상담 외에 외부기관으로 연계가 필요하다고 판단했고 병원형 위(Wee)센터(정신건강의학과 전문의와 사회복지사, 전문상담교사, 임상심리사, 청소년상담사로 구성되어 고위기 학생들에 대한 맞춤형 개입을 도와주는 기관)에 의뢰하여 앞으로의 상담 진행을 위해 전문의의 자문을 구했다. 나는 위기학생들을 시의적절하게 지원하기 위해 지역사회에서 도움을 받을 수 있는 기관과 유기적인 관계를 맺고 있다.

세 번째, 상담교사는 초등학교 아이들이 중학교에 올라가서 잘 적응할 수 있도록 돕는다. 상담교사의 가장 큰 강점은 초중고뿐만 아니라 교육청 등 여러 곳을 경험할 수 있다는 것으로, 중학교 생활에 대한 경험을 나누고 실제적인 정보를 줄 수 있다. 그동안의 나의 경험으로 초등학교와 중학교는 분위기도 무척 다르고 학생에게 요구하는 역량이나 태도에도 차이가 있다. 상담교사는 각 학교급별로 근무하면서 특유의 분위기와 학생 특성 차이, 주요 문제와 어려움 등을 파악하고 있기 때문에 초등학교와 중학교 사이에서 징검다리 역할을 멋지게 해낼 수 있다.

초등학교 아이들은 중학교로 진학하는 데 있어 막연한

불안감과 두려움을 가지고 있다. 담임교사의 보호와 돌봄이 컸던 초등학교와 달리 중학교는 아이 스스로 독립적이고 자율적으로 해나가야 할 일이 많아진다. 그래서 나는 6학년 아이들을 대상으로 중학교 생활의 적응력을 높이는 마음수업을 진행하고 있다. 6학년 담임교사와 보호자에게도 관련 정보를 제공하며 아이들이 중학교 생활을 잘 대비할 수 있도록 한다. 나는 이렇게 학교 안팎으로 여러 가지 징검다리가 되어 필요한 순간에 최적의 도움을 주고자 노력한다.

05

상담교사라는 굴레

화낼 줄 아세요?

"얘들아! 안녕! 안녕!" 복도를 지나다닐 때마다 아이들을 향해 두 손을 흔들며 웃는 얼굴로 먼저 인사한다. 아이들은 속으로 '누구지?' 하고 물음표를 그리는 얼굴이다. 두 눈을 동그랗게 뜨고 바라보기만 하면서 지나가는 아이도 있지만 나의 인사가 익숙한지 두 손을 흔들며 마주 인사하는 아이도 있다. 반가운 마음을 온몸으로 표현하는 내 인사법은 상담교사로 몇 년째 지내며 다져온 나만의 '트레이드마크'이다. 오늘도 어김없이 나의 전용 인사를 하며 지나가는데 한 아이가 "선생님!" 하고 부른다. 그러더니 뜬금없이 이런 질문을 한다. "선생님은 화나신 적 있으세요?"

나는 화를 내본 적이 있는지, 화를 낼 수 있는지에 대한 질문을 많은 사람들에게 자주 들었다. 이 질문을 학교 아이들에게 처음 들었을 때는 '오잉? 나 화난 적 있어! 나 화나면 되게 무섭거든!' 하고 그 자리에서 바로 말하고 싶었지만 차마 그럴 수가 없었다. 대신 나는 빙그레 웃으며 아이들 눈높이에 맞게 허리를 숙이고 "글쎄? 너희를 보면 웃음이 절로 나는걸."이라고 답했다. 나중에야 나의 대답을 곱씹어 보며 아이들의 질문에 동문서답을 한 건 아닌지, 너무 가식적으로 보이진 않았을지 살짝 걱정했다. 나도 사람인데 어떻게 화가 안 나겠는가? 그렇지만 나는 화를 잘 내는 법, 화를 조절하는 방법 등에 대해 마음수업을 하는 상담교사이다. 그러기에 아이들의 질문에 답을 잘해야 한다는 괜한 압박감이 있었던 거 같다. 어쩌면 '역시 상담 선생님은 달라!'라는 말을 듣고 싶었는지도 모르겠다.

'상담교사라면 항상 평정심을 유지해야 하지 않을까?'라는 생각이 굴레가 된 것 같다. 한동안 나는 나를 솔직히 드러내지 못하고 포장을 해야 했다. 지칠 대로 지친 나는 '좋은 상담교사'라는 굴레에서 벗어나 그동안의 포장을 벗고 진솔한 상담교사가 되기로 했다. 이 결심 이후 나는 아이들의 질문에 이렇게 답하게 되었다. "나도 화가 날 때가 있어. 그렇지만 화가 나는 상황에서도 내 마음을 차분히 전달하려고 노력해." 아이들은 대답을 듣고도 화를 내는 나의 모습을 실제로 본 적이 없기에 이 자리에서 화를 내보라고 요구한다. 그럴 때 나는 침착하게 이렇게 얘기한다. "얘들아! 선생님은 지금 화 안 났어. 선생님의 감정을 존중해줬으면 좋겠어. 만약 지금 내가 행복하지 않고 슬픈 상태인데 주변에서 웃어보라고 하면 어떨까? 나를 무시하는 거 같고 기분이 좋지 않겠지?"

왜 간식 안 주세요?

상담실 문을 열고 들어온 혜주가 말도 없이 두리번거리고 있다. 혜주는 며칠째 상담실에서 뭔가를 찾다가 돌아가곤 했다. 오늘은 무슨 일이 있는지 꼭 물어봐야겠다고 마음먹은 찰나에 혜주가 먼저 무언가 결심한 듯 진지한 표정으로 말한다.

"혹시…. 선생님은 간식 안 주세요? 지난번에 계셨던 상담 선생님은 주셨는데요. 그때는 항상 간식 통에 먹을 게 잔뜩 담겨 있어서 저희가 먹고 싶을 때마다 와서 먹었어요. 아…. 상담실은 원래 간식 먹으러 오는 곳인데…."

혜주는 간식을 주지 않는 나와 간식이 없는 상담실이 불만인 거 같았다. 투덜거리며 나가는 혜주의 뒷모습을 보면서 내 마음도 편치 않았다. 한동안 혜주뿐만 아니라 꽤 많은 아이들이 상담실에 찾아와 "왜 간식 안 주세요?" 하고 물었다. 이런 질문을 받을 때마다 나는 간식을 기대하는 아이들의 마음에는 공감하되 '무조건 그렇다'고 여기지 않도록 이야기했다. 상담실에서 하는 상담, 교육, 행사에 열심히 참여하면 소정의 보상을 받을 수 있다는 규칙도 안내했다. 즉 상담실의 '국룰'(보편적으로 통용되는 정해진 규칙이라는 신조어로 '국민 룰'의 줄임말)은 '간식은 내가 상담실의 상담, 교육, 행사에 열심히 참여했을 때 받을 수도 있는 것'이었다. 생각보다 상담실에서는 간식 때문에 마음 상하는 일이 많이 발생한다. 정당히 간식을 받은 친구를 보며 자기는 왜 안 주냐고 따지기도 하고 성심껏 준비한 간식이 마음에 안 든다며 버리거나 다른 것으로 바꿔달라고 떼를 쓰기도 한다. '상담실과 상담교사는 곧 간식'이라고 여겨지는 현실이 나는 참 안타깝다.

그럼에도 나는 아이들의 간식 욕구를 충족시키기 위해 매달 작게라도 상담실 행사를 실시하고 있다. 초등학생 수준에 맞는 행사를 기획하고 많은 아이들이 참여할 수 있도록 기간도 넉넉히 한다. 현재 나는 아이들이 적극적으로 참여하거나 노력하는 모습을 보이는 등 분명한 이유가 있을 때 보상으로 간식을 주고 있다. 이때도 그냥 주지 않고 나름대로 의미를 부여한다. 예를 들어 용기 내는 약, 행복해지는 약, 노력해보는 약, 마음이 튼튼해지는 약 등 이름표를 간식에 붙이는 것이다. 비록 소소한 간식일지라도 나는 아이들이 왜 받게 되었는지를 떠올리며 성취감을 얻었으면 한다.

어디까지 상담하는 게 맞을까?

상담실 전화벨이 울리기에 누굴까, 하고 발신번호를 보니 친하게 지내는 다른 학교 상담교사이다. “선생님. 잠시 통화 가능하세요?” 그 선생님은 한 학생의 어머니를 상담하면서 고민이 생겼다고 했다.

“처음에는 어머니의 마음이 괜찮아져야 양육도 잘하실 거라 생각해서 가정사와 남편과의 관계 등으로 계속 상담을 하고 있어요. 이렇게 학생이 아닌 어머니의 개인 문제로 상담을 계속하는 게 맞는지 모르겠네요.”

나라면 어땠을까, 생각하다 나의 햇병아리 시절 경험이 떠올랐다. 이전에 나도 보호자 상담에서 비슷한 경험을 한 적이 있다. 상담을 하러 온 어머니가 아이 이야기는 잠깐 하시고 이내 남편과 시댁 식구들에 대한 원망, 서운함, 속상함을 하소연하기 시작했다. 처음에 나는 어머니가 얼마나 힘드셨을지 공감하고 그 이유로 자녀에게 신경을 많이 못 썼을 거라 여겼다. 그렇지만 어머니 상담이 두 시간을 넘어가다 보니 ‘학교 상담교사로서 어디까지 하는 게 맞을까?’ 하는 의문이 들었다. 아이는 배제된 채 어머니의 문제만 다루는 데다 같은 말을 반복해서 듣다 보니 지치기도 했다. 상담의 방향과 시간이 크게 어긋나고 있음을 자각한 후로는 어머니의 힘든 마음은 수용하면서 학교상담에 대해 다시 안내하고 초반에 세운 상담목표를 상기시켰다. 당시 어머니는 당황하신 듯했지만 문제를 인지하고 아이에게 다시 초점을 맞춰주셨다. 어머니에게도 상담이 필요하지만 학교상담으로 할 수 있는 건 아니다. 학교 상담교사의 역할은 아이들이 스스로 마음의 힘을 기를 수 있도록 하고 적응적인 학교생활을 하도록 조력하는 것이다. 그 과정 중에 보호자 상담을 할 수 있지만 그때도 초점은 아이에게 있어야 한다.

한편 나는 어머니께 단호히 상담 내용을 구분지어 말한 것이 마음에 걸렸다. 사실 거절의 메시지를 들었을 때 느낄 감정과 기분을 누구보다 잘 헤아려야 할 상담교사가 보호자의 하소연을 자르기란 결코 쉽지 않다. 학교상담의 경계를 구분하면서 보호자를 도울 수 있는 방법은 바로 상담받을 수 있는 외부 기관을 안내하는 것이다. 때로는 학교 선생님들이 상담실로 찾아와 개인 문제나 고민을 털어놓기도 한다. 동료교사로서 마음을 나눌 수는 있지만 보호자 상담과 마찬가지로 내가 할 수 있는 건 제한적이다. 상담의 경계와 기준을 분명히 하는 건 무척 중요하지만 상담교사에게는 여전히 너무 어려운 숙제로 남아 있다.

나만 하는 비밀보장

오늘은 은서를 만나는 날. 그런데 상담실에 놀러온 아이들이 하나둘 묻기 시작한다.

"오늘 은서 상담이죠? 은서가 엄마 때문에 힘들다고 하는 거예요?"

'난 말하지 않았는데 어떻게 아는 걸까?' 순간 당황했지만 그렇지 않은 척 표정관리부터 하고 살짝 물어봤다.

"친구 상담에 대해서는 비밀인데 어떻게 알았어?"

"은서가 얘기했어요. 지난주에 상담한 것도 반에 돌아와서 친구들한테 다 말했는데요."

'아…. 분명 은서는 상담에서 한 이야기를 모두에게 비밀로 해달라고 말했는데…. 특히 친구들에게…. 비밀 보장은 나만 했던 걸까?'

초등학교 상담에서는 완전한 비밀보장이 없다. 우선 아이들 스스로 비밀보장을 요구하면서도 그 중요성을 잘 모른다. 모든 학생을 다 상담할 수 없다 보니 상담교사와의 만남이 아이들에게는 자랑거리가 되기도 한다. 초등학교 아이들은 자신이 말한 걸 금세 잊어버리거나 대수롭지 않게 생각하기 때문에 나는 굳이 비밀을 지키지 않는 것에 대해 뭐라 하지 않는다.

'혼자 끙끙거리기보다 그렇게 친구들에게 말해서 편해진다면 좋은 거 아닌가?'

초등학교 상담실에서는 이렇게라도 생각해야 상담교사로서 흔들리지 않고 불필요한 책임감도 버릴 수 있다.

06

작은 불빛 하나

캄캄한 터널 속 작은 불빛 하나

현재 4학년인 진수는 3학년 4월 무렵부터 상담실에 오기 시작했는데 지금까지도 학교생활에 어려움이 많다. 진수는 충동적이고 공격적인 행동, 수업 방해, 친구들과의 갈등, 부모에 대한 반항 등 복합적인 문제를 보였고 자기중심적인 태도로 항상 남 탓을 했기에 상담 진행도 수월하지 않았다. 다른 아이를 상담하고 있는 중에도 불쑥 상담실에 들어왔고 자기가 원하는 대로 바로 상담해주지 않으면 상담실 안팎에서 소리를 질러댔다. 전학 오기 전 학교에서도 유명했고 우리 학교로 전학한 직후에는 교장선생님께서 나를 따로 불러 특별히 부탁할 정도였다. 진수를 상담실에서 처음 만난 날, 아이는 40분의 상담 시간을 온통 불만과 짜증으로 채웠다. 전학 와서 얼마 다니지도 않은 학교와 친구들에 대한 원망과 분노를 끊임없이 쏟아냈다.

상담교사로서도 쉽게 공감과 수용을 할 수 없는 시간의 연속이었다. 주의력결핍 과잉행동장애(Attention-Deficit Hyperactivity Disorder, ADHD)의 뚜렷한 징후였지만 문제를 회피하던 부모님을 설득하기가 쉽지 않았다. 몇 달에 걸쳐 겨우 설득한 끝에 병원치료를 병행할 수 있었다. 약물을 복용하기 시작한 후 문제행동은 30%정도 줄었으나 진수의 학교생활은 여전히 힘들었고 나는 하루에도 몇 번씩 사건 사고 소식을 들을 수밖에 없었다. 진수를 만나는 날이면 나도 부담스럽고 마음이 무거웠다. 40분의 시간 동안 긍정적인 표현은 전혀 기대할 수 없을뿐더러 자기인식 및 통찰이 조금도 이루어지지 않았기 때문이다. 도돌이표와 같은 상담이 끝나면 아이의 감정에 전염된 듯 나의 감정도 부정적이 되어 다른 상담을 바로 진행하기가 어려웠다.

사실 대부분의 상담이 끝을 알 수 없는 캄캄한 터널을 지나는 것과 같다. 캄캄한 터널 속에서 희미한 불빛 하나를 발견하고, 그 빛에 기대어 조금씩 앞으로 나아가는 과정이 상담이다. 상담을 하다 보면 생각보다 아이가 가진 불빛이 커서 금방 터널을 통과하기도 하고 작은 불빛 하나를 발견하는 데 시간이 오래 걸리기도 하며 오랜 시간이 지나도록 찾지 못해 계속 헤매기도 한다. 상대적으로 불빛이 큰 아이도 있고 작은 아이도 있지만 아이들은 저마다 자신만의 불빛을 가지고 있다. 아직 발견하지 못했을 뿐 진수도 가지고 있을 것이다. 분명 반짝반짝 빛나는 진수만의 불빛이 있을 거라 생각하며 하루하루 힘을 냈다.(여기서 말한 불빛은 아이들의 강점과 장점, 성장과 변화 가능성, 잠재력, 희망 등을 의미한다.)

상담을 진행한지 1년이 조금 넘은 어느 날, 진수가 물었다. "선생님은 저 때문에 힘들지 않으세요?" 이 질문에 '전혀 안 힘들어'라고 한다면 거짓말로 들릴 게 뻔하다. 나는 이렇게 말했다. "솔직히 힘들 때도 있지. 하지만 지금 이렇게 힘들 수 있다는 걸 알아주는 진수의 마음이 있다면 언제나 힘을 낼 수 있어." 다른 사람의 입장과 감정을 궁금해하고 신경 쓰던 진수의 모습을 본 그날, 불빛 하나가 드디어 비치는 것 같았다. 그리고 한동안 너무 당연하다 생각해서 나중에야 깨달은 거지만 약속된 상담에 빠짐없이 오고 뭔가 터질 거 같을 때 상담실로 달려왔던 것 역시 진수가 가진 불빛 중 하나였다. 초등학교 상담교사로서 나의 바람은 그리 크지 않다. 그건 바로 아이들에게 어려움과 문제가 생겼을 때 도움 받을 수 있는 곳 중 하나로 나와 상담실을 떠올려줬으면 하는 것이다.

초등학교 상담을 이끌 후배에게

점점 학교상담의 중요성이 부각되고 있다. 일단 학생들이 하루의 대부분을 학교에서 보내기에 학교생활과 관련된 고민이 많을 수밖에 없다. 급변하는 사회 속에서 발생하는 다양한 심리정서 문제가 기존의 방법으로는 해결에 한계가 있기 때문이기도 하다. 사실 학교는 무엇보다 공부를 우선시하기에 학생들의 심리정서적 성장과 발달은 뒷전이 되기 쉬웠다. 그 결과 불안감, 우울감, 무기력감 등의 부정적인 감정이 커지고 학교부적응, 학교폭력, 학업중단, 자해, 자살, 과몰입 및 중독 등의 문제가 생기는 것이다. 이런 상황에서 학교상담은 학교 내 상담교사를 통해 이루어지기에 접근성이 좋고 효율적이며 담임교사가 학생 문제를 이해하고 해결하는 데도 도움이 된다.

초등학교 상담의 중요성은 특히 더 커졌다고 생각하는데 학생들에게 나타나는 문제가 점차 저연령대로 앞당겨지고 있다는 게 가장 큰 이유다. 예전에는 중학생, 고등학생에게 많이 보였던 문제가 점차 초등학생에게도 나타나고 있다. 과거에 비해 아이들의 신체적 성장이 빨라진 만큼 질풍노도의 시기라 하는 청소년기의 심리정서적 혼란기가 빨리 찾아오고 있다. 나의 경험으로 미루어 볼 때 불과 3~4년 전까지는 초등학교에 자해나 자살생각 관련 문제는 거의 없었는데 최근에는 발생 빈도가 차츰 높아지고 그 수준도 심각해졌다. 초등학교에 있는 상담교사의 역할과 책임이 막중해지고 있다.

초등학생은 성격이나 정체감 등이 형성과정 중에 있기 때문에 중학생, 고등학생에 비해 생각이 유연하고 변화 가능성이 크다. 어쩌면 중학생, 고등학생에게는 어려울 수 있는 문제 접근 및 해결도 가능하다. 그러므로 초등학교 상담교사라면 그 가능성을 믿고 아이들의 성장과 변화를 위한 도전과 노력을 멈춰서는 안 된다. 나는 앞으로 초등학교 상담을 이끌어 갈 후배 상담교사에게 선배로서 네 가지를 말하고 싶다.

첫째, 융통성을 가지자. 초등학교 상담교사로 일하다 보면 '이것도 내가 하는 건가?' 싶은 생각이 드는 업무가 있을 수 있고 예상치 못한 역할을 갑자기 하게 될 수도 있다. 비교과교사인 상담교사에게 반별 수업을 맡기고 시수를 주는 것도 경직된 시각으로 보면 안 될 일이지만 시각을 달리하면 '마음수업'으로 아이들과 함께할 수 있고 문제를 예방하기 위한 교육 시간을 미리 확보하는 것이니 긍정적으로 생각할 수 있다.

둘째, 아이들을 먼저 생각하자. 모든 교사가 마찬가지겠지만 초등학교 상담교사라면 좀더 사명감과 책임감을 크게 가져야 한다. 지금 이 순간 나의 관심과 시도가 아이의 현재 학교생활뿐 아니라 미래의 생활도 충분히 바꿀 수 있다. 부담을 주려는 말이 아니고 그만큼 초등학교 아이들에게는 지금 이 순간이 중요하다는 것이다. 상담교사의 따뜻한 관심과 열정이 담긴 마음수업이 아이의 인생을 좌우할 수 있음을 알아줬으면 한다.

셋째, 내 선택에 책임지자. '나는 왜 상담교사가 됐을까?' 또는 '나는 왜 상담교사가 되려고 할까?'를 스스로에게 질문해보자. 나는 어떤 답을 할 수 있을까? '그냥 교사가 되려고?', '다른 교과에 비해 임용이 잘될 수 있으니까?', '담임을 안 해도 되니까?', '수업이 없어서?' 혹은 '어쩌다 보니?' 나의 솔직한 답이 그렇다고 한다면 학교와 아이들에게는 참 안된 일이다. 왜냐하면 이렇게 시작한 상담교사는 끝없이 다른 교사와 비교하며 열등감을 가지고 쉽게 무기력해지기 때문이다. 초등학교에서 상담교사의 역할은 정말 자기하기 나름이다. 눈을 감고 귀를 닫고 있으면 해야 하는 일도 안 하게 될 것이고 그렇지 않다면 학교에서 상담교사로서 할 수 있는 일, 해야 하는 일은 생각보다 많다. 결과적으로 상담교사의 길을 선택한 건 바로 나 아닌가? 그러니 내 선택에 책임을 지고 상담교사의 길을 열심히 달려보길 응원한다.

넷째, 내가 먼저 해보자. 바쁘게 돌아가는 학교에서 나를 알아주고 뭔가 말해주며 챙겨주길 바라는 건 헛된 환상일 뿐이다. 나를 위해 학교가 알아서 해주기를 기대하기보다 내가 먼저 해보자. 애매모호한 내 위치와 주어진 환경을 탓하기보다 우선 상담교사로서 최선을 다해보자. 그리고 어려움이 있는 아이들이 알아서 나를 찾아오길 기다리기보다 먼저 다가가 보길 바란다. 이렇게 내가 먼저 해보다 보면 어느 순간 나는 학교에서 없어도 그만인 존재가 아닌 꼭 필요한 존재가 되어 있을 것이다. 나는 그 누구보다 아이들에게 꼭 필요한 '상담쌤'으로 남고 싶다.

07

초등상담 뿌리내리기

상담실이 없다

인사발령이 있던 날. 떨리는 마음으로 공고문을 확인하는데 내가 가야 할 곳이 '○○초등학교'라고 되어 있었다. '응? 초등학교라고?' 상담교사가 초등학교에 배치되기 시작한 건 알았지만 내가 가게 될 거라곤 꿈에도 생각지 못했다. 미지의 세계에 대한 막연한 두려움과 설렘을 가지고 인사드리러 간 첫날, 모두 모인 자리에서 상담교사로 나를 소개하는데 반응이 좀 낯설다. 알고 보니 그동안 학교에 상담교사가 없었던 것이다. 그 사실을 알고 나서 문득 떠오른 생각은 '그럼 상담실도 없는 건가?'였고 굳이 입 밖으로 꺼내 묻지 않아도 눈치껏 상황을 파악할 수 있었다. 교감 선생님의 안내를 받아 간 곳은 교무실 옆 다용도실이었고 문을 열자마자 보이는 광경에 나도 모르게 한숨이 새어 나왔다.

안이 훤히 보이는 커다란 창에 교무실과는 간이 벽으로 구분되어 있어 방음이 전혀 되지 않았고 무엇보다 아이들과 상담할 수 있는 별도의 공간이 없었다. 상담실을 구축하기 위한 예산을 신청했다고 하나 3월에 바로 내려오는 것도 아니었다. 그런데 엎친 데 덮치는 격으로 아이들이 수업을 듣는 학기 중에는 공사를 절대 진행할 수 없다고 한다. 여름방학은 지나야 제대로 된 상담실의 모습을 갖출 수 있는 그곳에서 나는 첫 학기를 어떻게 보낼지 고민해야 했다. 우선 급한 대로 원래 있던 가구의 위치를 바꿔 아이들과 상담할 수 있는 장소를 만들고 초등학생 눈높이에 맞춰 이것저것 꾸며보았다. 부디 아이들이 좋아하길 바라면서….

상담실다운 모습을 갖추진 못했지만 그래도 나의 바람과 정성이 통한 듯 1학기 동안 많은 아이들이 상담실에 방문했다. 그리고 나는 상담실에 왔다가 교실로 돌아가는 아이들에게 일일이 말했다. “2학기 때 상담실의 변신을 기대해줘!” 아이들의 기대가 점점 커지는 만큼 나도 여름방학이 빨리 오길 손꼽아 기다렸다. 그 기다림의 시간 동안 나는 멋진 상담실을 꾸미기 위해 수시로 정보를 찾고 주변 사람들의 의견을 물었다. 기본적으로 상담실에는 방음이 되는 개인상담실, 여러 명이 함께 할 수 있는 집단상담실, 상담교사의 사무공간이 있어야 하며 아이들이 대기할 수 있는 공간까지 있다면 더 좋을 것이다.

7월 중순 여름방학이 시작되는 날, 드디어 상담실의 탈바꿈을 위한 첫 삽을 뜨게 됐다. 그런데 본격적으로 상담실을 구축하는 일이 정말 산 넘어 산이다. 하나부터 열까지 상담교사인 내가 결정해야 하는 일투성이였던 것이다. 상담실 내 위치 선정부터 공간 크기, 필요한 가구와 기자재 종류 및 개수, 벽지와 바닥 재료 및 색상, 심지어 안내판에 쓰일 글자 디자인과 그림까지. 그것도 내 마음대로 다 할 수 있는 게 아니고 주어진 예산에 맞춰 알뜰하게 해야 한다. '나의 상담실'이 아닌 '아이들의 상담실'이 되도록 아이들의 입장에서 생각하고 심사숙고하다 보니 넋이 나갈 지경이었다. 그러나 고생했던 기억은 어느새 눈 녹듯 사라져버리고 천신만고 끝에 완성된 위(Wee)클래스 상담실에서 나는 오늘도 아이들과 함께 웃고 있다.

상담실 알리기

아직 상담실의 모습이 전혀 없었던 3월. 아이들 표현으로 소위 '멘붕'인 상태였지만 이 핑계로 가만히 있을 수는 없었다. '무엇을 먼저 해야 하나?' 생각하니 그동안 학교에는 상담교사가 없었기 때문에 상담이나 상담실에 대한 이해가 부족할 것 같았다. 나는 우선 상담실 안내문을 만들어 모든 교직원에게 배부하고 가정통신문을 활용해 보호자들이 알 수 있도록 했다. 주된 내용은 상담이란 무엇이고, 어떤 도움을 받을 수 있으며, 신청은 어떻게 하는지 등이었고 상담실의 위치와 연락처, 상담교사에 대한 소개가 포함됐다. 교사나 보호자 대상으로 설명회 또는 상담연수도 고려할 수 있다. 어떤 접근이든 초등학교에서 상담기반을 확고히 다지기 위해서는 무엇보다 학교 구성원들의 상담 이해도를 높여야 한다.

특히 초등학교에서의 상담은 상담교사 혼자서 할 수가 없다. 동료교사의 관심과 지지, 협조가 반드시 필요하다. 때문에 나는 담임교사들에게 상담실을 알리는 데 꽤 많은 시간과 노력을 투자했다. 모두 함께 모이는 회의 시간을 이용한 안내뿐 아니라 개인적으로 상담실에 초대하기도 하고 교실로 직접 찾아가기도 했다. 이 과정에서 가장 중요한 건 상담의 목적과 필요성에 대해 충분히 설명하는 일이다. 학교에서는 학습이 우선이기에 아이가 수업 시간에 상담을 간다고 하면 담임교사가 자칫 오해하거나 부정적으로 반응할 수 있다. 담임교사가 그런 아이에 대해 '수업이 싫어서 상담실에 가는 건가?'라고 생각하지 않도록 해야 한다.

상담실의 주요 고객이 되는 아이들의 상담 이해도를 높이는 것도 중요하다. 상담에 대해 잘 모르면 정작 필요할 때 상담실을 이용하지 못하기 때문에 그만큼 상담실은 존재의 의미를 잃게 된다. 가장 대표적인 방법으로 반별 상담이해교육을 진행할 수 있는데 이를 통해 상담이 무엇인지, 왜 상담을 받아야 하는지, 어떤 상담을 받을 수 있는지, 어떻게 신청해야 하는지, 비밀보장은 되는지 등을 아이들에게 알려주는 것이다. 이와 함께 홍보지를 만들어 반별 게시판에 붙이거나 상담실 방문주간과 상담 행사를 실시하여 아이들의 상담 이해도를 높일 수 있다. 특히 아이들의 경우 상담에 대한 이해가 낮으면 보호자나 담임교사와 불필요한 마찰을 겪을 수 있기 때문에 충분한 시간을 두고 교육해야 한다.

초등학교 상담실은 대다수 아이들이 난생처음 상담을 경험하는 곳이다. 그 처음을 어떻게 시작하고 어떤 경험을 하느냐에 따라 아이들은 앞으로 상담과 가까워질 수도 있고 혹은 멀어질 수도 있다. 최근 상담에 대한 인식이 많이 좋아졌다고는 하지만 아직 '문제가 있으면 가는 곳'이라 생각해 꺼리기도 한다. 초등학교 상담교사는 아이들이 '상담 첫 경험'에서 이런 편견과 고정관념을 갖지 않도록 유념해야 한다. 그리고 아이들이 고민이나 어려움이 생길 때면 언제든 편히 올 수 있는 곳으로 여기도록 노력할 필요가 있다. 아이들이 고민이나 어려움이 있을 때 방황하고 혼자 힘들어하기보다 상담을 통해 해결할 수 있다는 걸 오래도록 기억해 줬으면 한다.

08

상담교사도 위로가 필요하다

상담교사의 소진

온종일 정신없이 바쁜 날이었다. 출근하자마자 학교폭력 사안으로 담당교사와 협의를 해야 했고 바로 이어 학교폭력전담기구 회의에 보고할 상담소견 자료를 준비하느라 여념이 없었다. 그때 어머니 한 분이 자녀의 학교부적응 문제로 급히 전화 상담을 요청했다. 바쁜 와중에도 어머니의 답답하고 속상한 마음을 수용하며 가정에서 지도할 내용을 안내했다. 그렇게 전화 상담이 끝나자마자 상담이 약속된 아이들이 연이어 찾아왔다. 오전 마지막 상담까지 마치고 시계를 보니 어느덧 점심시간이었다. 식사를 하고 한숨 돌릴 틈도 없이 오후 출장을 서둘러야 했다. 아동학대 사건 조사협조 건으로 경찰서 출장이 예정되어 있었기 때문이다.

헐레벌떡 상담실로 돌아와 오후 상담까지 마치고 나니 벌써 퇴근시간이 가까워져 있었다. 녹초가 된 나는 더 이상 상담실에 방문하는 사람 없이 잠시라도 쉴 수 있길 간절히 바랐다. 그런데 평소 가깝게 지내던 담임교사가 상담실로 찾아와 오늘 아이들 생활지도로 너무 힘들었다며 위로가 필요하다고 했다. 그전의 나라면 당연히 고생 많았다며 담임교사를 위로하고 다독였을 텐데 그날은 나도 모르게 깊은 한숨을 내쉬고 말았다. 담임교사는 내 얼굴빛을 살피며 무슨 일이 있는지 물었다. 나는 얼른 아무렇지 않은 척하려 했지만 그날따라 고달픔과 피로감을 쉽게 떨칠 수 없었다. 결국 씁쓸한 미소를 지으며 오늘 갑자기 일이 몰려서 마음의 여유가 별로 없다고 말했다. 나를 걱정한 담임교사는 자신이 도울 수 있는 일에 대해 물었고 그 배려가 고마웠지만 차마 내 속마음을 털어놓을 수 없었다. 그 이유는 상담교사로서 담당하는 일의 대부분은 비밀을 유지해야 했고 담임교사의 업무와는 차이도 분명했기 때문이다. 그리고 무엇보다 매일 고생하고 있는 담임교사에게 부담을 더 보태고 싶지 않았다.

햇병아리 시절에 나는 상담교사의 일이 버겁고 마음이 힘들어도 그저 꾹꾹 눌러 참기만 했다. 상담자로서 비밀을 철저히 지켜야 한다는 생각이 강했고 그래도 내가 명색이 상담교사이니 불편한 감정은 스스로 해결해야 한다고 여긴 것이다. 그러나 내가 감당할 수 없는 수준의 사례들이 반복되면서 급기야 나는 소진되고 말았다. 이런 상태가 지속되면 나뿐만 아니라 내가 상담하는 아이들에게도 악영향을 끼칠 것 같아 마음이 무거워졌다. 그래서 나는 소진에서 벗어날 방법을 고민했고 마침내 상담교사인 나에게도 위로가 필요하다는 걸 깨닫게 되었다. 어쩌면 너무나 당연한 거라 생각할 수 있지만 다른 사람의 마음을 어루만지면서 의지할 대상이 되어야 할 상담교사가 반대로 내가 누군가에게 기대야 한다는 사실을 받아들이기란 그리 쉽지 않은 일이다. 그렇지만 힘들고 어려울 때 나도 위로를 받아야 한다는 사실을 인정하니 마음이 한결 홀가분해졌다.

내가 받은 위로와 도움

상담교사가 위로받는 방법은 저마다 다르겠지만 나에게 가장 먼저 위로가 되었던 건 교육분석 경험이었다. 교육분석은 상담자가 교육적인 목적으로 내담자가 되어 상담에 참여하는 것이다. 상담자가 도리어 다른 사람에게 상담을 받는다는 게 의아할 수 있지만 교육분석을 받으면 나에 대한 이해와 수용을 경험하고 내담자를 더 깊이 이해할 수 있다. 나는 평소 존경했던 상담전문가에게 개인상담의 형태로 교육분석을 받았다. 이 과정이 나를 상담교사로 한 단계

더 성장하게 했다고 생각한다. 내담자가 첫 상담에서 긴장하듯 나의 첫 교육분석도 긴장의 연속이었지만 회기가 진행되면서 점차 나의 심리적 갈등과 어려움을 해결할 수 있었다. 그리고 나를 이해하는 사람이 생겼다는 사실과 그 존재만으로도 큰 위로가 되었다.

나에게 두 번째로 위로가 된 건 상담사례 슈퍼비전이었다. 슈퍼비전(supervision)이란 '위에서'라는 뜻을 가진 'super'와 '관찰하다 또는 보다'의 뜻이 있는 'vision'이 합쳐진 것으로 '감독하다'라는 의미이다. 슈퍼바이저(supervisor)는 감독하는 사람을 말하며 감독을 받는 사람은 슈퍼바이지(supervisee)라고 한다. 상담에서 슈퍼비전은 숙련된 전문가인 슈퍼바이저가 전문상담자가 되고 싶은 슈퍼바이지의 상담능력을 향상시키기 위해 제공하는 평가적이고 교육적인 모든 활동이다. 교육분석과 슈퍼비전의 가장 큰 차이는 초점을 어디에 두냐는 것인데 전자는 상담자가 가진 문제와 자기이해에 초점을 두는 반면 후자는 상담자로서 내담자의 문제에 어떻게 개입하고 어떤 방법으로 상담하는지에 초점을 맞춘다. 나는 상담전문가의 슈퍼비전을 통해 나의 상담과정을 점검받고 보완하면서 막막했던 부분을 잘 처리했고 나의 괴로움과 죄책감도 줄일 수 있었다.

세 번째는 동료 상담교사들과 소통하며 많은 위로를 받았는데 같은 일을 하고 있었기에 존재만으로도 큰 의지가 되었다. 요즘은 뜻이 맞는 상담교사들과 연구회를 함께하며 유용한 정보를 공유하고 같이 연수를 듣거나 동료 슈퍼비전을 하면서 다양한 사례와 접근 방법을 연구하고 있다. 보통 한 학교에 상담교사는 한 명이기 때문에 나 역시 문득 문득 외롭고 쓸쓸한 느낌이 든다. 하지만 동료 상담교사들과 함께할 때만큼은 나도 혼자가 아니며 꽁꽁 숨겼던 속마음도 꺼낼 수 있다. 물론 비밀보장의 원칙까지 어기면서 모든 걸 나누는 건 아니다. 그냥 눈빛만으로도 서로 통한다고 해야 할까?

따뜻한 말과 행동으로 상대방을 달래고 감싼다는 의미를 가진 위로는 자신에게 할 수도 있다. 다른 사람으로부터 얻는 위로도 좋지만 필요한 순간에는 스스로 자신을 위로할 수 있어야 한다. 나는 따뜻한 차 한 잔을 마시고 잠시 책을 읽거나 노래를 듣기도 한다. 너무 답답할 때는 산책을 하고 그래도 마음이 풀리지 않으면 땀이 흠뻑 날 정도로 운동을 하고 있다. 사람들이 자신만의 위로 방법을 찾고 필요할 때마다 원하는 만큼 마음껏 자신을 위로했으면 한다.

상담교사는 어쩔 수 없이 혼자서 고군분투해야 할 때가 많고 직업 특성상 고독할 수밖에 없다. 상담교사에게 비밀보장은 철칙이므로 지치고 힘든 마음을 누군가에게 가볍게 얘기할 수 없기 때문이다. 초등학교 아이들은 중·고등학생에 비해 상담자가 미치는 영향이 크므로 나는 상담에서 아이들에게 하는 말과 행동 그리고 표정까지 무척 신경 쓰고 있다. 늘 긴장상태인 상담교사의 삶 속에서 위로는 반드시 필요하다. 그래야 지치거나 멈추지 않으면서 계속 앞으로 나아갈 수 있다.

항상 웃음 간직한 피에로

월요일 오전 6시 30분. 무거운 마음으로 서둘러 출근을 준비한다. 지난주부터 기침을 하고 콧물이 나던 쌍둥이들이 주말 동안 많이 아팠다. 남편과 번갈아가며 병간호를 하느라 주말에 쉬기는커녕 제대로 자지도 못했다. 피곤에 찌든 나는 대충 씻고 이전보다 더 곱게 정성 들여 화장을 한다. 내가 슬프고 힘든 걸 학교에서 아무도 몰라야 하기 때문이다. 이건 상담교사의 길을 가면서 생긴 나의 몹쓸 버릇이다.

'내가 힘들면 다른 사람의 마음을 어떻게 어루만지겠는가?'

'내가 울고 있으면 누가 나에게 고민이나 어려움을 말하겠는가?'

'내가 추레한 모습으로 있으면 누가 나에게 자기 이야기를 하고 싶겠는가?'

오늘은 할머니가 아니라 엄마랑 있고 싶다는 아이들에게 "엄마 빨리 올게." 하고 일방적인 인사를 한다. 차에 타서 백미러로 어색한 미소를 한번 지어 보이곤 라디오를 켰는데 활기찬 월요일 아침이 되길 바란다는 DJ의 인사와 함께 신나는 곡이 흘러나온다. 그런데 그 댄스곡을 들으며 나는 그만 목 놓아 울어버렸다. 김완선의 <삐에로는 우릴 보고 웃지>. 이 곡이 이렇게 슬펐던가….

"빨간 모자를 눌러쓴, 난 항상 웃음 간직한 삐에로. 파란 웃음 뒤에는 아무도 모르는 눈물. 초라한 날 보며 웃어도 난 내 모습이 너무 아름다워…."

그래. 상담교사는 피에로와 같구나. 눈물을 숨기며 항상 웃어야 하는 피에로구나.

09

한 번 가르친다고 100점 맞나요?

저는 마법사가 아니에요

아침에 출근하니 업무 메신저로 쪽지 하나가 와 있었다. "상담 선생님. 월요일에 동근이가 상담을 받았는데 어제도 수업태도가 안 좋고 전혀 바뀐 게 없어서요…."로 시작된 쪽지에 담임교사의 고단함이 느껴졌지만 나 역시 순간 맥이 빠졌다. 탁상용 달력을 보니 오늘은 목요일. 그 사이 나와 동근이의 만남은 단 한 번이었다. 보통 첫 상담은 아이에 대한 기본 정보를 파악하고 관찰된 문제 외에 실제 아이가 겪는 어려움은 없는지 탐색하며 앞으로의 상담을 위한 관계형성에 집중한다. 제아무리 상담교사라도 첫 시간부터 아이에게 문제를 꺼내 말하기는 쉽지 않다. 스스로 어려움을 인지하고 문제해결을 위해 자발적으로 상담실에 찾아오는 아이의 경우 단회상담으로도 진행할 수 있으나 동근이의 경우 보호자의 동의를 받아 담임교사가 의뢰한 것으로 아이에게는 자발적인 동기가 없었다. 그러니 '내가 왜 상담실에 와야 하는 거지?'라고 생각하는 아이가 단 한 번의 상담으로 변화가 있을 리 만무하다.

어찌 보면 동근이는 자기 문제나 어려움을 알고 상담의 필요성을 느끼는 데만 해도 꽤 많은 시간이 필요할 수 있다. 학교에서 상담은 강제성이 없기 때문에 상담을 통한 변화에는 아이의 자발성이 필수 조건이다. 게다가 아이들의 심리 정서적 성장과 변화는 쉽게 눈에 띄지 않는다. 그렇기 때문에 상담교사의 노고는 저평가되기 쉬우며 인정받기가 참 어려워 우리로서도 조금은 억울한 부분이다. 가끔 나는 '마음이란 것도 시험이 있어서 점수가 높은지, 낮은지를 눈으로 볼 수 있으면 좋겠다'고 생각한다. 물론 심리검사로 아이들의 성격, 지능, 정신건강 등을 파악할 수 있으나 학교나 가정에서 받아들이는 의미와 비중은 시험과 분명 다르다. 무엇보다 공부와 관련된 시험은 그 점수만으로 누구나 아이의 수준을 알 수 있는 것과 달리 심리검사의 결과는 전문가에 의해 해석되어야 하는 한계가 있다. 또한 학교에서 필수인 시험과 달리 심리검사는 선택이며 그날 컨디션의 영향을 많이 받기 때문에 검사 결과는 아이들의 마음만큼 변화무쌍하다. 결과적으로 아이들의 마음상태나 변화에 대해 증명하고 객관성을 확보하는 일은 여간 쉽지가 않다.

'담임교사의 쪽지에 어떻게 답장을 해야 하나?' 고민하다 나도 모르게 '선생님. 저는 마법사가 아니랍니다. 선생님께서 한 번 가르친다고 해서 아이들이 수학을 100점 받지는 못하죠? 저도 그렇습니다.'라고 썼다가 깜짝 놀라 얼른 지웠다. 그리고 다시 담임교사의 어려움을 공감, 수용하면서 상담을 통한 변화에는 시간이 필요하다는 것과 앞으로의 상담계획을 적고 관심과 격려를 부탁드린다는 문장으로 마무리하여 보냈다. 다행히 담임교사도 나의 입장을 이해하여 더이상 재촉하지 않았고 그렇게 한 학기 동안의 장기상담을 마친 후에야 동근이의 변화에 대해 함께 이야기하게 되었다. 담임교사의 입장에서는 나름대로 최선의 지도를 하다가 지푸라기라도 잡는 심정으로 상담을 의뢰했을 것이다. 그렇기에 조바심이 났고 '상담으로도 아이가 변하지 않으면 어떻게 하지?'라는 생각에 상담의 효과를 빨리 확인하고 싶었던 것 같다. 그러나 상담교사는 하루아침에 아이를 변화시키는 마법사도 아니고 담임교사와 다른 어떤 초능력을 가지고 있지도 않다. 즉 한 번 상담한다고 해서 100점짜리 마음을 만들어줄 수 있는 게 절대 아니다. 담임교사와는 다른 입장에서 새로운 접근을 하는 것이며 학습에도 단계가 있듯이 상담에도 단계가 있고 학습만큼 시간과 인내가 필요하다. 아니, 오히려 더 많은 시간과 인내가 소요된다.

상담에 대한 비현실적인 기대

일 년 동안 매주 상담을 했어도 눈에 띄는 변화가 없는 아이도 분명 있다. 심리정서 영역은 주관성이 워낙 강해 보호자나 담임교사는 여전히 문제로 보더라도 아이 스스로는 성장하고 변했다고 느낄 수 있다. 상담교사로서 지금도 여전히 고민하는 건 '과연 누구에게 문제인가?'하는 부분이다. 보호자나 담임교사가 의뢰하여 상담을 하게 됐을 때 탐색을 통해 아이 역시 자기 문제를 인식하기도 하지만 반대로 자기에게는 아무런 문제도 어려움도 없다고 주장하기도 한다. 이럴 때 나는 아이와의 상담으로만 끝내지 않고 보호자, 담임교사에 대한 상담을 병행하며 문제에 대한 가설을 설정하고 어떻게 접근할지 계획을 세운다.

나의 경우 되도록 아이, 보호자, 담임교사 모두의 주장을 수용하고 절충하여 상담목표와 상담방법 등을 정한다. 그런데 이 과정에서 간혹 보호자와 담임교사가 상담에 대해 비현실적인 기대를 가지기도 한다. 예를 들어 아이가 하루에 10회의 수업 방해 행동을 한다고 할 때 현실적인 수준은 50~60%정도 줄이는 것인데 보호자와 담임교사는 상담을 통해 문제행동을 완전히 없애고 아이가 새로 태어나길 바란다. 보통 한 학교에 상담교사는 한 명이고 전교생을 혼자서 담당하고 있기에 현실적으로 한 아이에게만 오래 매달려 있을 수 없다. 우선 문제행동이 반 이상 줄면 아이에 대한 부정적인 피드백도 줄고 아이는 스스로 노력하면 할 수 있다는 것을 깨닫게 된다. 그 후 나머지 반 정도는 아이가 주도하여 해결해가도록 하며 보호자와 담임교사에게 관심과 지지를 부탁하면서 상담을 종결한다.

상담 종결 후 '아이에게 계속 문제가 있다'며 전화하는 보호자가 있다. 그럴 때마다 정작 아이의 마음은 제대로 보지 않으면서 문제만 보려는 부모님이 솔직히 원망스럽다. 시각을 조금만 다르게 하면 단 1%라도 아이가 노력하고 달라진 모습이 보일 텐데, 하면서 말이다. 가끔은 본인들도 하지 못하는 것을 상담교사가 해주길 바라는 보호자도 있다. 상담교사로서 상담을 할 때마다 조심하는 게 바로 내담자의 의존성이다. 현실적으로 보면 학교에서 상담 접근의 기회는 적고 접촉 시간도 짧다. 오히려 아이와 오랜 시간을 함께하고 가장 큰 영향을 미치는 보호자의 태도가 의존성으로 느껴질 때 상담교사도 참 난감하고 부담스럽다. 보호자의 역할과 상담교사의 역할은 엄연히 다르며 나는 내 역할에 최선을 다하고 있다. 부디 앞으로는 상담과 상담교사에게 현실적인 기대를 가지고 아이들을 위해 같이 노력했으면 한다.

해가 바뀔수록 아이들에게 보이는 문제의 수준이 높아지고 담임교사의 지도와 상담교사의 상담을 넘어 학교 밖의 또 다른 전문가의 접근이 필요한 아이들이 많아지고 있다.

특히 1~2학년 아이들을 상담하다 보면 '주의력결핍 과잉행동장애(Attention-Deficit Hyperactivity Disorder, ADHD)'의 징후를 보이는 아이가 많아졌다. 아이 상담을 통해 이를 확인하고 보호자 상담을 진행하면 생각보다 많은 부모님들이 병원에 가는 것을 꺼리고 어떻게든 학교에서 상담으로 알아서 해주길 바란다. 그러나 이거야말로 정말 상담에 대한 비현실적인 기대이다. 결정적 시기라는 말이 있듯이 심리정서 문제에 대한 접근 및 치료에도 최적의 시기가 있다. 그 중요한 시기를 상담에 대한 환상과 문제에 대한 회피적 태도로 놓치고 있는 것이 안타깝다.

10
공감도 공부해야 한다

공감은 어렵다

다른 사람에게 공감을 잘해야 하는 상담교사도 공감이 어려운 숙제 같을 때가 있다. 상담학을 공부하기 전의 나는 공감이란 단순히 상대방의 말에 잘 맞장구치거나 같이 울고 웃으며 적당히 동조하면 되는 줄 알았다. 하지만 상담에서의 공감은 그보다 훨씬 더 깊게 상대방의 마음을 이해해야 했다. 그래서 나는 지금까지도 계속 공감에 대해 공부하고 있는데 알면 알수록 참 새롭고 심오하다. 공감의 중요성은 이미 잘 알려져 여기저기서 쉽게 언급되고 있지만 실상 많은 사람들이 공감과 동감을 혼동하고 있다. 공감은 내가 아닌 상대방의 입장에서 상대방의 감정이나 생각을 이해하는 것이며 동감은 상대방의 감정이나 생각을 내가 똑같이 느끼는 것이다. 공감은 주로 '네가 그때 뿌듯했겠구나. 네가 그 상황에서 힘들었겠구나'라는 형태로 동감은 주로 '그래! 맞아! 나도 동의해!'라는 말로 표현된다.

일상생활 속에서 우리는 공감보다 동감에 더 익숙하지만 다른 사람을 존중하고 깊이 이해하려면 동감이 아닌 공감을 해야 한다. 예를 들어 친구가 힘들고 슬픈 상황에 처했을 때 동감하며 내가 친구만큼 슬픔을 느낀다면 어떻게 될까? 친구와 유대감은 얻게 될지 몰라도 내 감정 때문에 정작 친구의 슬픔은 있는 그대로 바라보기 어려워진다. 이와 달리 공감을 하면 친구의 입장에서 슬픔을 이해하고 그 마음에 함께 머무를 수 있다. 신기하게도 나는 공감만 했을 뿐인데 상대방이 스스로 알아서 감정을 잘 처리하는 경우를 자주 목격한다. 결국 우리는 누군가 내 문제나 감정을 직접 처리해주기보다 나를 있는 그대로 이해해주고 함께 있어주길 바라는 건 아닐까 한다.

공감을 잘못해서 난처했던 적이 있다. 10년 전 어느 날, 5학년 아이가 수업 시간에 있었던 일로 마음이 불편하다며 상담을 요청했다. 아이 말에 따르면 과학수업 시간에 실험 절차를 제대로 이해하지 못해 선생님께 질문을 했고 자신은 그저 답을 기다리고 있었다고 한다. 그런데 주위가 소란스러워서인지 선생님은 아이의 질문을 듣지 못했고, 잠시 뒤 실험을 하지 않고 가만히 있는 아이를 지적했다. 나는 아이가 선생님에게 오해를 받아 당황하고 억울했을 장면을 상상하면서 "선생님께 오해를 받고 지적을 당해서 불쾌한 감정이 들었겠구나." 하고 공감을 표했다. 그런데 아이는 "그게 아니에요. 선생님 때문이 아니라 수업 시간에 시끄럽게 떠들던 애들 때문에 기분이 나빴어요. 걔네가 조용히 했으면 선생님이 제 목소리를 들을 수 있었을 거예요."라고 말했다.

아이와 다른 내용으로 대화를 할 때도 공감하려는 노력을 했다. "그때 재밌었겠구나.", "그래서 힘들었겠구나." 하면서 공감을 시도했지만 아이의 대답은 번번이 "아니요. 그게 아니라…."로 시작되면서 표정이 점점 굳어져갔다. 나는 당황한 나머지 머릿속이 하얘져서 남은 시간을 어떻게 상담해야 할지 갈피를 잡을 수조차 없었다. 결국 아이의 침묵은 길어졌고 나는 그런 아이에게 적절한 반응을 보이지 못한 채 상담을 끝내야만 했다. 나는 다음 상담에서 이런 쓰라린 경험을 다시 하고 싶지 않았기에 나의 공감에 어떤 문제가 있었을까를 돌아보았다. 여러 이론과 상담기술에서 공감 대목을 다시 찾아보며 상담자의 공감은 상대방의 느낌과 바람에 초점을 맞춰야 한다는 걸 다시금 깨닫게 되었다. 아이와의 상담에서 나는 혼자만의 상상과 그에 따른 느낌을 공감이라 착각하여 말한 것이다. 아이는 상담교사에게 공감받지 못하면서 불편한 마음이 더 커지고 말았다.

공감은 아는 만큼 잘한다

진정한 공감을 위해서는 나의 입장과 주장을 내려놓고 지금 내 앞에 있는 상대방의 말과 마음에만 집중해야 한다. 이때 '지금 당신의 마음은 어떤 상태군요' 또는 '당신의 감정은 어떤 바람 때문이군요'라며 상대방의 마음을 내가 단정 지으면 안 된다. 자신의 느낌과 바람을 정확히 아는 건 본인뿐이므로 추측하면서 물어보는 형태로 접근하도록 한다. 예를 들어 '지금 당신은 마음이 슬픈가요?' 또는 '당신이 슬픈 이유는 인정받고 싶었는데 그러지 못했기 때문인가요?'라고 물을 수 있다. 그러면 상대방은 자신의 마음이 그 질문과 일치하는지 아닌지를 고민하고 탐색하면서 자기를 더 깊이 이해하게 된다. 내가 진심으로 공감하고 싶다는 의지가 분명하다면 비록 나의 추측이 틀려도 상대방은 기꺼이 수용할 것이다.

나는 지난날 나의 공감들에 대해 깊이 반성했다. 그동안 내가 상담에서 했던 공감은 아이들의 마음을 있는 그대로 존중하기보다 나의 입장에서 생각했던 것뿐이었다. 그리고 공감을 마치 마음 맞히기 퀴즈처럼 여긴 내 모습이 부끄러웠다. 나는 그렇게 공감을 새로 공부하며 반성을 하고 나서 다시 그 아이와 만났다. 이번에는 아이의 마음을 족집게처럼 잘 맞히겠다는 생각을 버리고 오로지 아이의 입장에서 바라보겠다고 결심했다. 그리고 이런저런 방법이 좋으니 내 말대로 하라고 조언하거나 그건 별일 아니라며 아이를 억지로 안심시키려 하지도 않았다. 섣부른 위로도 조심하며 아이가 말하면 열심히 듣고 아이의 감정과 생각을 물어보기만 했다. 그러자 놀랍게도 아이의 반응은 이전과 달랐고 자기 마음을 내가 잘 알아준다며 좋아했다. 아이의 표정이 밝으니 내 마음도 편안했고 나는 비로소 진짜 공감을 경험하게 되었다.

공감은 상담교사라고 해서 또는 상담을 많이 했다고 해서 저절로 길러지는 능력이나 타고나는 재주가 아니다. 공감도 공부해야 하고, 배운 만큼 잘할 수 있다. 물론 공감을 공부한다는 뜻이 이론서나 교재로만 공감을 알아야 한다는 건 아니다. 공감을 실제로 내가 할 수 있으려면 온 마음으로 상대방을 이해하는 경험을 차곡차곡 쌓아야 한다. 공감은 상대방을 아는 만큼 할 수 있으며 만약 상대방을 잘 모른다면 함부로 해서는 안 된다. 그런 의미에서 공감은 비단 상담교사나 상담전문가만의 전유물이 아니다. 여느 교사나 보호자, 심지어 아이들도 공감을 배운다면 충분히 할 수 있다.

11
상담교사에게도 미운 아이가 있다

나도 미운 아이가 있다

마음수업 시간을 상의하러 왔던 담임교사가 자기 반 아이와 자주 마찰이 생긴다며 어려움을 토로했다. 담임교사는 아무리 나이가 어린 학생이라 해도 깐족거리는 정도가 너무 심해서 어떨 때는 울화가 치민다고 했다. 나도 그 아이에 대해 알고 있었기에 담임교사의 말에 공감하며 "저도 밉살스럽다고 느낄 때가 있어요."라고 말했다. 그런데 담임교사는 "아이들이 천사라고 말하는 상담 선생님인데 미운 애가 있어요?"라며 의외라는 표정으로 나를 쳐다봤다. 나는 살짝 웃으며 "저도 사람인데 미운 애가 왜 없겠어요. 대놓고 표현을 못 할 뿐이죠."라고 답했다. 사람들은 상담교사라면 어떤 아이든 넓은 마음으로 품어주고 모든 걸 감싸 안

아줘야 한다고 기대한다. 물론 상담교사로서 각양각색의 아이들을 만나고 다양한 문제를 다루면서 이해의 폭이 넓어졌고 나 스스로도 노력하고 있긴 하다. 그렇지만 나도 감정이 있는 사람인지라 어쩔 수 없이 미운 아이가 있을 수밖에 없다. 나는 특히 무례한 아이와 규칙을 지키지 않는 아이를 만나면 미운 감정이 올라온다.

Wee클래스 행사가 있을 때마다 빠지지 않고 열심히 참여하는 아이가 있었다. 나는 행사에 참여하는 모든 아이들에게 고마움을 느끼지만 불행히도 이 아이는 예외였다. 그 이유는 아이의 무례한 태도와 말투 때문이었다. 아이는 행사 내용을 보며 “선생님은 이런 게 재미있어요? 저는 재미없고 시시한 것 같아요.”라고 말했고 참가 선물을 받아도 “아…. 나 이런 거 싫어하는데. 다른 선물은 없어요?”라고 반응했다. 나도 처음에는 ‘초등학교에 이런 아이도 있구나’ 생각하며 아이를 상대했지만 매 행사 때마다 와서 무례한 말과 행동을 계속하니 점점 얄미워졌다.

앞으로 아이를 어떻게 대해야 할지 고민하며 결국 나는 아이의 담임교사를 찾아갔다. 나는 담임교사에게 그동안 상담실에서 아이가 보였던 말과 행동을 설명하며 평소 교실에서의 모습을 물어보았다. 담임교사는 깜짝 놀라며 자신에게는 예의가 바르고 경우에 어긋나는 말과 행동을 하지 않는다고 했다. 다만 친한 친구에게는 짓궂은 장난을 하고 함부로 말하는 경향이 좀 있다고 덧붙였다. 비로소 나는 아이가 나에게 무례했던 이유를 짐작할 수 있었다. 아이는 담임교사에 비해 상담교사인 나를 친구처럼 편하게 느꼈던 것이다.

초등학교 아이들은 때때로 친구같이 편한 사이에서는 예의 없이 함부로 해도 된다는 착각을 한다. 학교에서 상담교사는 아이들에게 친근하고 편안하게 다가가려 노력하는데 간혹 이를 오해하여 상담교사에게는 어떤 말과 행동을 해도 다 받아주고 무례하게 굴어도 괜찮다고 여긴다. 나는 그 후 또 다른 행사에 참여하기 위해 상담실에 찾아온 아이에게 이제부터는 예의를 갖출 수 있도록 했다. 아이가 가지고 있던 '친한 사이면 다 괜찮다'는 잘못된 인식을 바꾸고 친하고 편한 사이일수록 더 존중하고 배려해야 함을 분명히 했다. 또한 나와의 관계뿐 아니라 친구나 부모님과의 관계도 함께 돌아보며 그동안 괜찮을 거라 믿고 함부로 했던 자신을 반성할 수 있도록 했다.

한번은 교실에서 마음수업을 하고 있는데 규칙을 계속 어기는 아이 때문에 화가 났었다. 그때는 코로나19의 무서운 확산세로 사회적 거리두기를 철저히 지켜야했다. 그래서 일정 간격의 거리를 두고 한 명씩 떨어져 앉아야 했는데 유독 한 아이가 친구 옆에 바싹 붙어 있었다. 나는 사회적 거리두기에 대해 안내하고 규칙을 지키도록 권했으나 아이는 내 말이 안 들리는 척하며 전혀 움직이지 않았다. 그 순간 이전에도 규칙을 자주 어겼던 아이의 모습이 떠오르면서 마음이 불편해졌다. 나는 아이에게 당장 자리를 옮기라고 소리치고 싶었으나 괜스레 아무 잘못도 없는 다른 아이들의 마음만 불편하게 할 거 같아서 애써 참았다. 세 번의 반복된 지시로 아이는 마침내 제 자리로 돌아갔지만 나는 마음수업 내내 못마땅한 느낌을 지울 수 없었다.

미운 감정에서 벗어나기

초등학교 아이들은 사회적 규범과 공동체 규칙을 학교생활을 통해 배우고 있는 중이므로 이를 제대로 지키지 못해 이기적이거나 반항하는 것처럼 보일 수 있다. 그렇기 때문에 초등학생의 규칙 지키기에 대해서는 아이의 사정과 그 때의 상황을 고려해 교사가 융통성을 발휘하여 판단할 필요가 있다. 나는 이런 초등학생의 특성을 머리로 확실히 알고 있으면서도 내 마음이 따라주지 않는 것이 혼란스럽고 한편으로 죄책감도 들었다. '나는 왜 그런 아이가 미운 걸까?' 한참 생각한 끝에 어린 시절의 경험이 하나 떠올랐고 그 사건으로 인해 나에게 아직 해결되지 않은 감정이 남아 있다는 걸 깨달았다.

내가 어렸을 때 교통 신호를 위반한 버스가 부모님이 타고 있던 승용차를 추돌하는 큰 사고가 있었고 부모님은 한 달 동안 병원에 입원해 나란히 병실에 누워 계셔야 했다. 사고가 있을 때 내가 없었던 게 천만다행이라고 말하는 부모님을 보며 나는 안도감과 함께 두려움을 동시에 느꼈다. 부모님이 무사하다는 것을 눈으로 확인했지만 이런 사고가 또 일어날지도 모른다는 생각 때문이었다. 그리고 사고를 낸 버스 운전사가 정말 미웠고 한 사람이 규칙을 지키지 않은 일로 이렇게 아무 상관없는 부모님이 아프고 힘들어야 한다는 것이 억울했다. 게다가 정작 버스 운전사는 손끝 하나 다치지 않았다는 사실에 나는 한동안 분노감에 사로잡혔다. 결국 그때의 감정이 지금까지 이어져 규칙을 지키지 않는 아이를 보면 역전이가 일어났던 것이다.

역전이(Countertransference)란 상담자가 내담자에 대해 느끼는 감정으로 보통 상담자 본인의 해결되지 않은 감정이나 문제를 내담자에게 옮겨서 생각하는 것이다. 내담자가 과거에 중요하게 생각했던 사람에게 느꼈던 감정을 상담자에게 옮겨서 생각하는 전이(Transference)는 상담에서 정상적이고 긍정적인 것으로 간주되지만 역전이는 상담관계를 해칠 수 있으므로 주의해야 한다. 나는 역전이의 영향력을 분명히 알고 있기에 상담 장면에서는 항상 경계하고 대비한다. 그러나 상담이 아닌 일상생활 중에 생기는 역전이는 알아차리기 쉽지 않고 해결에도 더 많은 노력이 필요하다.

아이를 미워하는 내 모습을 발견하며 상담교사로서 자질이 부족한 건 아닌지 자책하기도 했다. 하지만 상담전문가에게 개인분석을 받고 상담 경험을 쌓으면서 모든 아이를 다 예뻐할 수 없음과 나와 안 맞는 아이도 있음을 솔직히 인정하게 됐다. 그 후 미운 아이가 있다면 내 마음을 살펴보면서 상담교사로 한 단계 더 성장하는 기회로 만들자고 결심했다. '나는 이 아이가 왜 미운 걸까? 나의 어떤 문제로 이 아이를 불편하게 여기는 걸까? 내가 이 아이에게 바라는 건 무엇일까?' 스스로에게 물으며 내 마음을 탐색하고 더불어 아이의 마음도 헤아려보기 위해 노력했다. 이런 과정을 통해 나 자신과 아이들을 깊이 있게 이해하고 미운 감정도 조금씩 덜어낼 수 있었다.

나를 천사처럼 미소 짓게 만드는 사람도 있지만 내 마음을 뾰족하게 만드는 사람도 있음을 아이들에게 꾸밈없이 이야기한다. 미움이란 자연스러운 감정이므로 그 자체로 문제가 된다고 할 수 없다. 미운 감정을 그대로 수용하며 스스로 어떻게 조절하고 표현하게 되는지가 중요한 것이다. 아이들이 나와 마찬가지로 누군가 미워질 때 필요 이상으로 걱정하며 죄책감을 갖지 않길 바란다. 아이들이 미움이란 감정 속에 숨겨진 진짜 바람을 알아차리는 과정을 통해 마음이 성장하길 희망한다.

12
나는 절대 포기하지 않아!

포기하기를 포기한다

“선생님. 저는 쓰레기통에 버려야 하는 쓰레기 같아요. 아무도 저를 좋아하지 않아요. 이 세상에서 저는 쓸모가 없네요.”

민주는 자신을 쓸모없는 쓰레기라고 자주 표현했고 우울감과 낮은 자존감으로 힘들어했다. 상담시간 내내 괴로움을 토로하던 민주는 자해했던 팔목을 나에게 보여주며 자기를 포기하고 싶다고 말했다. 아직 붉은빛이 남아 있는 자해 흔적이 안타까웠다. 자기를 포기하고 싶다는 말에 내 마음이 요동쳤다. 민주도 그렇게 말하고 나서는 혼란스러운 듯 눈동자가 흔들렸다. 나는 재빨리 내 마음부터 단단히 잡아두고 민주의 흔들리는 눈동자를 바라보며 이렇게 말했다. “선생님은 너를 절대 포기하지 않을 거야. 우리 함께 조금만 더 힘을 내보자.” 자신을 포기하고 싶다는 마음은 어떤 걸까? 얼마나 괴롭고 힘들면 나를 포기하고 싶어질까? ‘포기’라는 단어만 들어도 걱정이 되는데 거기에 ‘나’가 합쳐지니 가슴이 철렁 내려앉는 느낌이었다.

자기를 포기하고 싶다는 민주의 말이 자살을 뜻하는 건 아니었다. 말 그대로 자신을 포기하고 돌보지 않으면서 꿈도 목표도 없이 살고 싶다는 뜻이었다. 그런데 민주처럼 자신을 포기하려 하거나 이미 포기한 아이들이 초등학교에 점점 많아지고 있다. 내 경험상 자기를 포기하기 시작한다는 신호는 다음과 같다. 첫째, 공부에 점차 무관심해지고 학교생활에 의욕도 없어진다. 둘째, 친구에 대한 관심도 줄어들고 관계를 유지하기 위한 노력도 잘 하지 않는다. 셋째, 규칙을 잘 지키지 않고 대충 생활하기 시작한다. 넷째, 다른 사람의 감정에는 무심해지며 자기감정에만 몰두한다. 결국 이런 아이들은 우울감과 무기력감, 불안감과 분노감 등 복합적인 감정 문제뿐 아니라 사람들과의 관계에서도 어려움이 생긴다.

나는 자기를 포기했다는 아이를 만나면 ‘그렇더라도 상담 선생님은 너를 포기하지 않는다’는 메시지를 전달하며 함께 노력하자고 제안한다. 하지만 상담교사라고 마법처럼 아이의 괴로움을 한 번에 사라지게 하고 강한 의지를 심어줄 수 있는 건 아니다. 상담교사로서 내가 할 수 있는 건 진심을 다해 상담하며 아이를 믿고 변화가 있을 때까지 꿋꿋하게 기다려주는 일이다. 하지만 신기하게도 자신을 포기했다던 아이는 단 한 사람이라도 자기를 믿어주고 포기하지 않는다는 걸 알면 용기를 가지고 변화에 도전하려 한다. 사실 자기를 포기했다고 말하는 아이는 누군가에게 '나는 너를 포기하지 않는다'는 말을 제일 듣고 싶었을지 모른다.

건호는 어른에 대한 불신과 분노로 가득 차 있던 아이였다. 자신의 생각과 마음을 어떻게 표현해야 할지 잘 몰랐던 건호는 친구들과 선생님에게 거친 말과 폭력적인 행동을 했다. 건호는 이전 학교에서 품행 문제와 잦은 학교폭력 사안으로 원치 않은 전학을 왔고 가족을 포함하여 주변 사람들이 자신을 포기하게끔 문제행동을 반복했다. 자신을 포기해버린 건호는 나의 관심을 거부했다. "상담 선생님이 뭔데 나한테 관심을 가져요? 귀찮으니까 말 걸지 마요." 마음을 꽉 닫아버린 건호는 곁을 쉽게 내주지 않았고 보란 듯이 사건을 일으키기도 했다. 마치 상담 선생님이 과연 얼마나 버틸지 궁금해서 나의 각오와 믿음을 시험하는 듯했다.

든든한 지원군이 되고 싶어

시간이 지날수록 건호를 대하기가 점차 힘들어지고 마음

이 흔들리기 시작했다. 처음에는 어떤 일이 있어도 포기하지 않겠다며 자신 있게 다짐했지만 '이래서 가족도 친구도 다 포기했나 보다.'라는 생각이 절로 들 정도로 한계에 다다랐다. 그러나 나마저도 건호를 포기하면 어쩌나 하는 걱정과 함께 죄책감, 부담감도 들었다. 도저히 이대로는 안 되겠다 싶어서 건호에게 솔직한 내 마음을 전달했다.

"건호가 선생님을 아직 믿지 못하는 거 같아 속상하네. 일부러 너를 포기하게 만들거나 아니면 선생님이 얼마나 견딜지 시험하는 거 같기도 해. 나는 너를 포기하지 않고 최선을 다해 도와주고 싶은데 점점 그 힘이 없어지고 있어서 안타깝다."

나의 진심이 통했던 걸까? 건호는 아주 조금씩이지만 마음을 열고 그동안 입 밖에 꺼내지 않았던 자기 이야기를 했다. 자신을 포기했던 가족과 친구들이 원망스럽고 누군가 한 사람이라도 자기를 믿어주고 붙잡아주길 바랐다는 건호의 속마음을 비로소 알게 되었다. 건호의 마음을 알고 나서 나는 포기하고 싶었던 순간을 무사히 넘기고 끝까지 버티길 잘했다고 생각했다.

상담교사로서 아이를 절대 포기하지 않겠다는 다짐에는 주의할 점이 있다. 첫째, 아이의 건강하고 행복한 학교생활과 성장을 위해 아이의 입장에서 지원하는 건지 아니면 상담교사인 내 방식을 고집하는 건지 구분해야 한다. 만약 그

다짐이 후자에 해당된다면 자칫 아이를 더 옭아매는 족쇄가 될 수 있기 때문이다. 둘째, 포기하지 않는 것이 나의 욕심은 아닌지 스스로 점검해야 한다. 경우에 따라서는 아이를 위해 상담을 멈출 필요도 있고 지금까지 해온 것을 모두 내려놓고 처음으로 돌아가 새로운 방법으로 다시 시작해야 할 때도 있다. 그런데 이런 상황을 받아들이지 않고 포기란 없다며 집착한다면 좋은 결과를 기대할 수 없다. '포기하지 않기'와 '욕심' 그리고 '집착'을 분명히 가려내기란 참 쉽지 않다. 그렇기 때문에 상담교사는 아이와 함께 서로의 바람을 나누고 나아가고자 하는 방향을 계속해서 확인해야 한다.

누가 보아도 대하기 힘든 아이를 포기하지 않는 상담교사를 보면 안쓰러워서 이렇게 말해주고 싶을지도 모른다. "그냥 포기해. 괜히 무리하지 말고 내려놔." 내가 이런 말을 듣는다면 우선 나의 어려움을 이해하고 위로해줘서 고맙다고 말할 것이다. 이와 함께 내가 포기하지 않고 견디는 이유도 함께 알아줬으면 좋겠다고 덧붙이고 싶다. 초등학교 아이들은 마음에 대해 열심히 공부하고 있지만 아직 서툴고 미숙하기 때문에 든든한 지원군이 필요하다. 상담교사로서 나는 아이들의 믿음직한 지원군이 되어 격려와 지지를 듬뿍 주고 싶기에 누구든 쉽게 포기할 수가 없다.

갈대 같은 마음

"선생님! 상담하면 엄마한테 얘기하나요? 알리고 싶지 않은데⋯."

어떤 비밀 이야기를 하고 싶은 걸까, 궁금해하며 나는 이렇게 안내한다.

"상담에서는 비밀보장이 제일 중요해. 소중한 생명과 관련되거나 학교폭력이나 아동학대처럼 중대한 문제일 경우는 비밀보장이 힘들고 네가 아직 어리기 때문에 필요하다면 너의 동의를 받아 최소한의 정보를 부모님이나 담임 선생님께 말할 수 있어."

아이는 비밀보장이 되는지 확인하고 안심한 듯 한참 자기 이야기를 쏟아냈다. 그런데 상담이 끝날 무렵 나의 눈치를 보더니 이렇게 말하는 게 아닌가.

"오늘 상담한 거, 엄마한테 말해주세요."

'응? 상담 시작할 때는 엄마가 몰랐으면 좋겠다고 말하지 않았나? 아! 아이들의 마음은 갈대인가 보다.'

초등학교 아이들은 상담교사의 입을 빌려서 부모님께 자신의 어려움을 알리고 싶어 할 때가 종종 있다. 동의를 받았으니 최소한의 정보를 부모님에게 말할 수 있으나 아이가 진짜 원하는 건 최소한의 정보가 아니고 자신이 얼마나 힘든지를 다소 과장해서 전달하는 것이다. 어떨 때는 주객이 전도되어 나에게 '상담자'가 아닌 '전달자'의 역할을 직접 요구하기도 한다. 아이가 가진 문제를 해결하기 위해 필요하다면 부모님과 상담하며 정보를 제공할 수 있지만 그 순간도 엄연히 나는 '상담자'여야 한다. 부디 나의 정체성을 잃지 않길⋯.

13

코로나19 상황에서 상담교사로 살아남기

코로나19와 학교상담

2019년 12월 말의 어느 저녁시간. 무심코 켜놓은 TV에서 신종 바이러스로 인한 급성 호흡기 질환이 중국에서 빠른 속도로 퍼지고 있다는 뉴스가 나왔다. 2020년 1월 말쯤 되어서는 국내 첫 확진 환자가 발생했다는 보도가 나왔고 그때부터 전 세계 헤드라인은 COVID-19라는 신종 바이러스로 도배되기 시작했다. 코로나19는 우리의 일상생활뿐 아니라 학교 현장에도 큰 영향을 미쳤다. 사상 초유의 사태로 2020년 3월에 전국 모든 학교의 개학이 연기되었고 한 달 뒤에는 그전이라면 상상도 할 수 없었던 온라인 개학과 온라인 수업을 실시하게 되었다. 2022년인 지금까지 코로나19 상황은 시시각각 변했고 그에 따라 대응 방침 및 지침도 계속 바뀌었다. 이런 숨 가쁜 움직임 속에서 혼돈과 혼란은 오롯이 학교의 몫이 되었다. 학교상담 역시 코로나19를 마주해야 했고 이전까지 경험하지 못했던 고난을 겪을 수밖에 없었다. 나는 상담교사로서 어떻게 살아남을지 고민하고 위기를 극복할 나만의 방법을 찾아야 했다.

걱정스러운 일이 일어나지 않기를 간절히 바랐지만 결국 우리 학교에도 확진 학생이 발생했다. 지금과 달리 2021년의 코로나19 방역 및 격리체계는 확진 학생이 한 명만 있어도 전교생이 등교 중지를 해야 했다. 학교의 모든 구성원이 선별검사를 받았고 방역당국의 조사와 판단에 따라 일부 학생과 그 가족, 교직원은 2주간 자가격리에 들어갔다. 그때는 자가격리 하는 사람에 대한 편견과 낙인이 있었고 외출을 비롯하여 모든 것이 엄격히 통제되었기에 코로나19 감염의 두려움과 함께 자가격리에 대한 불안감도 컸다. 이러한 상황을 두고 '코로나블루'라는 신조어까지 만들어졌다. 코로나블루는 코로나19로 사회적 활동이 위축되고 감염의 우려가 커지면서 발생하는 스트레스와 불안감에서 오는 우울증으로 '코로나 트라우마'라고도 한다.

코로나19 상황에서 나는 심리지원 계획을 세워 학교 구성원의 불안감과 우울감 그리고 스트레스를 줄이고자 했고 우선적으로 확진되었거나 자가격리 중인 학생과 그 가족을 대상으로 비대면 상담을 실시하기로 했다. 나는 어떻게 위로와 격려의 말을 전할지, 상담교사로서 무엇을 할 수 있을지 고심했다. 초등학생은 어른에 비해 상황판단이나 감정조절이 미숙하기 때문에 심리적 어려움과 고통이 더 클 수 있다. 나는 아이들에 대한 접근 방법을 특히 더 고민했고 염려하는 마음을 가지고 비대면 상담을 진행했다. 그러나 아이들은 예상외로 밝은 목소리로 상담에 참여하며 즐겁게 자기 이야기를 했다.

집에만 있어서 심심하던 차에 연락이 와서 너무 반가웠다는 아이부터 그동안 꿈꿔왔던 '집콕(집에 콕 박혀서 지낸다는 의미의 신조어)'을 할 수 있어서 행복하다는 아이까지 있었다. 또한 집에서 잘 먹고 잘 쉬고 있어서 괜찮다고 말하며 걱정을 덜어주는 아이도 있었다. 보호자의 경우 자녀를 돌보느라 피곤하고 힘들긴 하지만 온 가족이 이렇게 긴 시간 함께 있던 적이 없었다며 추억이 될 거 같다고 했다. 위로와 격려를 전하기 위해 시작한 상담이었지만 정작 위안을 받은 건 상담교사인 나였다. 유례없는 코로나19 팬데믹으로 모두가 절망스러울 거라 여겼지만 긍정적인 마음과 각자의 방법으로 이겨내는 모습에 희망이 가득했다.

코로나19 극복하기

코로나19가 한창일 때는 확진이나 자가격리로 출근하지

못하는 담임교사의 공백을 누군가는 채워야 했다. 함께 위기를 극복하고자 하는 마음으로 그 역할을 겸허히 받아들였지만 점점 늘어나는 보결과 임시담임의 역할이 때때로 부담스럽고 지치기도 했다. 동시에 심리적 위기상태에 놓인 아이들에 대해 그동안 익숙했던 방법을 버리고 새로운 방법을 궁리하여 적용해야 했기에 피로가 나날이 쌓여갔다. 하루 일과를 마치고 퇴근하던 어떤 날에는 '차라리 나도 코로나에 걸리면 좀 쉴 수 있지 않을까?' 하는 어리석은 생각도 했다. 하지만 이내 그런 생각은 버리고 마음을 단단히 관리했다. 우선 나의 한계를 인정하고 수용하며 과도한 부담감에서 벗어나고자 했다. 주어진 일을 완벽히 잘하기보다 성실히 하는 데 더 의미를 두었고 동료교사와 정보를 공유하며 도움을 받기도 했다. 그다음으로 피로감을 줄이기 위해 퇴근 후에는 휴식하며 좋아하는 활동을 했다. 사람을 직접 만나진 못했지만 전화나 문자로 교류하며 유대감을 유지했고 때론 코로나 종식 후 하고 싶은 일을 정리하고 여행계획도 세워봤다.

극복해야 할 코로나19 위기는 또 있었는데 2020년부터 방역지침에 따라 마스크를 착용해야 했던 것이다. 사실 나는 상담 상황에서 마스크가 소통의 벽이 될 줄은 상상도 하지 못했다. 상담에서는 언어적 표현만큼 얼굴 표정이나 몸짓, 자세 등 비언어적인 표현도 무척 중요하다. 그런데 마스크를 착용하면서 언어적 표현뿐 아니라 비언어적 표현으로 정보를 얻기가 이전에 비해 훨씬 어려워졌다. 예를 들어 상담을 할 때 보면 유달리 소극적이고 목소리가 작은 아이들이 있다. 그냥도 목소리가 잘 안 들리는데 마스크를 쓰니 그 소리가 더 작아져 아이의 말을 알아듣지 못하는 경우가 많아졌다. 답답한 마음에 "다시 한 번 말해줄래? 더 크게 말해줄래?"라고 말하면 아이는 주눅이 들었다. 급기야 반복되는 나의 부탁에 아이가 아예 입을 꾹 다문 적도 있다. 어떻게든 눈치껏 아이의 말을 이해해보려고 상담 때마다 모든 신경을 곤두세웠다. 상담이 끝나고 나면 온몸에 기운이 쭉 빠졌다.

마스크로 얼굴의 절반을 가리게 되니 상담 중에 아이의 얼굴을 온전히 볼 수 없는 것도 안타까웠다. 얼굴 아랫부분이 표현하는 표정은 보지 못한 채 눈을 통해서만 아이의 생각과 감정을 읽는 것은 분명 한계가 있다. 게다가 상담교사인 나 역시 눈으로만 비언어적 메시지를 전달하기가 쉽지 않았다. 어느 날은 학교에서 마스크를 잠시 벗을 수 있는 점심시간에 내가 상담하는 아이를 만난 적이 있다. 그런데 마스크를 벗은 얼굴을 본 적이 없었기에 우리는 서로 알아보지 못했다. 나는 '어디서 많이 본 학생 같은데?', 아이는 '우리 상담 선생님이랑 닮은 거 같은데?'라고 각각 생각했던 것이다. 마스크를 쓰고 상담실에서 다시 만난 날, 우리는 점심시간의 의문을 나누며 한참을 웃었다.

상담실에 아이들이 찾아올 수 없다면 상담교사는 어떻게 해야 할까? 상담실은 어쩔 수 없이 대부분의 아이들에게 교실보다는 늘 낯선 곳이다. 그렇기 때문에 상담교사는 다채로운 상담프로그램과 행사를 통해 상담실을 알리고 아이들에게 좀더 가까이 가고자 항상 노력한다. 그런데 코로나19로 모든 이동수업이나 집합교육이 금지되면서 상담교사의 노력에 제동이 걸렸다. 바이러스 전파 위험을 줄이기 위해 상담도 비대면으로 하거나 혹은 일정을 하염없이 뒤로 미뤄야 했다. 긴급한 위기상담이나 반드시 대면상담이 필요한 경우에는 지침을 준수하여 실시할 수도 있었으나 그런 경우는 드물었고 결과적으로 상담실에서 아이들을 만나는 건 불가능해진 것이다. 그래서 나는 이를 극복하고자 비대면 상담과 비대면 Wee클래스 행사 및 홍보에 도전했다.

첫째, 다양한 온라인 매체를 통해 상담 채널을 확보하여 비대면 상담을 했다. 화상상담을 위해 화상채팅서비스, 랜선 위클래스 등을 활용했고 아이들마다 각자 편하고 접근이 쉬운 방법을 선택하도록 안내했다. 처음에 기기나 프로그램을 다루기 어려워하던 아이들도 시간이 지나면서 점차 익숙해졌고 화상상담에 대해 만족해했다. 화상상담을 하다 보면 아이들이 화면으로 자기 방을 보여주며 소개해주기도 했는데 방의 상태로 아이의 취미, 생활습관, 성격 등을 알 수 있었고 무엇보다 나에게 친밀감을 표현하는 것 같아 참 좋았다. 둘째, 유대감을 강화하면서 재미까지 추구하는 비대면 Wee클래스 행사와 홍보를 진행했다. 상담실 전용 카카오톡 채널을 새롭게 만들어 Wee클래스를 홍보했고 심리정서 관련 퀴즈를 게시판에 올려 아이들이 댓글로 참여하고 상품을 받을 수 있도록 했다. 동영상이나 이미지 자료를 만들어 아이들이 시청하고 소감문을 작성하여 올리면 선물을 주는 이벤트도 마련했다. 그리고 여러 명이 동시에 참여하는 행사도 준비하여 비록 비대면 일지라도 아이들이 서로 교감할 수 있도록 했다.

코로나19로 상담실에 혼자 덩그러니 있으면서 처음에는 어떻게 할지 너무 막막했다. 그렇지만 코로나19 상황에서 상담교사로 살아남아야 했고 어떻게든 위기를 극복해야 했다. 나는 아이들과 소통의 끈을 놓지 않겠다고 다짐하며 온기를 직접 나눌 순 없었지만 화면을 통해서라도 나의 마음을 전하고자 했다. 어느덧 코로나 3년 차인 지금도 여전히 한계와 제한이 있지만 어떤 또 다른 새로운 방법으로 아이들에게 다가갈지 고민하고 있다. 코로나19와 같은 위기는 앞으로도 종종 학교상담과 상담교사인 우리를 위협하게 될 것이다. 그럴 때마다 주어진 상황만 탓하며 가만히 있기보다 어떻게 위기를 극복할지 고민하고 도전하는 상담교사가 되고 싶다.

2장

초등학생
마음수업

01

마음을 잘 모르겠어요

내 마음을 잘 모르겠어요

꽃 피는 4월, 아직은 학기 초라 바쁜 와중에 1학년 담임교사가 상담실에 발걸음을 하였다. 상담실로 누군가 먼저 찾아온다는 건 나에게 언제나 설레는 일이다.

"선생님. 저희 반 다진이가 교실에서 대부분 무표정으로 있다가 갑자기 울어버려요. 얼굴도 작은데다 마스크 때문에 표정도 안 보이거든요. 어떤 마음인지 물어봐도 모른다고만 하니 답답해서요. 상담 좀 부탁드립니다."

그렇게 담임교사의 의뢰로 나는 다진이를 만나게 됐다.

상담교사: 다진아! 만나서 반가워. 상담실에 처음 왔는데 기분이 어때?

다진이: (멀뚱멀뚱한 표정으로) …….

상담교사: 선생님은 다진이를 만나서 설레고 좋은데, 다진이의 마음은 어떤지 궁금해.

다진이: (고개를 갸우뚱하며) 몰라요.

상담교사: 마음은 우리의 생각, 감정으로 채워져 있어. 마음을 이야기한다는 건 무엇을 생각하는지, 어떤 감정을 느끼는지 말하는 거야.

다진이: 감정이 뭔데요?

상담교사: 감정은 어떤 일에 대해 느끼는 기분을 의미해.

아이가 '몰라요.'라고 대답하면 두 경우로 생각해볼 수 있다. 정말 모르거나 또는 대답하고 싶지 않은 경우이다. 다진이가 자기 마음이 어떤지 모른다고 한 건 8세라는 나이와 대답하면서 보인 행동을 미루어 보아 첫 번째 경우에 해당되었다. 이에 나는 아이의 수준에 맞춰 마음의 의미를 설명해주었다. 마음이 무엇인지 알게 된 다진이는 감정에 대해서도 궁금해했고 이 물음이 마음수업의 시작점이 되었다.

다진이의 감정을 알아보기 위해서 나는 '감정카드'를 활용했다. 감정카드는 각각의 감정단어와 함께 다양한 표정이 그려져 있어 한글을 익히지 못한 아이도 사용할 수 있다. 나는 우선 책상에 감정카드를 펼쳐놓고 오늘의 마음에 해당하는 카드를 고르도록 했다. 다진이는 30장이 넘는 감정카드를 바라보며 골똘히 생각하는 듯 보였다. 그러나 다진이가 고민하는 시간이 길어지자 나는 '감정카드에 적힌 단어의 뜻을 잘 모르는 걸까? 아니면 자신의 감정을 표현할 준비가 아직 안 된 걸까?' 하는 걱정이 생겼다.

나는 1학년인 다진이의 눈높이에 맞춰 감정을 좀더 쉽게 표현할 수 있는 방법으로 재시도해보았다. 큰 동그라미가 그려져 있는 A4용지와 색연필을 준비하고 오늘 나의 마음이 어떤지 색칠하거나 꾸며보게 했다. 다진이는 곰곰이 생각하더니 갈색, 빨간색, 노란색 색연필을 골랐다. 갈색으로 큰 동그라미 안을 가득 칠하고 빨간색으로 동그라미 위에 뾰족한 가시를 그렸으며 노란색으로 동그라미 주변에 별 모양을 그려넣었다. 나는 다진이가 어떤 마음을 표현하고자 했는지 궁금했다.

상담교사: 이 세 가지 색깔로 어떤 마음을 표현하려 했는지 말해줄 수 있을까?

다진이: 제가 학교 화장실에 똥을 누러 가본 적이 없거든요. 갈색은 똥이 마려워서 배가 똥으로 가득 찬 거고 빨간색은 짜증이 나서요. 노란색은 별인데 아까 제 짝꿍이 그리는 법을 알려줬어요. 별을 그릴 수 있게 돼서 너무 좋아요.

상담교사: 우와! 다진이가 마음을 잘 표현했네. 그럼 그 느낌을 감정카드에서 골라볼까?

다진이: 몇 개 골라요?

상담교사: 다진이가 느낀 감정만큼 선택하면 돼.

다진이: 한번에 여러 가지 감정을 느낄 수 있어요?

상담교사: 그럴 수 있지. 마음에는 여러 개의 방이 있거든. 그래서 동시에 다양한 감정을 느낄 수 있어.

다진이: 갈색은 '괴로운', '창피한'이고 빨간색은 '짜증스러운', '불안한', 노란색은 '재밌는', '고마운', '뿌듯한'이요.

상담교사: 오호, 꽤 많은 감정을 느꼈네. 이렇게 말해주니까 선생님이 다진이의 마음을 알겠어. 말해줘서 고마워.

나는 다음으로 자신의 마음을 알고 표현하는 것의 중요성을 설명했다. "네 마음은 누구보다 네가 제일 잘 알고 있어. 그런데 그 마음을 얘기하지 않으면 선생님과 친구들은 알 수가 없거든. 마음을 알아야 선생님과 친구들이 다진이를 이해하고 도와줄 수 있어." 나는 다진이가 학교에서 화장실을 못 가서 배도 아프고 괴로웠을 심정에 공감하고 당시 느꼈을 감정을 같이 탐색하며 자기 마음을 적절히 표현할 수 있도록 격려했다. 이 과정에서 자신이 느낀 감정이 무엇인지 아는 것이 가장 중요한데 그걸 알아야 어떻게 표현하고 다스릴지 배울 수 있기 때문이다. 마무리할 즈음 다진이는 '편안한', '안심되는'의 감정카드를 뽑아 소감을 표현했고 "마음 이야기하러 또 와도 돼요?"라고 물으며 '마음'과 '감정'을 자연스럽게 받아들이기 시작했다.

많은 초등학생이 '내 마음을 잘 모르겠다'고 한다. 감정의 다양한 표현을 아직 모르고 자기 마음을 깊이 살필 기회가 없었기 때문이다. 이럴 때는 감정카드를 활용하여 이야기하거나 아이와 함께 감정카드를 만들어보면 좋다. 각각의 감정단어를 보고 어떤 상황에서 이 감정을 느끼는지, 그때 표정은 어떤지를 직접 그려서 나만의 감정카드를 만들 수 있다.

친구 마음을 잘 모르겠어요

'따르릉따르릉' 상담실의 전화벨이 울렸다.

"안녕하세요. 상담실인가요? 저는 4학년 수정이 엄마인데요. 저희 아이가 고학년이 되었는데도 자기 마음대로만 하려고 하고 눈치가 없어요. 작년까진 아직 어려서 그렇겠지 했는데 계속 그러면 애들이 싫어하잖아요. 아휴…. 친구 마음이 어떤지도 잘 몰라요. 어제는 또 같은 반 하음이랑 싸운 것 같아요. 혹시 아이가 상담을 받을 수 있을까요?"

자녀에 대한 걱정으로 어머니가 상담을 의뢰했고, 나는 수정이와 하음이를 함께 만나보기로 결정했다. 초등학교 아이들은 대다수가 수정이처럼 자기 마음대로, 하고 싶은

대로 행동한다. 그러다 본의 아니게 친구들이 오해하면서 갈등이 일어난다. 이런 문제가 반복되면 감정의 골은 깊어지고 친구들에게 외면당할 수 있다. 어머니가 언급한 '눈치'는 상대방의 마음을 알아채는 것으로 어느 정도는 있어야 친구 관계를 유지할 수 있다.

상담을 약속한 날, 수정이와 하음이가 시간에 맞춰 상담실에 왔다.

수정이: 지난번에 하음이가 공기하자고 했는데 저는 좀비놀이(좀비가 되어 술래잡기하는 놀이)는 어떠냐고 물었어요. 그때 분명 하음이가 마음대로 하라고 했거든요. 그래서 좀비놀이를 하는데 하음이가 갑자기 안 한다고 가버리는 거예요. 저 정말 황당했어요.

하음이: (한숨을 쉬며) 선생님. 그게 아니고요. 수정이가 좀비놀이를 하는 게 어떠냐고 할 때 그냥 말한 게 아니고 완전 고집부리면서 얘기한 거예요.

상담교사: 그렇구나. 너희 얘기를 들어보니까 서로 오해가 있었던 거 같아. 수정이는 하음이가 마음대로 하라고 해서 했는데 갑자기 가버리니까 황당했고, 하음이는 수정이가 고집을 부리는 거처럼 느껴져서 기분이 상했던 것 같네. 당시 상황에서 서로의 목소리, 표정, 행동이 어땠는지 떠올려볼까?

친구의 마음은 그 친구의 목소리, 표정, 행동을 살피면 비교적 쉽게 알 수 있다. 이에 나는 '내 친구의 목표행(목소리, 표정, 행동의 줄임말)'이라는 제목으로 마음수업을 진행해보았다. 우선 종이를 준비하고 당시 상황을 떠올려 상대방의 목소리, 표정, 행동을 적어보도록 했다. 목소리는 감정에 따라 크기, 억양 등이 달라진다. 목소리 칸에 수정이는 '마음대로 해'와 '짜증난 목소리'를, 하음이는 '좀비놀이를 하자'와 '강요하는 목소리'를 각각 적었다. 하음이는 '항상 수정이 마음대로 해서 이번에도 그런가 보다' 했다고 덧붙였다.

표정은 눈으로 직접 확인할 수 있는 시각적 요소이다. 표정 칸에 하음이는 수정이의 얼굴에서 눈을 일자로 그렸고 수정이는 하음이의 얼굴에서 미간의 주름을 강조했다. 코로나로 인해 마스크를 쓴 상태였기에 서로의 입모양을 보지 못한 게 안타까웠다. 행동은 감정 상태를 알 수 있는 동작이지만 행동만으로는 상대방의 마음을 제대로 파악하기 어렵기 때문에 목소리, 표정과 함께 살펴야 한다. 행동 칸에 수정이는 하음이가 한숨을 쉬었다고 적었고 하음이는 수정이가 보인 특별한 행동은 없었다며 엑스를 그었다. 나는 기억을 떠올려 열심히 작성해준 아이들을 칭찬했고 적은 내용을 함께 확인하며 친구의 마음에 대해 물었다.

수정이: 지금 보니까 하음이는 제가 좀비놀이를 하자고 했을

때부터 기분이 안 좋았던 것 같아요. 말은 마음대로 하라고 했지만 목소리나 표정, 행동은 그렇지 않았거든요.

하음이: 저는 수정이 표정을 보니까 좀비놀이를 안 한다고 하면 화내고 삐질 것 같았어요. 그래서 저도 마음대로 하라고 하면서 나름 기분 나쁜 티를 낸 거예요.

수정이: 아…. 내가 좀비놀이 하자고 했지만 공기놀이를 해도 괜찮았어. 그때 내 표정은 무얼 하면서 놀까 고민하는 거였는데…. 하음이 네가 마음대로 하라고 한 게 내가 이해한 그런 뜻이 아니었구나.

하음이: 아…. 그래? 나는 기분이 상해서 마음대로 하라고 했는데 내 마음도 모르고 네가 정말 그렇게 하니까 날 무시하는 거 같았어.

수정이와 하음이는 '목표행'을 살펴서 서로의 마음을 파악할 수 있다는 걸 알게 됐다. 마음수업을 통해 오해를 푼 수정이와 하음이는 앞으로 자신이 느낀 감정이 맞는지 서로에게 물어보기로 약속했다. 아이들은 자신이 느낀 친구의 마음이 당연히 맞을 것이라 착각한다. 하지만 느낀 것만으로는 정답을 알 수 없으니 직접 물어봐야 한다. 지레짐작하는 친구의 마음으로는 또 다른 오해와 문제를 일으킬 수 있기 때문이다.

02

화가 나면 어떻게 해요?

천천히 화난 마음 표현하기

감사의 달인 5월을 맞이하여 고마운 사람들에게 감사한 마음을 엽서로 전하는 '고맙데이 & 감사데이' 프로그램을 진행했다. 아이들은 완성한 엽서를 상담실에 제출하고 맛있는 간식도 받으며 즐겁게 참여하고 있었다. 그런데 상담실 앞 복도에서 2학년 소영이와 정민이가 행사에 참여하기 위해 줄을 서다가 서로 다투기 시작했다. 다툼의 원인은 정민이가 줄 선 순서를 어겼기 때문이었다. 정민이가 소영이 앞자리에 슬며시 끼어들었고 소영이는 정민이에게 차례를 지키라고 말했다. 하지만 정민이는 소영이의 말을 무시했고 화가 난 소영이가 정민이를 옆으로 세게 밀쳤다. 바닥에 나동그라진 정민이는 엉엉 울었다. 나는 넘어진 정민이에게 다가가 다친 곳이 있는지 살폈고 이상이 없음을 확인한 후 정민이와 소영이를 상담실 안으로 불렀다. 그리고 울고 있는 정민이와 화가 난 소영이가 진정되기를 잠시 기다린 다음 이야기를 시작했다.

상담교사: 소영아. 친구가 새치기를 해서 화가 많이 났구나. 그 마음은 이해하지만 친구가 크게 다칠 뻔했어. 그리고 정민아. 친구가 밀쳐서 깜짝 놀라고 아프기도 하겠다. 그렇지만 차례를 지키라는 친구의 말을 무시하는 건 안 되겠지? 너희는 지금 어떤 마음인지 말해줄래?

정민이: 저는 엽서를 빨리 써서 선물도 빨리 받고 싶었어요. 그래서 맨 앞으로 가고 싶었던 건데…. 소영이가 갑자기 절 밀쳐서 당황스러웠어요.

소영이: 정민이가 새치기해서 화가 났어요. 새치기는 나쁜 거니까 하지 말라고 했는데도 자꾸 하잖아요. 정민이가 먼저 잘못해서 제가 그런 거예요.

저학년 아이들은 화가 났을 때 말로 표현하기보다 바로 친구를 밀치거나 때리는 경우가 많다.

"친구 때문에 화가 나면 그 친구를 때려주고 싶어요."

"친구를 때리는 게 나쁘다는 건 알지만 참지 못했어요."

"화난 마음을 어떻게 해야 할지 모르겠어요."

이렇듯 저학년 아이들은 '화'라는 감정을 다루기 어려워하고 화를 언어로 표현하는 것이 서툴다. 그렇기 때문에 화를 건강하게 다루는 방법을 가르쳐야 한다.

마음수업의 첫 번째는 화가 나쁜 감정이 아니라는 걸 배운다. 화가 가라앉은 소영이는 난처해하며 자신의 잘못을 반성했다. "선생님. 아까 정민이를 민 건 잘못했어요. 제가 화를 참았어야 했는데…." 나는 소영이에게 화는 참아야만 하는 나쁜 감정이 아니라고 알려줬다. 화는 내가 원하는 걸 갖지 못해 좌절하거나 목표를 달성하는 중에 방해를 받으면 자연스럽게 생길 수 있는 마음이며, 상담교사인 나도 화가 날 때가 있다고 말해주었다. 그러자 소영이가 반색하며 물었다. "화가 나쁜 감정이 아니라면 아까 화를 냈던 저는 나쁜 어린이가 아닌 거죠?" 나는 그렇다고 대답하며 소영이가 죄책감을 갖지 않도록 다독여주었다.

마음수업의 두 번째로 화를 공격적으로 표현하면 안 된다는 것을 배운다. 소영이는 규칙을 지키면서 차례를 기다렸는데 정민이의 새치기로 순서가 바뀌었다. 정민이가 자신을 방해하고 무시한다는 생각이 들어서 소영이는 화가 났다. 나는 소영이의 입장에서 얼마든지 화가 날 수 있었음을 공감했다. 다만 화를 공격적인 행동으로 표출하지 않도록 다른 표현 방법을 찾아보았다.

"나는 네가 새치기를 하는 게 싫어. 그러니 원래 자리로 돌아가 줘."

"정민아. 네가 규칙을 지키지 않으면 나는 화가 나."

"선생님! 정민이가 새치기를 해요. 도와주세요!"

마음수업의 세 번째로 화가 났을 때 내 마음을 안전하게 다루는 방법에 대해 배운다. 나는 소영이에게 상담교사인 내가 화가 날 때는 어떤 방법들을 사용하는지 알려주었다.

"선생님은 화가 나면 잠시 눈을 감고 숨을 깊게 들이마셨다가 내쉬면서 숫자를 1부터 10까지 세어봐. 만약 이렇게 해도 화가 가라앉지 않으면 냉장고에서 시원한 물을 꺼내 마셔보기도 하고 달콤한 초콜릿 한 조각을 먹기도 해. 그래도 안 되면 잠시 산책을 하거나 좋아하는 노래를 들어보기도 하지. 이렇게 여러 방법을 사용하다 보면 어느새 화가 줄어 있던걸. 소영이에게는 어떤 방법이 좋을까?"

소영이는 화가 날 때 잠시 눈을 감고 숫자를 1부터 5까지 천천히 세기로 했다. 그리고 화가 풀릴 때까지 종이에 마구 낙서하거나 신나는 노래를 듣기로 약속했다. 이처럼 안전한 방법으로 화를 다루는 것은 나의 감정을 조절하는 데 훨씬 도움이 되고 다른 사람과의 관계에도 긍정적이다. 마음수업을 통해 화를 이해하고 건강하게 화난 마음을 다루는 방법을 알게 된 소영이는 앞으로 화를 '잘' 낼 수 있겠다며 활짝 웃었다.

욕하면 듣는 귀가 닫힌다

어느 날 방과 후 시간에 6학년 부장교사가 상담실로 찾아왔다. 며칠 전 6학년 학생 여러 명이 SNS에서 어른도 차마 입에 담지 못할 욕을 하며 싸우는 바람에 학교폭력으로 신고되었다고 한다. 부장교사는 해당 학생뿐 아니라 다른 6학년 아이들도 평소에 욕설을 자주 한다며 '화'와 '욕'을 주제로 마음수업을 진행해주길 부탁했다.

다음날 마음수업을 위해 6학년 교실에 들어가니 분위기가 심상치 않았다. 적막이 흐르던 중에 한 아이가 물었다. "선생님! 저희가 얼마 전에 욕하고 싸운 거 때문에 오신 거예요?" 나는 그렇다고 답했고 아이들은 기다렸다는 듯 자신이 왜 화가 났고 욕을 했는지 앞다투어 이야기를 쏟아냈다. 이야기를 들어보니 화가 난 이유는 다양했지만 욕을 한 이유는 하나였다. '너무 화가 나서 그랬다'는 것이다. 나는 아이들의 화난 마음을 인정하고 공감한 후 한 가지 질문을 던졌다.

상담교사: 얘들아. 화가 나면 욕을 해도 될까?

진성이: 선생님! 당연한 걸 왜 물어보세요? 화가 나도 욕은 하면 안 되죠!

상담교사: 음, 그렇구나. 근데 선생님은 화가 날 때 욕을 해도

된다고 생각하는데.

화가 나면 욕을 해도 된다는 내 말에 아이들은 '지금 내가 무슨 말을 들은 거지?', '뭘 잘못 들었나?' 하는 당황스러운 표정으로 서로를 바라봤다.

지훈이: 와! 대박 사건! 상담 선생님이 욕해도 된대!

경준이: 아니…. 그래도 좀 그렇죠. 어떻게 화난다고 욕을 해요?

나는 아이들의 주의를 집중시키며 단호히 말했다.

상담교사: 단! 조건이 있어. 딱 한 가지 상황에서만 화가 났을 때 욕을 해도 돼.

진성이: (눈을 반짝이며) 그 한 가지가 어떤 상황인데요?

상담교사: (미소 지으며) 그건 바로 나의 욕을 듣는 사람이 내 주변에 단 한 명도 없을 때! 그때는 욕을 해도 괜찮아.

그러자 아이들은 아무도 없는 곳에서 혼자 욕을 하는 자신을 상상하면 이상하다고 말했다. 또 내가 얼마나 화가 많이 났는지 다른 사람에게 보여주려고 욕을 하는 건데 혼자 있을 때 그러면 무슨 소용이냐고 했다. 결국 아이들이 욕을 하는 이유는 자신의 화난 마음을 다른 사람이 알아주길 바라기 때문이었다. 그러나 아이들의 바람과 달리 욕을 하면 상대방은 불쾌해하며 오히려 귀를 닫고 그 사람의 마음을 이해하지 않으려 한다. 그러므로 아이들은 욕이 아닌 다른 말로 자신의 감정을 적절히 표현할 줄 알아야 한다. 아무리 화가 나더라도 누구나 불쾌감 없이 받아들일 수 있는 말로 자신의 마음을 표현해야 한다.

마음수업의 첫 번째 단계로 욕을 들으면 기분이 나빠지는 이유를 생각해본다. 욕은 남의 인격을 무시하는 모욕적인 말 또는 남을 저주하는 말이다. 욕 자체가 부정적 의미를 담고 있기에 들으면 누구나 기분이 나쁠 수밖에 없다. 아이들은 욕을 들었을 때 기분에 대해 이렇게 말했다.

"자존심이 상했어요."

"나를 무시하는 거 같았어요."

"짜증이 났어요."

"예의를 지키지 않고 함부로 대하는 거 같았어요."

"욕하는 사람을 때리고 싶었어요."

두 번째로 화가 나는 감정을 느끼는 건 자연스러운 일이지만 욕으로 표현하지 않는 방법을 생각하게 한다. 나는 아이들이 문제를 스스로 깨달을 수 있게끔 이런 질문을 해본다.

"얘들아. 너희들이 수업 시간에 떠들어서 선생님이 화가 났다고 가정해보자. '야! 이 xx들아! 조용히 안 해?'라고 말하면 어떨 것 같아?"

아이들은 대체로 "와…. 상담 선생님이 학생한테 어떻게 욕을 할 수 있어요?" 또는 "상담 선생님이 그렇게 말하면 저 진짜 상처받을 것 같아요."라고 반응한다. 그리고 "선생님은 화나셔도 욕을 쓰지 않고 화난 마음을 잘 말해주실 수 있을 것 같은데…."라는 기대감을 보이기도 한다. 그럴 때 나는 아이들과 함께 생각해보는 시간을 갖는다.

"맞아! 선생님은 욕을 쓰지 않고 화난 마음을 이야기할 수 있지. 너희들도 마찬가지로 화난 마음을 다른 말로 얼마든지 표현할 수 있어. 만약 너희들이 상담 선생님이라면 아까 같은 상황에서 학생들에게 어떻게 말할 수 있을까?"

아이들은 내가 예상했던 것보다 훨씬 더 상냥하고 부드럽게 자신의 화난 마음을 전달했다. 6학년 아이들은 마음수업을 통해 욕을 사용하지 않고도 자신의 감정을 전할 수 있다는 걸 알게 됐다. 그 후 6학년 아이들이 친구를 비난하거나 욕설을 하는 빈도가 눈에 띄게 줄었고 학교 분위기도 좋아졌다.

03

내 시간을 어떻게 관리해요?

매일 실천하는 시간관리

6학년 시온이와는 지난 두어 달 동안 단짝과의 갈등에 대해 상담했었다. 상담에서 알게 된 방법으로 갈등을 잘 해결하더니 이전과 다르게 자신감이 높아진 듯했다. 늘 다른 사람의 눈치만 살피던 시온이가 어느 날, '꿈'에 대해 상담하고 싶다고 먼저 말했고 나는 그 변화가 참 반가웠다.

시온이: 저는 초등학교 선생님이 되고 싶은데…. 제가 과연 할 수 있을지 잘 모르겠어요.

상담교사: 시온이가 진로에 관심이 생겼구나! 어떤 이유로 초등학교 선생님이 되고 싶은지 말해줄 수 있을까?

시온이: 담임 선생님 때문에요. 공부도 재밌게 가르쳐주시고

애들 말도 잘 들어주셔서 좋아요. 저도 나중에 담임 선생님처럼 되고 싶어요. 그런데 얼핏 듣기로 초등학교 선생님은 뭐든지 골고루 다 잘해야 한다면서요? 저는 잘하는 거랑 못하는 게 너무 차이 나는데 어떻게 하죠?

시온이는 초등학교 선생님이 되고 싶었지만 성적이 좋지 않아 좌절감을 느끼고 있었다. 좋아하는 과목은 기대한 만큼 점수가 잘 나왔지만 싫어하는 과목은 거의 바닥 수준이었다.

상담교사: 좋아하거나 싫어하는 과목에 따라 성적 차이가 크네. 그래도 고득점을 받은 과목을 보면 시온이 나름의 공부방법이 있다는 건데…. 평소에 어떻게 공부하고 있어?

시온이: 수업 시간에 최대한 집중해서 듣고요. 그리고 음…. 시험 본다는 과목이 있으면 하루나 이틀 전부터 벼락치기로 공부해요. 저는 제가 하고 싶을 때 시작하는 편이라…. 하고 싶지 않으면 아예 손대지 않아요.

시온이는 학교 수업을 듣는 것이 전부일 뿐 그 외 시간에는 공부를 하지 않았다. 별도의 사교육을 받지 않았기에 스스로 공부해야 했지만 아무런 계획도 이렇다 할 노력도 없었다. 방과 후에는 친구들과 어울려 놀았고 집에서는 자기 전까지 휴대폰을 손에 놓지 않고 있다가 시험을 본다 하면 그제야 부랴부랴 공부를 시작했다. 이대로 중학생이 된다면 시온이의 학습문제는 더 커질 것이고 초등학교 선생님이라는 꿈과도 멀어질 게 뻔했다. 시온이에게는 '매일 실천하는 시간관리' 마음수업이 꼭 필요했다.

마음수업의 첫 번째로 시간 관리의 필요성에 대해 배운다. 시온이가 저학년일 때는 부모님이나 선생님이 옆에서 일일이 할 일과 시간을 알려줬기 때문에 그 지시만 따라도 문제가 없었다. 그러나 고학년이 되면서 주변의 도움 없이 스스로 계획하고 실행해야 하는 일들이 늘어났고 문제가 생기기 시작했다. 시온이는 그동안 계획을 세우는 게 귀찮고 시간을 버리는 일이라 여겼는데 마음수업을 통해 비로소 시간 관리의 중요성을 알게 되었다. 주도적인 시간 관리를 통해 공부로 인한 스트레스를 줄이고 학습 능률을 올릴 수 있다는 사실을 알게 된 것이다. 하루 24시간은 누구에게나 공평하게 주어지기 때문에 시간을 적절히 관리하고 활용하면 자신이 세운 목표를 달성하고 꿈을 이루는 데 한 발 더 가까워진다.

마음수업의 두 번째로 시간을 관리하는 방법에 대해 배운다. 다양한 방법 중 초등학생에게는 시간 관리 도구인 '스케줄러' 사용을 추천한다. 스케줄러는 월간, 주간, 일간 등의 일정을 간략하게 적어 관리하는 도구로 '계획표' 또는 '플래너' 정도로 생각할 수 있다. 시온이는 여러 모양의 스케줄러 중 자신에게 익숙한 달력 형태를 골랐는데 일주일 후, 자신이 쓴 걸 보여주며 어려움을 말했다.

시온이: 달력에 하루 계획을 자세히 못 쓰겠더라고요. 그리고 한 달 치 내용을 쓰니 한눈에 안 들어오고 너무 복잡했어요.

상담교사: 그랬구나. 정말 복잡해 보이네. 달력에는 중요한 약속이나 행사 제목만 간단히 표시해야겠다. (일간 스케줄러 예시를 보여주며) 시온이가 하루씩 쓰는 스케줄러를 사용하면 매시간 또는 30분마다 계획을 적을 수 있어. 이걸 사용하면 어떨까?

시온이: 윽! 이건 안 쓸래요. 그렇게 시간마다 할 일을 적으면 계획만 세우다 지칠 것 같아요.

상담교사: 그렇다면 월요일부터 일요일까지 한 주씩 적어보는 건 어때? 담임 선생님이 한 주씩 주간학습안내를 하시는 것처럼 말이야.

시온이: 아하! 어떻게 해야 하는지 알겠어요. 일주일마다 계획을 세우는 건 어렵지 않죠.

나는 시온이에게 요일별로 넉넉한 칸이 있는 주간 스케줄러를 선물했고 몇 가지 유의점을 안내했다. 첫째, 처음부터 완벽한 일정을 짜려고 무리하지 않기. 둘째, 최대한 간단하고 실천하기 쉬운 계획 세우기. 셋째, 계획한 일정을 완수한 후 자신을 칭찬하기. 이처럼 시간관리 교육의 핵심은 성취 가능한 계획을 세우고 그것을 실행하면서 '나도 할 수 있다'는 생각을 가지게 하는 것이다.

마음수업의 세 번째로 어느 정도 스케줄러 작성이 익숙해졌다면 실현 가능한 목표 세우기와 중요도에 따라 우선순위를 정하는 방법을 배운다. 이와 관련하여 한 달 정도 주간 스케줄러를 사용한 시온이가 또 다른 어려움을 보고했다.

시온이: 이제 스케줄러 작성하는 건 쉬운데 계획대로 잘되지 않아서 스트레스 받아요.

상담교사: 계획했던 일이 기대만큼 잘되지 않아서 힘들구나. 시온이의 스케줄러를 함께 보면서 이야기할까? 어떤 걸 지키기 어려웠어?

시온이: 하루에 수학문제 20개씩 풀기랑 줄넘기 100번 하는 거요.

상담교사: 그랬구나. 시온이는 보통 한 시간에 수학문제를 몇 개 정도 풀 수 있는데?

시온이: 쉬운 문제는 다섯 문제, 어려운 문제는…. 두 문제 정도…?

나는 시온이의 말을 듣고 잠시 당황했다. '네 말대로라면 쉬운 문제 20개는 네 시간, 어려운 문제는 열 시간이 필요하다는 건데….' 하루에 다 완수하기 어려운 계획을 세웠으니 당연히 성공할 수 없었던 것이다. 다음으로 100번의 줄넘기를 하는 게 어려웠던 이유가 궁금했다.

시온이: 제가 줄넘기 100번은 잘하거든요. 그런데 어떤 날은 숙제하느라고 못하고 또 다른 날은 친구들이랑 놀다가 시간이 늦어서 못했어요. 밥을 많이 먹고 너무 배불러 못하기도 하고….

결국 시온이가 계획을 지키기 힘들었던 이유는 '목표 설정'과 '우선순위 결정'이 잘못됐기 때문이다. 이에 실현 가능한 목표 세우기와 중요도에 따라 우선순위를 정하는 것에 대해 이야기했다.

상담교사: 시온이가 수학을 잘하고 싶은 마음이 큰 거 같아. 그런데 문제 개수를 조금만 줄이면 어떨까? 내가 하루에 풀 수 있는 개수와 난이도를 고려해서 매일 쉬운 문제 네 개, 어려운 문제 한 개 정도로 말이야.

시온이: 하루에 다섯 문제씩만 풀면 너무 조금이지 않나요?

상담교사: 하루만 생각하면 그렇지만 일주일을 합치면 어때? 하루에 다섯 문제씩 풀다 보면 어느덧 35문제가 되는 걸.

시온이: 아! 그러네요. 하루에 20문제 풀기는 성공한 적 없지

만 매일 5문제는 할 수 있을 것 같아요!

상담교사: 시온이의 계획이 성공하길 응원할게. 그리고 줄넘기 100번 하는 것도 우선순위를 다시 정해보면 어때? 시온이에게 가장 중요한 일부터 먼저 하는 거야.

시온이: 네. 제가 요즘 키에 관심이 많거든요. 그래도 숙제가 제일 중요하니까 숙제를 먼저 하고 줄넘기를 할게요.

새로운 도전 응원하기

마음수업을 진행하며 시온이는 시간을 계획하고 일정을 지키는 것이 어렵고 부담스럽다고 말했다. '내가 과연 잘할 수 있을까?', '제대로 지키지 못하면 어떻게 하지?', '이러다 실패하고 또 좌절하면 어쩌지?' 하고 말이다. 그러나 시온이는 이미 1학년 때부터 시간 관리를 계속해오고 있었다.

상담교사: 시간 관리가 쉽지 않지? 그런데 사실 시온이는 이미 예전부터 시간 관리를 하고 있었어.

시온이: 제가 시간 관리를 하고 있었다고요? 설마요!

상담교사: 그럼 선생님 질문에 대답해봐. 아침에 몇 시까지 등교해야 하지?

시온이: 9시 전이요. 1교시 시작이 9시 10분이니까요.

상담교사: 딩동댕! 그럼 6학년 점심시간은 몇 시부터지?

시온이: 12시 50분이요. 제일 기다려지는 시간이죠.

상담교사: 역시 정답! 그럼 수요일은 몇 교시까지 하지?

시온이: 5교시요! 다른 날보다 더 빨리 끝나요.

상담교사: 모두 정답이야! 어떤 일이 언제 시작되고 끝나는지 잘 알고 있잖아. 시온이는 그동안 꾸준히 시간 관리를 하고 있었던 거야. 그러니까 앞으로도 충분히 잘 할 수 있을 거라 믿어.

새로운 사실을 깨닫고 자신감을 얻은 시온이는 지금까지도 스케줄러를 사용해 자신에게 맞는 학습계획을 세우고 실천하고 있다. 그 결과 목표한 만큼의 성적을 받았고 초등학교 선생님이라는 꿈에 더 가까워질 수 있었다. 게다가 친구들과의 약속을 스케줄러에 적고 잘 지키면서 전보다 친구 관계도 훨씬 좋아졌다. 특별한 문제없이 학교생활을 하는 아이들은 이미 자신의 시간을 관리하고 있는 것이니 모두가 이를 인정하고 격려했으면 좋겠다. 앞으로 아이들이 시간을 잘 관리하며 시간의 '노예'가 아닌 '주인'이 되길 바란다.

초등학생이 말하는 '상담' I

상담은 분리수거

이것저것 막 섞여 있는
고민들을 종류에 맞게
쏙쏙 정리해주기 때문에

상담은 미로

점점 길을 찾아
해결하는 것이기 때문에

상담은 자물쇠

상담을 하면 내 고민을
잠글 수 있기 때문에

상담은 마이크

상담 선생님에게 내
얘기를 전할 수 있기
때문에

상담은 보살핌

우리의 마음을
안정시켜 주기 때문에

상담은 색종이

상담을 하고 있으면
마음이 알록달록해지기
때문에

상담은 돌탑

차근차근 쌓아올리며
노력하는 과정이기
때문에

상담은 알약

내 마음에 있는 병을
치료해주기 때문에

상담은 울타리

내 마음을 보호해주고
지켜주기 때문에

상담은 아파트

우리를 살게 해주기
때문에

04
친구를 사귀고 싶어요

친구에게 관심 가지기

"나 학교 안 가! 교실에 안 들어갈 거야! 친구도 없고 나 혼자란 말이야."

등굣길에 얼마나 울었는지 구윤이의 얼굴은 눈물범벅이었고 엄마는 그런 구윤이를 달래느라 진땀을 빼고 있었다. 올 3월에 입학한 1학년 구윤이는 친구가 없다며 학교에 오지 않으려 했고 아침마다 교문 앞에서 엄마와 힘겨루기를 했다. 이에 담임교사와 나는 아침마다 교문으로 출동하여 구윤이를 달래는 데 힘을 보탰다.

학교에서 많은 시간을 함께하는 친구와의 관계 욕구는 건 너무나 당연한 것이다. 그러나 대다수의 아이들이 새 친구를 만날 때 설렘과 함께 '날 싫어하지 않을까? 잘 놀 수 있을까?' 하는 걱정과 불안감도 갖는다. 그렇기에 아이들에게는 관계 욕구를 충족시키고 친구관계로 힘들어하는 마음을 토닥여줄 수 있는 마음수업이 필요하다.

교문을 힘겹게 통과한 구윤이와 함께 상담실로 갔다. 상담실에는 커다란 흰색 곰인형이 있는데 구윤이는 아직 마음이 진정되지 않았는지 그 품에 잠시 안겨 있었다. 인형의 부드러운 털을 만지며 안정을 찾은 구윤이가 먼저 나에게 눈빛을 보냈고 나는 조심스럽게 이야기를 시작했다.

> 상담교사: 구윤이를 힘들게 하는 건 뭘까?
>
> 구윤이: 친구가 없어요. 코로나 때문에 친구랑 말할 수도 없었고…. 아직 친구가 한 명도 없어요. 친구를 어떻게 만들지도 모르고….
>
> 상담교사: 친구가 생기면 어떤 마음일까?
>
> 구윤이: 즐겁고 신날 거 같아요.
>
> 상담교사: 친구가 있으면 뭐가 좋을까?
>
> 구윤이: 친구가 있으면 같이 놀 수 있어서 심심하지 않아요.

구윤이는 친구들과 잘 지내고 싶었는데 마음처럼 되지 않으니 학교에 오고 싶지 않았던 것이다. 더욱이 코로나가 한창 친구들과 뛰어놀고 싶은 아이들의 발목을 잡고 있었다.

친구 사귀기의 첫 단추는 '친구에게 관심 가지기'이다. 나는 새 친구를 사귈 때 서로에 대한 관심을 키우는 방법이 무엇일까 고민했고 친구와 처음 알게 되는 그 순간을 반가운 마음으로 시작하면 좋겠다고 생각했다. 이에 '당신은 우리 반 친구들이 반갑습니까?'라는 활동을 구상하게 됐고 그 물음에는 '네.'라는 대답만 할 수 있도록 규칙을 정했다. 이렇게 탄생한 활동을 구윤이가 속한 1학년 교실에서 해보기로 결정하고 마음수업을 진행하게 됐다.

우선 의자를 학급 전체 학생의 수보다 하나 적게 하고 동그랗게 배열한다. 술래 한 명을 정한 후 술래만 제외하고 다른 친구들은 모두 의자에 앉는다. 술래는 앉아 있는 친구 중 한 명에게 '당신은 우리 반 친구들이 반갑습니까?'라고 질문한다. 그 대답으로 '네. 양말을 신은 친구들이 반갑습니다.' 라고 말하면 양말을 신은 친구들은 자기가 앉아있던 의자가 아닌 다른 자리로 이동해서 앉아야 한다. 친구들이 자리를 바꿔 앉을 때 술래도 얼른 빈자리를 찾아서 앉는데 의자가 하나 부족하므로 앉지 못한 친구가 자연스럽게 다음 술래가 된다. 술래는 다시 앉아 있는 친구 중 한 명에게 '당신은 우리 반 친구들이 반갑습니까?'라고 물으며 활동을 이어간다.

1학년 아이들은 "머리띠 한 친구들이 반갑습니다.", "안경 낀 친구들이 반갑습니다." 등의 대답으로 활동을 잘 이어갔다. 서로 어떤 모습을 하고 있는지 살피려고 두 눈은 커졌고 의자에 앉은 몸은 앞으로 기울어졌다. 그러나 활동이 재밌어지면서 신나는 마음에 장난기가 발동한 친구가 몇 명 있었다. 술래의 질문에 "네. 저는 뚱뚱한 친구들이 반갑습니다.", "저는 못생긴 친구들이 반갑습니다."라고 대답하면서 좋았던 분위기는 와장창 무너졌고 나는 아차 싶었다. 분명 마음수업으로 시작했는데 갈등수업이 되어가는 느낌이었다. "뚱뚱한 친구들이 반갑습니다."라는 대답이 나온 후 어떤 아이는 옆 친구에게 "너 뚱뚱하잖아. 왜 안 움직여?"라고 말하기도 했다. 서로 기분이 상하면서 분위기는 어색해졌고 활동의 취지는 변질되어 갔다.

어떤 형식이든 마음수업을 시작하기 전에는 반드시 '우리의 약속'을 정하고 안내해야 한다. '당신은 우리 반 친구들이 반갑습니까?' 활동의 약속으로는 첫째, 친구가 이미 말한 특징은 다시 말하지 않기. 이를 통해 친구의 말에 귀 기울이는 경청의 자세, 친구에 대한 관심과 관찰력을 키울 수 있다. 둘째, 친구를 놀리거나 친구가 기분 나쁠 수 있는 특징은 이야기하지 않기. 친구를 배려하며 누구나 관찰하여 명확히 알 수 있는 특징을 말하도록 한다. 처음에는 쭈뼛거리며 소극적으로 참여하던 구윤이도 점차 활동에 빠져들었고 나중에는 누구보다 즐거워했다. 담임교사의 말에 의하면 요즘 구윤이가 반 친구들에게 먼저 "반갑습니까? 반갑습니다! 반가워!"라고 말하며 교실에 들어온다고 한다.

친구에게 용기 내기

작은 체구의 3학년 나래가 상담실 문 앞에서 머뭇거리고 있는 모습이 교무실에서 나오던 나의 눈에 띄었다. 나래는 발을 동동 구르며 작은 손으로 노크를 하고 나의 반응을 기다리고 있었다. 나는 긴장하고 있는 나래의 뒤에서 "안녕! 우리 친구는 무슨 일로 왔을까?"라고 물으며 허리를 숙여 눈맞춤을 했다. 나래는 수줍어하며 자기 이름과 상담실에 온 이유를 말해주었다.

"저는 반에 친구가 없어요. 애들이 저한테는 말도 안 걸고…. 잘 지내고 싶은데…. 제가 좀 소심하거든요. 그러다 보니 쉬는 시간이랑 점심시간에 항상 저 혼자 있어요."

나래는 반 친구들과 친하게 지내고 싶은 마음을 얘기했고 좀 주저하다가 속내를 털어놓았다. "친구들이 쉬는 시간에 공기놀이하고 그림 그리는 거 보면 저도 같이 하고 싶은데 어떻게 해야 할지 잘 모르겠어요." 나래는 친구들에게 관심은 있었지만 다가가 말 걸기를 어려워했다. 나래에게도 '용기'가 필요했고 나는 씩씩하고 굳센 기운이라는 의미를 가진 '용기'를 북돋는 마음수업을 고민했다.

먼저 나래와 함께 '용기'라는 단어에 대해 이야기해보았다.

나래: 용기는 엄청 대단한 사람한테 있는 거 아니에요? 저는 용기가 없는데요? 저 혈액형도 A형이고 그래서 소심한데….

상담교사: 아! 나래는 '용기'라는 단어가 좀 부담스러웠나 보다. 용기를 낸다는 건 필요한 순간에 내가 할 수 있는 만큼, 한 발짝 앞으로 내디뎌보는 거야. 처음부터 큰 용기를 내야 할 필요는 없어. 작은 용기부터 내기 시작하면 나중에는 큰 용기도 생기게 될 거야. 그런 의미에서 오늘 나래는 용기를 냈잖아.

나래: 네? 제가 용기를 냈다고요?

상담교사: (엄지를 척 들며) 친구와 친하게 지내고 싶어서 스스로 상담실 문을 두드린 것도 용기를 냈다고 볼 수 있지.

나래는 그 의미를 이해하고 방긋 웃으며 고개를 끄덕였고 앞으로 어떻게 하면 좋을지 물었다. 나는 먼저 반에서 어떤 친구와 친해지고 싶은지를 탐색했고 그 친구가 어떤 것을 좋아하는지, 성격은 어떤지 등에 대해 같이 정리하였다. 다음으로 '도전 미션'을 정했다. 나래의 '도전 미션' 세 가지는 학교에 와서 반 친구 세 명에게 먼저 인사하기, 쉬는 시간에 친해지고 싶은 친구에게 '오늘 점심 뭐 나오는지 알아?'라고 질문하기, 최근 핫이슈인 포켓몬빵을 먹어봤는지 물어보기였다.

3일 뒤 아침, 나래는 상담실 문을 열자마자 나를 보고 외쳤다. “선생님! 저 미션 완료 했어요! 미션 클리어!” 나는 나래가 해낸 것을 칭찬하고 다음에는 좀더 큰 용기를 내보자고 했다. 단순한 인사를 넘어 친구들에게 자신의 이야기를 꺼내보는 것이다. 다시 결정된 ‘도전 미션’은 다섯 명의 친구에게 인사하기, 친구에게 주말에 있었던 일 말하기, 내가 좋아하는 연예인 이야기하기였다. 나래는 ‘나만의 미션’이 있다는 것을 좋아했고 친구들에게 용기를 내고 있는 자신을 자랑스러워했다. 나래의 달라진 표정을 보며 나 역시 자신감이 생겼고 작은 성공경험이 큰 변화의 디딤돌이 될 수 있음을 깨달았다.

‘도전 미션’ 활동은 반 전체 아이들을 대상으로도 할 수 있다. 나는 보통 학기 초에 ‘친구랑 미션 완수’라는 활동명으로 반별 마음수업을 진행한다. ‘도전 미션’ 활동 내용이나 활동 가짓수는 반 아이들의 특성과 상황에 맞춰 수정할 수 있다. 마음수업을 진행하기에 앞서 담임교사와 만나 아이들의 특성과 반 분위기를 알아보면 도움이 된다. 반 아이들이 활발하다면 좀더 동적인 활동을 넣고 소극적인 아이들이 많다면 그에 맞춰 미션을 변경한다. 미션 완수를 통해 성공경험과 성취경험을 갖도록 아이들이 충분히 달성할 수 있는 수준을 지키는 것이 중요하다.

05

친구와 싸웠어요

싸움에 대처하는 방식

상담실에 온 3학년 선영, 지선, 정현이가 좀 전에 싸웠다며 상담을 받고 싶다고 했다. 셋은 평소 상담실에 자주 놀러왔었고 "선생님! 저희는 우정이 아니고 사랑이에요." 하던 아이들이다.

선영이: 학교 운동장에서 놀다가 정현이가 지선이 가방을 깔고 앉게 되었거든요. 그러자 지선이가 화를 내며 똑같이 정현이 가방을 깔고 앉았어요. 저는 지선이에게 화내지 말고 정현이 말을 들어보자고 했을 뿐인데…. 저한테 왜 끼어들어서 그러냐고 막 뭐라 해서 싸우게 됐어요.

지선이: 정현이가 먼저 제 가방을 깔고 앉았으니까 저도 똑같

이 한 거죠. 그렇게 하면 안 되나요? 저는 선영이가 제대로 알지도 못하면서 저한테만 화내지 말라고 하니까 더 열받았어요. 게다가 선생님한테 이른다니까….

정현이: 저는 별로…. 얘기하고 싶지 않아요.

아이들은 당시 상황에 대해 각자의 입장을 이야기했다. 학교생활을 하다 보면 아이들 누구나 친구와 다툴 수 있다. 이를 잘 해결하기 위해서는 싸움에 대처하는 나만의 방식을 아는 것이 중요하다. 싸움에 대한 생각과 감정, 대처하는 방법이 아이들마다 각자 다 다르기 때문이다. 나는 이번 기회에 아이들이 싸움에 대한 자신의 대처방식을 깨닫고 스스로 조절하도록 하는 마음수업을 진행하기로 했다.

이르는 아이

선영이는 싸움이 발생하자 별로 내켜 하지 않는 친구들을 이끌고 상담실에 왔다. 나는 어떤 마음으로 상담실에 오게 됐는지 물었고 선영이는 문제를 해결하고 싶어서 왔다고 말했다. 처음에 선영이는 지선이와 정현이 사이를 어떻게든 중재하고자 애썼지만 의도치 않게 자신도 휘말려 싸우게 됐다. 결국 누군가의 도움이 필요하다고 생각했고 때마침 상담실이 떠올랐다고 한다. 그래서 선영이는 친구들에게 "너희 싸우지 마. 자꾸 그러면 선생님한테 가서 이를 거야."라고 말했다. 나에게 도움을 요청한 선영이의 행동은 적절했지만 "이를 거야."라는 표현은 분명 오해의 소지가 있었다.

나는 우선 친구와의 싸움을 잘 해결하고 싶었던 선영이의 마음을 수용하고 중재하고자 했던 행동을 격려했다. 그리고 주변 어른에게 도움을 요청한 것은 용기 있는 행동이라고 말해주었다. 다음으로 선영이가 도움을 요청하기 위해 선택한 '이른다'는 표현을 친구들은 어떻게 느꼈을지 함께 생각해봤다. 나는 이와 관련된 선영이의 경험을 탐색하며 그때의 감정을 말하도록 했다.

선영이는 "동생이 엄마한테 저를 많이 일렀어요. 뭐만 하면 자꾸 이른다고 했고요. 정말 그럴 때마다 짜증이 났고 엄마한테 혼날까 봐 걱정했어요."라고 말했다. 나는 그 경험과 연결하여 선영이가 친구들의 감정을 이해할 수 있도록 했다. 선영이는 이번 일을 통해 아무리 좋은 의도라도 표현을 어떻게 하냐에 따라 상대방은 전혀 다르게 받아들일 수 있음을 알게 됐다. "그럼, 이른다는 거 말고 다른 말로 어떻게 해야 해요?"라고 묻는 선영이에게 나는 자기 마음을 먼저 이야기한 후 어른에게 도움을 받는 건 어떨지 친구에게 제안하도록 하며 함께 연습했다.

"지선아. 나는 싸우지 않게 잘 얘기하고 싶었는데 서로 기분만 더 상한 거 같아서 속상해. 우리 관계가 나빠질까 봐 걱정이고 어떻게 노력해야 할지 잘 모르겠어. 우리끼리 해결하는 게 어려운 거 같은데 상담 선생님께 말씀드려서 도움을 받으면 어떨까?"

앙갚음하는 아이

지선이는 정현이가 자신의 가방을 깔고 앉아 있는 모습을 보고 화가 났다. 자기 입장에서는 정현이에게 충분히 화가 날만한 상황인데 선영이가 화내지 말라고 하자 몹시 분개했다. "선생님! 저는 '눈에는 눈 이에는 이'라고 생각해요." 나는 지선이의 마음을 알아주고 심호흡을 하며 진정하도록 했다. 지선이는 친구가 자신에게 잘못하면 그만큼 앙갚음을 해야 한다고 생각하는 아이였다. 나는 지선이에게 상황에 따라 발생하는 생각, 감정, 행동은 서로 밀접히 연관되어 있다고 설명해주고, 이번 싸움에서 지선이가 어떤 생각을 가졌고 무슨 감정을 느꼈으며 어떻게 행동했는지 정리하여 적어보도록 했다.

지선이는 친구와의 싸움을 떠올리며 '생각'을 적었다.

-내가 만만해서 일부러 그러는 건가?

-똑같이 해서 본때를 보여줘야겠어.

'감정'에는 이렇게 썼다.

-기분이 확 상하고 화가 났다.

'행동'에는 이렇게 썼다.

-나도 정현이 가방 위에 앉았다.

상담교사: 적은 거 외에 지선이가 할 수 있는 다른 생각에는 뭐가 있을까?

지선이: 음…. 정현이가 내 가방에 앉게 된 이유가 있었을지 모른다는 생각이요? 아니면…. 저랑 정현이 가방이 비슷해서 헷갈렸을 수도 있을 거 같고요.

상담교사: 만약 방금 네가 말한 생각이 그때 상황에서 들었다면 무슨 감정이었을까? 그리고 어떻게 행동했을까?

지선이: 기분이 확 상하진 않을 거 같아요. 그리고 이유가 궁금하겠죠. 행동으로는 정현이한테 내 가방 위에 왜 앉아있는지 물어봐요.

상담교사: 맞아! 참 잘했어. 지선이가 말한 것처럼 어떤 생각을 하는지에 따라 감정과 행동이 달라질 수 있어.

지선이: 그러게요. 저는 나쁜 쪽으로만 생각해서 감정도 안 좋았고 행동도 좀 그랬던 거 같아요. 좀 다르게 생각해 볼걸 그랬어요. 그때 정현이가 '그게 아니라….' 하면서 말하려 했는데 제가 듣지 않았거든요. 이제라도 정현이에게 직접 물어봐야겠어요.

지선이는 정현이에게 물어봤고 다리가 아팠던 정현이가

자기 가방이라고 생각하고 앉았다는 걸 알게 됐다. 친구의 가방인 걸 알고 당황한 정현이가 미안하다고 하려 했으나 지선이는 너무 화가 나서 듣지 않은 것이다. 지선이는 친구에게 묻지도 않고 혼자 제멋대로 추측하여 행동한 것에 대해 반성했다. 이제부터 자기 마음대로 추측하기보다 친구에게 물어보겠다고 하면서 유연하게 생각하도록 노력하겠다고 약속했다.

입 꾹 닫는 아이

정현이는 싸운 상황에 대해서는 말하고 싶지 않다고 했고 나는 그 이유를 물어보았다.

"저는 사실 상담실도 오기 싫었어요. 제가 잘못하긴 했으니까 지선이한테 미안하다고 하려 했는데 자꾸 화만 내니까…. 계속 싸우기도 싫고요."

정현이는 여느 때도 다른 사람이랑 싸우면 입을 꾹 닫아버린다고 한다. 나는 정현이의 그런 행동에 대해 어떤 장점과 단점이 있을지 함께 탐색했다. 정현이는 장점으로 사람들과 싸우지 않게 되고, 적어도 큰 싸움이 되는 건 막을 수 있다고 말했다. 하지만 단점에 대해서는 쉽게 답하지 못했다. 나는 정현이가 단점을 생각해보도록 지선이와의 싸움에서 무엇을 느꼈는지 물었다. "지선이랑 똑같이 검은색 가방이고 모양도 비슷해서 제 가방인 줄 알고 앉았던 거예요. 일부러 그런 게 아닌데…. 말도 제대로 안 듣고 무조건 화만 내고….” 정현이는 답답하고 억울했으며 화가 났다고 말했다.

나는 정현이가 말한 장점을 인정하는 한편 자신의 마음을 친구에게 이야기하지 않고 쌓아두면 언젠가는 엉뚱한 상황과 전혀 상관없는 사람에게 터질 수도 있음을 설명했다. 정현이는 뭔가 깨달은 듯 입을 꾹 닫아버릴 때마다 예민해지고 괜히 엄마나 동생에게 신경질을 부렸다고 말했다. 나는 정현이의 경험과 연결하여 나의 마음이 어떤지 말하는 것이 꼭 싸움이 되는 건 아니라고 알려주었다. 정현이가 솔직한 마음을 표현하며 지선이와 대화했다면 불필요한 오해를 막고 생각보다 쉽게 갈등을 해결할 수 있었을 것이다. 자신의 마음을 표현하는 건 결국 모두의 마음을 지키는 일이며 친구관계에서 반드시 필요한 자세이다. 내 말을 듣고 정현이는 눈물을 흘리며 그동안 아무 말 하지 않고 피하는 게 낫다고 생각했지만 사실 너무 힘들고 답답했다고 고백했다. 나는 그런 정현이를 위로하며 앞으로는 도망치지 않고 문제와 갈등에 도전하도록 격려했다.

06

진심이 느껴지는 사과를 원해요

비언어적 표현의 중요성

방과 후에 4학년 부장교사가 상담실로 찾아왔다. 처음 방문한 부장교사는 상담실이 교실과 다르게 분위기가 아늑하고 좋다고 하며 나에게 잠시 대화가 가능한지 물었다.

"저희 4학년 아이들이 요새 많이 싸우거든요. 그런데 화해하는 과정에서 친구에게 사과를 받아도 그 친구가 진짜 미안한지 잘 모르겠다는 말을 계속해요. 제가 중재하고는 있는데 아이들이 사과를 받아도 마음이 풀리지 않는다고 하고…. 또 사과한 아이는 억울해하고요. 이 문제에 대해 상담 선생님의 도움을 받을 수 있을까요?"

부장교사의 말에 따르면 4학년 아이들은 '그냥 사과'와 '진심이 느껴지는 사과'를 구분하고 있었다. 나는 아이들이 사과를 받았지만 마음이 풀어지지 않은 이유, 미안한 마음이 제대로 전달되지 않은 이유에 대해 알아봐야 했다. 이런 상황에서는 사과를 받은 아이의 마음도 좋지 않고 사과를 한 아이 입장에서도 충분히 억울할 수 있다. 갈등을 해결하고 화해하는 과정에서 진심이 느껴지는 사과가 없다면 아이들은 같은 문제로 계속 다투게 되고 마음속에 앙금은 더 쌓이게 될 것이다. 그래서 나는 4학년 학급별로 사과와 관련한 마음수업을 진행하기로 했다.

4학년 1반 마음수업 시간. 우선 나는 아이들이 사과를 받을 때 언제 진심이 안 느껴지는지에 대해 물었고 이에 대해 정은이와 채연이가 대표로 말해주었다.

정은이: 선생님이 시켜서 친구가 억지로 사과할 때요. 친구가 저한테 잘못해서 사과해야 하는데 자발적으로 하는 게 아니고 담임 선생님이 하라고 해서 하는 거요. 그런 사과는 기분도 나쁘고 받고 싶지도 않아요. 제 눈도 보지 않고 표정도 전혀 그렇지 않은데 미안하다 말만 하면 끝인가요?

채연이: 친구의 태도를 보면 알 수 있어요. 얘가 진짜 사과하고 싶은 건지 아닌지. 웃으면서 미안하다고 하면 나를 놀리나 하는 생각이 들고 큰소리로 하거나 미안하다는 말을 연달아하면 약 올리는 거 같아서 기분이 더 상하더라고요.

아이들은 미안하다는 언어적 표현보다 친구의 표정과 몸짓, 시선, 자세 등 비언어적인 표현에 더 큰 영향을 받고 있었다. 즉 비언어적인 표현을 통해 진심이 아님을 알아채고 사과하는 친구에게 오히려 상처를 받았던 것이다. 나의 진심을 잘 전달하기 위해서는 언어적 표현과 비언어적 표현이 일치해야 한다. 사과할 때 표정은 진지해야 하며 시선은 친구에게 향하고 적당히 눈을 마주보며 말해야 한다. 친구를 째려보거나 다른 곳을 보고 사과한다면 자기가 원해서가 아니라 억지로 한다는 느낌을 줄 수 있다. 자세는 힘을 뺀 차렷 자세가 좋으며 몸을 배배 꼬거나 발을 가만히 두지 못하고 바닥을 쿵쿵거리는 행동은 하면 안 된다.

비언어적 표현에 대한 설명을 들은 아이들은 그 중요성을 깨달았다. 사과를 받아도 마음이 풀어지지 않은 이유와 미안한 마음이 제대로 전달되지 않은 이유가 여기에 있었던 것이다. 직접 그 차이를 보여주기 위해 정은이와 채연이가 '진심이 느껴지는 사과'는 어떻게 하는 건지 아이들 앞에서 표정과 시선 그리고 자세를 연기해주었다. 정은이가 사과를 받는 역할, 채연이가 사과를 하는 역할을 맡아 진지한 표정으로 눈을 마주보면서 "미안해."라고 말했다. 둘 사이에 거리는 팔을 뻗으면 닿을 정도였다. 채연이의 사과를 보며 아이들은 이구동성으로 "진짜 사과 같아요."라고 얘기했다.

'인사약'으로 친구에게 사과하기

진심이 느껴지는 사과에는 나의 잘못을 인정하고 다음에는 그러지 않겠다는 다짐이 포함되어야 한다. 이번에는 민우와 호준이가 자신의 경험을 말해주었다.

민우: 저는 어떤 친구가 어깨빵(어깨를 치고 가는 행동)을 몇 번 하고 갔는데…. 그때 '미안~' 하고 가버리니까 황당하더라고요. 뭐가 미안한지 제대로 말도 안 하니까 진짜 나한테 미안하긴 한 걸까 하는 생각이 들었어요.

호준: 저는 돼지라고 놀려서 미안하다 말해놓고 금방 다시 돼지라고 놀리니까 기분이 정말 나빠요. 내가 만만한 건지…. 다음에 또 그러면 어떻게 해야 하나 고민이에요.

민우는 어깨를 치고 간 친구의 미안하다는 말을 자신의 잘못은 인정하지 않고 그 상황만 모면하기 위해 그냥 형식적으로 한 사과라고 여겼다. 호준이는 자신을 놀린 친구에게 사과는 받았지만 이후 행동에 변화가 없자 진심이 아니라고 느꼈다.

상담교사: 민우와 호준이의 경우처럼 사과의 말만으로는 진심을 전달하지 못할 수 있어. 자신의 잘못을 인정하고 미안한

마음을 잘 전할 수 있는 방법으로 '인사약'을 알려줄게. 자신의 실수나 잘못을 '인'정하고 친구에게 '사'과하며 앞으로 내가 할 행동에 대해 '약'속하는 거야. 이때 주의할 점은 '근데 너도 그랬잖아.' 하며 상대방 탓을 하거나 '나는 그럴 수밖에 없었어.'라고 변명하지 않아야 해.

'인사약'을 배운 민우가 어깨를 치고 간 친구에게 어떻게 사과받았으면 좋았을지 말해보았다. "민우야! 내가 그동안 너의 어깨를 몇 번 치고 다녔어(인정). 네가 아프기도 하고 기분도 나빴을 거 같아. 정말 미안해(사과). 다음부터 조심히 지나갈게(약속)." 민우는 이렇게 사과받는다면 마음이 풀릴 거 갈다고 했다. 이어서 호준이도 자신을 놀렸던 친구가 되어 사과의 말을 해보았다. "호준아! 내가 자꾸 장난을 치고 싶어서 너를 돼지라고 놀렸어(인정). 기분 나빴다면 정말 미안해(사과). 앞으로는 돼지라고 놀리지 않을게(약속)." 호준이는 사과하면서 앞으로 어떻게 하겠다는 다짐을 해준다면 더이상 놀림 받을 걱정이 없을 거 갈다고 했다. 학급의 나머지 아이들도 '인사약'을 활용하여 사과를 해보거나 받고 싶은 사과를 적어보았다. 아이들은 '인사약' 활동을 통해 진심이 느껴지는 사과에 필요한 요소를 확인했고 실제 학교생활에 적용하며 지금은 이전과 다르게 성장한 모습을 보여주고 있다.

사과를 가로막는 벽

마음수업 끝 무렵에 한 아이가 손을 들더니 사과하고 싶은 마음은 있는데 사과하는 게 어려울 때는 어떻게 해야 할지에 대해 물었다. 아이들은 서로 잘못해서 친구와 싸우더라도 사과하고 다시 친하게 지내고 싶은 마음을 항상 가지고 있다. 그렇다면 사과를 가로막는 벽은 과연 무엇일까? 아이들은 사과와 관련된 경험을 떠올리며 각자의 생각을 말했고 가장 많이 나온 사과를 가로막는 벽은 다음 세 가지였다.

"제가 잘못해놓고 너무 화가 나서 사과할 타이밍을 놓칠 때가 있어요."

"친구가 사과를 안 받아주면 어쩌나 하는 생각 때문에요."

"제가 잘못해서 사과하는 거잖아요. 저의 잘못을 나중에 부모님이나 선생님이 알고 혼낼까 봐 걱정돼요."

나는 아이들에게 사과하기 전과 사과한 후의 감정이 어땠는지 물었다. 아이들은 사과하기 전에는 이런저런 고민이 들고 망설여졌는데 막상 사과를 하면 마음이 편안하고 홀가분해진다고 했다. 결국 아이들에게는 사과하기 전 감정을 극복하고 사과를 가로막는 벽을 부술 수 있는 용기가 필요했다. 그래서 나는 사과를 가로막는 세 가지 벽에 대해 이야기하며 아이들이 용기를 가질 수 있도록 격려했다. 첫 번째 벽은 사과할 타이밍을 놓쳐서 사과하기 어렵다는 것이다. 나는 이에 대해 타이밍보다 사과 자체에 의미가 있고 의지와 노력이 중요하다고 말했다. 어떤 부분에 대해 사과할지 그리고 어떻게 해야 할지 고민하느라 늦어졌다면 친구에게 그 과정까지 진솔하게 설명하면 된다. 타이밍을 놓쳤다고 하여 사과를 하지 않는다면 친구와의 관계 회복은 더 어려워진다. 사실 어찌 보면 내가 타이밍을 놓쳤다고 생각한 그 순간이 오히려 가장 좋은 타이밍일 수 있다. 그렇지만 오늘 친구에게 잘못한 것을 한 달 뒤 또는 일 년 뒤에 사과한다면 친구의 마음은 어떨까? 사과에도 유통 기한은 있으니 사과가 필요하다면 너무 미루지 말고 용기를 내어 할 수 있어야 한다.

두 번째 벽은 친구가 내 사과를 받아주지 않으면 어쩌나 하는 걱정이었다. 사과는 자신이 친구에게 한 실수나 잘못한 행동에 대해 미안한 감정을 있는 그대로 표현하는 것이다. 나는 진심으로 사과하지만 친구가 받아주지 않을 수 있고 그것이 친구의 잘못이 되진 않는다. 물론 내 사과를 바로 받아주면 좋겠지만 친구에게는 자기 마음과 생각을 정리할 시간이 필요할 수 있기 때문에 그럴 때는 독촉하기보다 기다려줘야 한다. 사과는 내 잘못에 대해 내가 책임을 지는 행동이기에 '친구가 사과를 안 받을 것'이라며 친구에게 책임을 전가해서는 안 된다. 한 번으로 되지 않는다면 두 번, 세 번 친구에게 사과하며 최선의 노력을 다해야 한다.

세 번째 벽은 친구에게 사과를 한다는 건 나의 잘못을 인정하는 거라 부모님과 선생님께 혼날 수도 있다는 걱정이었다. 나는 자신의 잘못을 인정하기 위해서는 큰 용기가 필요하며 멋있는 행동이라고 말해주었다. 오히려 핑계를 대거나 잘못을 숨긴다면 친구의 마음에 상처를 주고 부모님과 선생님께 더 혼날 수 있다. 잘못을 인정하고 반성하는 태도는 나의 마음을 성장시키며 친구관계에서도 무척 중요하다. 나는 아이들이 이를 분명히 알고 자신의 실수와 잘못으로부터 도망가기보다 직면하도록 응원했다.

초등학생이 말하는 '상담' Ⅱ

상담은 투시경
나의 숨겼던 마음을 솔직하게 얘기하게 되기 때문에

상담은 손전등
내 상황이 깜깜한 동굴인데 그 속에서 빛을 비춰주기 때문에

상담은 안경
내 마음을 모를 때 잘 들여다볼 수 있게 해주기 때문에

상담은 큰 곰인형
큰 곰인형에게 안기는 것처럼 마음이 편안해지기 때문에

상담은 로션
마음이 갈라졌을 때 촉촉하게 해주기 때문에

상담은 불꽃놀이
힘들었던 마음이나 즐거웠던 마음을 팡팡 터뜨릴 수 있기 때문에

상담은 무지개
일곱 빛깔 무지개처럼 다양한 마음을 얘기할 수 있기 때문에

상담은 비밀일기장
내 속마음을 얘기해도 비밀을 지켜주기 때문에

상담은 우리 할머니
혼내지 않고 내 말을 잘 들어주기 때문에

상담은 화장실
급했던 마음이나 참았던 마음이 해결되기 때문에

07

친구가 나를 싫어하는 거 같아요

정말 나를 싫어할까?

3학년 예나는 부모님의 전근으로 지난달에 우리 학교로 전학을 왔다. 어느 날 상담실에 찾아온 예나가 같은 반 민희와 수현이가 자기를 싫어하는 거 같다며 상담을 요청했다.

예나: (울먹이며) 민희랑 수현이가 아무래도 저를 싫어하는 거 같아요. 그렇게 생각하니 너무 슬프고 속상해요. 엄마가 친구와 사이좋게 지내야 한다고 항상 말씀하시는데 저는 그렇게 못하니까…. 괜히 죄송하고요.

상담교사: 저런…. 예나가 많이 힘들구나. 예나는 민희랑 수현이가 나를 싫어한다는 생각을 어떻게 하게 됐어? 민희에 대해 먼저 얘기해줘.

예나: 민희는 제가 전학 온 첫날 반갑게 인사해준 친구예요. 저는 수줍음이 많은 편이라 민희가 먼저 다가와 줘서 너무 고맙고 좋았어요. 그런데 며칠 전부터 민희가 저랑 같이 안 놀아요. 어제는 제가 먼저 용기를 내서 민희에게 놀자고 말했는데 다른 친구들과 약속이 있다며 가버렸어요.

상담교사: 수줍음이 많은 예나가 힘들게 용기 내서 말했는데 거절당했구나. 그때 예나의 마음은 어땠어?

예나: 음…. 속상했어요. 민희가 이전처럼 저랑 안 놀아주니까…. 제가 싫어진 거냐고 물어보고 싶었지만 그랬다가 진짜 싫어하게 될까 봐 겁나서요. 이런 제가 바보 같아요.

예나는 민희와 사이좋게 지내고 싶었지만 마음처럼 되지 않았고 민희가 자신을 싫어할까 봐 걱정하며 전전긍긍했다. 게다가 예나는 '친구와 사이좋게 지내야 한다'는 엄마의 말을 지키지 못해 죄책감도 가지고 있었다. 그러나 중요한 건 민희가 예나를 싫어하는 게 사실인지 아닌지 정확히 알 수 없다는 것이다. 다음으로 예나는 수현이에 대해 이야기했다. 수현이를 포함한 친구들이 점심시간에 보드게임을 하며 놀고 있었는데 예나는 그 모습이 재밌어 보여 같이 하고 싶었다. 예나가 용기를 내어 친구들에게 "나도 같이 놀자."라고 말했는데 수현이가 "싫어. 이미 게임 시작해버려서 안 돼."라며 차갑게 반응했다. 그리고 함께 놀던 친구들에게 "나는 예나랑 같이 게임하면 재미없더라. 앞으로도 보드게임은 우리끼리만 하자."라고 말했고 그 말을 들은 예나는 순간 몹시 창피해져 그 자리에서 도망치듯 떠났다.

예나의 이야기를 들으니 나는 민희와 수현이의 입장을 들어보고 싶었고 예나를 정말 싫어하는지 확인하는 과정이 필요했다. 나는 갈등이나 문제가 생겼을 때 관련 아이들을 직접 만나 함께 이야기할 수 있다는 것이 학교상담의 큰 장점이라고 생각한다. 그렇지만 아이들의 의사에 반하여 억지로 상담을 진행할 수는 없다. 그래서 나는 예나에게 의견을 물었고 예나는 잠시 머뭇거리더니 민희, 수현이와 함께 이야기하는 것도 좋겠다고 말했다. 예나의 허락을 받은 나는 민희와 수현이를 만나 상담의 필요성에 대해 설명하고 상담 진행 동의를 구했다.

새로운 시각 갖기

"저는 예나가 싫지 않아요. 어제는 제가 다른 친구들과 먼저 한 약속이 있어서 서둘러 가게 된 거예요. 만약 약속이 없었다면 예나랑 놀았을 걸요. 반마다 제 친구들이 있어서 여기저기 다니다 보니 바빠서 예나를 잘 신경 못 썼어요."

민희는 예나의 이야기를 듣고 깜짝 놀라며 오해가 있는 것 같다고 말했다. 민희는 학교에서 소위 '인싸'로 불린다.

인싸는 '인사이더(insider)'의 준말로 다른 사람들과 거리낌 없이 잘 지내며 성격이 좋은 사람을 가리키는 신조어이다. 인싸인 민희는 같은 반으로 전학 온 예나가 낯선 환경과 새로운 친구들에게 잘 적응하도록 돕고 싶어서 먼저 인사하며 다가갔다. 누구에게나 친절하고 밝은 성격의 민희와 달리 예나는 내성적인 성격으로 친구에게 먼저 다가가길 어려워했다. 게다가 예나는 친구들이 자신을 괴롭히는 건 아니어도 먼저 아는 척을 하지 않거나 챙겨주지 않으면 자신을 싫어한다고 생각하기도 했다. 사실 민희는 친구가 많아서 예나에게만 관심을 쏟을 수 없는 상황이었다.

나는 민희와 예나가 서로를 어떤 친구로 생각하는지 알아봤다. 민희에게 친구는 '같은 반 친구'와 '절친' 두 유형이 있었는데 예나는 그중 전자에 속했다. '같은 반 친구'는 동일 학급에서 함께 어울려 생활하는 친구이며 '절친'은 더할 나위 없이 친한 친구로 '절친한 친구'를 줄여 이르는 말이다. 민희와 달리 예나는 친구에 대한 구분이 따로 없었고 친구라면 모두 절친처럼 친하게 잘 지내야 한다고 생각했다. 그래서 예나는 민희와 알게 된지 얼마 안 됐음에도 일방적으로 민희를 절친으로 여겼고 민희도 자신을 절친 수준으로 대해주길 기대했다. 예나와 민희는 대화를 통해 서로 기대수준과 생각이 달랐음을 깨달았고 이로 인해 오해가 있었던 걸 알게 됐다. 나는 오해의 원인이 되었던 친구의 의미와 친구 사이에서의 거절에 대해 새롭게 생각해보는 마음수업을 진행하기로 했다.

마음수업의 첫 번째로 '같은 반 친구'와 '절친'의 차이를 구별하여 친구에 대한 새로운 시각을 갖는다. 같은 반 친구는 서로에게 궁금한 것이 있으면 묻고 답하며 필요한 경우 부탁을 들어줄 수 있는 정도의 사이이다. 절친은 서로를 잘 알고 편한 관계이기에 거의 매일 만나서 놀지만 같은 반 친구는 상황에 따라서는 못 놀 수도 있다. 절친은 내가 도움이 필요할 때 적극적으로 도와주지만 같은 반 친구는 사정에 따라 못 도와줄 수도 있다. 나는 예나에게 절친의 기준은 무엇인지, 반 친구 모두가 절친이 되는 게 현실적으로 가능할지를 생각하고 친구에 대해 새로운 시각을 가져보도록 했다. 예나는 민희와 같은 반 친구로 그동안 잘 지내고 있었다는 걸 깨달았고 앞으로 절친의 관계로 발전시키고 싶다고 말했다. 나는 그런 예나를 격려했고 민희와 예나는 함께 노력하기로 약속했다.

마음수업의 두 번째로 거절에 대해 새로운 시각을 갖는다. 상대방의 거절을 오해하면 자신의 존재가 거부당한 것처럼 느껴지고 좌절하게 된다. 하지만 거절이 무조건 상대를 무시하거나 싫어하는 표현은 아니며 때에 따라서는 거절한 사람에게 다른 중요한 일이 있을 수 있다. 민희가 예나의 놀자는 제안을 거절한 이유도 다른 친구와 먼저 한 약속을 중요시했기 때문이다. 나는 상대방의 거절을 지나치게 부정적으로 받아들이는 예나가 거절에 대해 새로운 시각을 갖도록 했다. 민희의 거절을 '민희가 나를 싫어한다'가 아니라 '민희에게 중요한 일이 있나 보다'라고 생각한다면 어떨지 질문했다. 예나는 곰곰이 생각하더니 이렇게 말했다. "지금 민희랑 놀지 못해서 속상하지만 다음에는 함께 놀 수 있을 거야. 민희가 나를 싫어해서가 아니라 다른 중요한 일을 먼저 하겠다는 거니까." 이어서 나는 자신의 바람을 민희에게 말할 수 있도록 했고 예나는 "오늘 안 되면 다음 주 수요일은 어때? 그때 함께 놀기로 약속할까?"라고 표현했다.

비합리적인 바람과 기대

예나와 민희의 상담을 마무리한 다음 예나와 수현이의 상담을 진행했다. 수현이는 솔직히 예나와 잘 안 맞는다며 같이 놀고 싶지 않다고 말했다.

"예나랑 놀면 재미가 없어서 같이 안 놀고 싶어요. 예나는 보드게임 할 때 자꾸 머뭇거려서 답답해요. 아마 다른 애들도 다 그렇게 생각할걸요. 그래서 보드게임 잘하는 애들끼리만 같이 놀자고 말한 거예요."

나는 수현이의 마음을 수용하며 친구와 잘 안 맞을 수 있다는 사실을 인정했다. 그러나 아무리 안 놀고 싶은 친구라도 "나는 보드게임 너무 못하는 예나랑 놀기 싫으니까 앞으로도 우리끼리만 놀자."라는 표현은 친구를 배려하지 않은 행동으로 예나의 마음에 상처를 줄 수 있다고 알려줬다. 내 마음에 불편한 친구가 있다면 그 친구와 꼭 같이 놀아야 하는 건 아니다. 싫어하는 친구와 놀고 싶지 않은 건 아이들의 자연스러운 마음이기 때문이다. 그렇지만 수현이가 친구들 앞에서 예나가 싫다고 공개적으로 말한 것과 다른 친구들은 어떻게 생각하는지 묻지도 않고 예나와 놀지 말자고 한 건 분명히 제지될 만한 행동이었다. 그때 예나는 수현이가 자기를 싫어한다는 걸 알고 매우 속상했던 한편 뭐든지 다 잘하고 싶다는 바람과 모든 친구와 친하게 지내길 바라는 기대가 자신에게 있었음을 알게 됐다. 그래서 나는 마음수업을 통해 예나가 가졌던 비합리적인 바람과 기대를 다뤄보기로 했다.

마음수업의 첫 번째로 모든 걸 다 잘할 수 없음을 인정한다. 예나는 친구들과 함께 보드게임을 하고 싶었지만 수현이는 예나가 보드게임을 못한다며 놀이에 끼워주지 않았다. 사실 예나는 보드게임은 못했지만 그림 그리기는 반에서 제일 잘했는데 수현이는 보드게임에만 초점을 두고 예나를 부정적으로 평가한 것이다. 우리는 모든 걸 다 잘할 수 없으며 누구나 잘하는 게 있고 못 하는 게 있다. 예나와 달리 수현이는 보드게임은 잘했지만 그림 그리기는 못했다.

이런 사실을 깨달은 수현이는 이제부터 자기 생각만 내세워 친구를 공개적으로 평가하지 않기로 다짐하고 친구가 잘하는 것을 인정해주기로 약속했다. 그리고 예나는 모든 걸 다 잘할 수 없음을 이해하고 있는 그대로의 자신을 존중하기로 했다.

마음수업의 두 번째로 모든 친구와 친하게 지낼 수 없음을 인정한다. 아무리 노력해도 어울리기 힘든 친구도 있고 나와는 성격도 취향도 맞지 않는 친구도 존재한다. 모든 친구와 잘 지내야겠다고 생각하면 작은 일에도 상처받고 마음도 쉽게 지친다. 나와 맞는 친구에게 집중하는 것이 친구관계에 더 효율적이고 나의 마음건강에도 좋다. 예나는 수현이와 친구로 잘 맞지 않는다는 것을 받아들이고 '모든 친구와 친하게 지내야 한다'는 생각을 버리기로 했다. 친구에 대한 비합리적인 기대를 내려놓고 나서 예나는 속상함과 죄책감이 많이 줄었다고 말했다. 지금도 나는 아이들에게 만약 자신을 싫어하는 친구가 있다면 무리하게 노력해서 굳이 친해질 필요는 없다고 얘기한다. 나는 아이들이 누군가 자신을 싫어한다 해도 위축되지 않고 자기를 사랑하면서 마음을 건강히 지켜내길 응원한다.

08

친구랑 손절하고 싶어요

손절각? 절교각?

4학년 소율이가 등교하자마자 상담실로 직행했다. 어떤 큰일이기에 학교에 오자마자 나를 찾아왔을까 하는 생각에 마음이 무거워졌다. 나는 어두운 표정을 한 소율이에게 다가갔다. 소율이는 머뭇거리며 쉽게 말을 꺼내지 못했고 나는 아이에게 무슨 일이 생겼음을 직감했다.

상담교사: 소율아! 선생님이 보기에 평상시보다 표정이 어두운데 혹시 무슨 일 있니?

소율이: 선생님. 저 아정이랑 손절각 잡다가 어제 손절하자고 말했어요.아정이도 알겠다고 했고요. 아정이도 저랑 계속 싸우게 되니까 손절이 낫겠다고 생각한 것 같아요. 같은

반이 아니라 그나마 다행이긴 한데요. 근데 바로 옆 반이라 자꾸 얼굴을 보게 돼서 불편해요. 게다가 학원은 계속 같이 다니고 있어서 인사는 해야 하나 싶고…. 저도 어떻게 하면 좋을지 잘 모르겠어요.

소율이가 표현한 '손절'이란 친구와의 '절교'를 의미하며 관계를 끊어 친구로 지내고 싶지 않은 마음을 선언할 때 사용한다. '손절각'과 '절교각'은 관계를 끊을 적절한 시기를 보고 있다는 뜻이다. 소율이는 아정이와의 반복되는 갈등으로 감정의 골이 깊어지면서 많이 지쳐 있었다. 아정이와 잘잘못을 따져 사과를 주고받는 게 아니라 친구관계를 그만하고 싶을 정도였다. 그러나 학교와 학원에서 계속 마주치게 되니 아정이를 볼 때마다 손절하자고 말한 게 마음에 걸렸고 인사 정도는 해야 하는지 고민했다. 나는 우선 소율이가 싸우고 화해하는 과정을 반복하며 얼마나 괴롭고 힘들었을지 공감했다.

초등학생 사이에서는 '손절'과 '절교'라는 단어 쓰임이 만연하다. 고학년 아이들은 '손절'을 쉽게 내뱉으며 저학년 아이들도 '절교'를 유행어처럼 쓰고 있다. 말뿐만 아니라 동작으로도 표현하는데 한 아이가 오른손과 왼손 검지의 손끝을 서로 맞대어(이런 모양) 있는 상태에서 다른 아이가 손바닥을 세워 붙여진 검지들 사이를 가르면 절교가 된다.

소율이의 경우처럼 친구와의 갈등에 지쳐 '손절'을 외치기도 하지만 최근에는 친구가 나를 얼마나 생각하는지 우정을 시험하는데도 쓰이고 있다.

마음속 거리두기

소율이는 사실 아정이에게 힘들고 지친 마음을 표현하고 싶었을 뿐 관계를 끊고 싶진 않았다. 아직 친구에 대한 마음이 남아있었기에 계속 마주치는 아정이가 신경 쓰였던 것이다. 그래서 나는 마음수업을 통해 '손절'과 '절교'를 부드러운 표현으로 바꿔보고자 했다.

먼저 '손절'이나 '절교'와 유사한 뜻을 가진 다른 표현에 뭐가 있을지 고민했다. 비슷한 뜻을 가졌더라도 어감에 따라 전혀 다르게 느껴질 수 있기 때문이다. 특히 불편한 마음을 친구에게 전할 때 어떤 단어를 사용하는지가 앞으로의 관계에 지대한 영향을 미친다. 내가 들어도 기분이 상할 수 있는 표현은 사용할 때 한 번 더 생각해야 한다. 나는 마음수업을 진행하며 소율이가 말한 '손절'을 '마음속 거리두기'라는 표현으로 바꿨다. 아이들이 쓰는 '손절'은 부정적인 감정을 불러일으키기 때문에 친구를 배려하며 자기 마음을 제대로 전달하는 표현으로 바꿀 필요가 있었다.

상담교사: 우리는 누구나 친구와 다툴 수 있어. 그럴 때 잘 해결하고 화해하고 싶은 마음도 있지만 계속 싸우다 보면 서로 지치기도 하지. 코로나가 심할 때 '사회적 거리두기', '생활 속 거리두기'라 하며 안전거리를 유지했던 거 기억나니? 그거처럼 우리의 마음도 안정을 찾기 위해 잠시 친구와 거리를 두는 시간을 갖는 거야. 친구에게도 그 시간이 필요할 수 있거든. 시간을 가지다 보면 생각도 정리되고 화가 나고 속상했던 마음이 진정되기도 해. '너와 나는 끝'이라는 손절이나 절교보다는 '마음속 거리두기'로 표현해보면 어떨까? 당장 화해하거나 친구와의 관계를 끊는 게 아니고 잠시 거리를 두고 지내보는 거야.

소율이: (고개를 푹 숙이며) 아…. 아정이에게 '마음속 거리두기'로 표현했으면 좋았을 것 같아요. 저도 아정이한테 화가 많이 나서 홧김에 얘기한 것도 있어요. 아정이에게 말하기 전에 선생님과 먼저 얘기해볼걸…. 후회돼요.

소율이는 아정이에게 솔직한 마음을 전하고 싶다며 "상담실에서 아정이랑 함께 이야기할 수 있을까요?"라고 물었다. 실제로 나는 친구 사이의 문제가 발생했을 때 상담실에서 해당 아이들과 함께 이야기하며 방법을 찾는다. 이때 상담교사는 누군가의 편을 드는 게 아니고 아이들이 서로 자기 생각과 감정을 잘 주고받을 수 있도록 돕는 역할을 한다.

며칠 후 상담실에 같이 온 소율이와 아정이는 서로에게 지쳤던 마음을 얘기했고 나는 그 자리에서 다시 한 번 '마음속 거리두기'에 대해 설명했다. 함께 대화하며 조금은 마음이 풀어졌는지 굳었던 아이들의 표정이 점차 좋아졌다.

아정이: 저희가 자주 다퉜지만 그래도 잘 해결하려고 노력했어요. 그런데 다툼이 너무 많아지니까 지치고…. 서로에게 마음속 거리두기 시간이 필요한 것 같아요. 그리고 확실히 손절이라는 말보다 마음속 거리두기가 좋아요. 손절은 뭔가 완전히 끝난 느낌이거든요.

소율이: 제가 힘들어서 먼저 손절하자고 했지만 시간이 지날수록 마음이 불편해졌어요. 저는 아정이랑 완전히 끝내고 싶었던 건 아니었거든요.

어느 날 소율이가 찾아와 아정이와 관계가 전보다 좋아졌다며 자랑했다.

소율이: 선생님! 예전엔 제 마음이 참 복잡했는데 아정이에게 마음속 거리두기를 하자고 말한 뒤에는 괜찮아졌어요. 잠시 시간을 갖는 느낌이고 저번에는 살짝 인사도 했어요. 그리고 어떤 친구가 손절한다고 해서 제가 마음속 거리두기로 말하는 것이 어떠냐고 했어요.

나와 친구의 거리재기

소율이: 선생님! 저는 요새 어떤 친구에게 속마음을 얘기할 수 있을지 모르겠어요. 원래는 친한 친구가 아정이었거든요. 근데 지금은 마음속 거리두기를 하고 있잖아요. '이젠 누구한테 말하지…?'라는 생각에 불안하고 외롭기도 해요.

소율이는 아정이와 마음속 거리두기를 시작한 이후 다른 친구가 없는 것 같다며 걱정했다. 나는 친구들과 친하게 지내는 정도에 따라 소율이가 느끼는 마음속 거리는 어떤지 확인해보았다. 나와 친하다고 느낄수록 거리는 가깝게 표시하는 것이다. 속마음을 털어놓을 수 있는 친구, 재밌게 놀고 장난도 치지만 속마음은 털어놓지 않는 친구, 인사는 하지만 어색한 친구, 얼굴은 알지만 인사도 안 하는 친구 등으로 구분할 수 있다. 그 친구에 대해 나는 얼마나 가깝고 친하다 느끼는지를 정리하면서 '나와 친구의 거리'를 인지하고 친구관계에 대해 나만의 정의를 내릴 수 있다.

우선, A4종이를 준비하고 중앙에 동그라미를 그린 후 그 안에 '나'라고 적는다. '나' 주변을 둘러싸며 서너 개의 원을 더 그린 후 내가 생각하는 친밀감 정도에 따라 위치를 정하여 친구 이름을 적는다. 이름을 적으면서 나와 그 친구는 어떤 관계인지 이야기한다. 소율이는 "선생님. 속마음을 털어놓을 만큼 가까운 친구가 1학년 때는 민지였고 2학년 때는 소진이었어요. 그리고 3학년부터 아정인데 그럼 어떻게 적어요?"라고 물었다. 이 과정에서 소율이는 가장 가까웠던 친구가 시간이 지나고 상황이 변하면 바뀔 수도 있다는 사실을 깨달았다. 이후 소율이는 가까운 친구가 사라지는 것에 대해 덜 불안해했고 시간이 지나면 다시 생길 수 있다는 희망을 가졌다.

두 번째로 각각의 친구 이름 옆에 하트를 그린다. 내가 그 친구에게 어느 정도 마음을 열었는지 표현하도록 한 것이며 하트는 색연필로 색칠한다. 소율이는 '나'와 가장 가깝게 있던 효주의 하트를 90% 색칠하며 더 가까워지고 싶다고 말했다. 이렇게 하트에 색칠하다 보면 내 마음을 확인하고 더 친해지고 싶은 친구를 발견하게 된다.

> 소율이: 저 사실 아정이랑 싸우고 나서 앞으로 친구를 못 사귀는 건 아닌지 정말 걱정했어요. 근데 선생님과 같이 '나와 친구의 거리재기'를 하고 나니까 제가 좀더 노력하고 먼저 다가가면 속마음을 얘기할 수 있는 친구를 만들 수 있다는 걸 알았어요.

소율이는 눈으로 확인하고 직접 참여하는 활동을 통해 친구관계를 더 깊이 생각해보고 이해할 수 있었다. 아이들에게 친구란 어른인 우리가 어림짐작할 수 없을 만큼 필수불가결(必須不可缺)한 존재이다. 친구 때문에 힘들어하는 아이에게 '그런 친구라면 그냥 놀지마.'라고 하는 건 어리석다. 앞으로는 아이들이 친구에게 같은 실수를 반복하지 않고 스스로 자기를 조절하며 친구관계에서 '절망'보다 '희망'을 갖길 바란다.

09

다른 사람이 자꾸 신경 쓰여요

진짜 나 VS 다른 사람이 보는 나

5학년 지연이가 그늘진 표정으로 상담실에 찾아왔다.

"선생님. 저 마음이 답답해서 왔어요. 저는 공부를 그렇게 잘하는 게 아닌데 친구들이나 선생님은 제가 공부를 잘한다고 생각해요. 그런 말을 듣는 게 진짜 괴롭거든요. 그래서 새벽 2시까지 공부할 때도 있어요. 전 너무 힘든데 이 마음을 아무도 모르는 것 같고…. 힘들다고 말도 못 하겠고…. 다른 사람들이 저를 어떻게 생각할지도 걱정이에요."

지연이는 선생님과 친구들에게 일명 모범생이라고 불린다. 수업을 열심히 듣고 발표도 잘하며 친구들과도 잘 지냈기 때문이다. 그러나 정작 지연이는 마음속으로 '난 아닌데….' 하고 생각했다. 진짜 모습을 잘 모르면서 그렇게 부르는 선생님과 친구들이 지연이는 불편하고 답답했다. 한편으로 '나의 진짜 모습을 알면 사람들은 나를 어떻게 생각할까?' 하는 걱정도 있었다. 나는 마음수업을 통해 지연이 자신만 알고 있는 '진짜 나'와 '다른 사람이 보는 나'의 차이를 확인해보았다. 지연이가 어느 부분에서 불편했고 다른 사람을 어느 정도로 신경 쓰는지 알아보기 위해서였다.

상담교사: 지연이가 생각하는 '진짜 나'와 '다른 사람이 보는 나'의 모습을 적으면 돼. '진짜 나'는 나만 알고 있는 모습을 적고 '다른 사람이 보는 나'는 주변에서 나를 어떻게 보는지, 뭐라고 얘기하는지 떠올려서 적어주면 돼.

지연이: (종이에 적다가 멈추며) 적다 보니까 제가 생각하는 진짜 모습과 다른 사람이 보는 모습이 겹치기도 하는데 그것도 적어요?

상담교사: (반가운 표정으로) 그래. 그 모습도 적어보자. 지연이가 방금 말한 것처럼 진짜 나의 모습이 다른 사람이 보는 나의 모습과 같을 때도 있어. 나의 진짜 모습은 아무도 몰라준다며 답답하다고 지연이가 얘기했는데 꼭 그런 건 아니었네?

지연이는 '진짜 나'에 대해 이렇게 썼다.

나는 공부하는 게 너무 어렵고 힘들다. 발표하는 걸 좋아하고 잘한다. 잘 삐진다. 잘 운다. 밝은 성격이다. 동생이 좋지만 질투도 난다.

그리고 '다른 사람이 보는 나'에 대해서는 이렇게 썼다.

공부를 잘한다. 발표를 잘한다. 잘 운다. 밝은 성격이다. 동생이랑 잘 지낸다.

이어서 '진짜 나'와 '다른 사람이 보는 나'의 모습을 함께 확인하며 일치하는 부분은 동그라미로 불일치하는 부분은 세모로 표시하도록 했다. '진짜 나'와 '다른 사람이 보는 나'의 모습에서 일치하는 부분을 발견한 지연이는 나를 잘 알아주는 사람도 있다는 것을 스스로 깨달았다. 지연이는 나를 아무도 모른다 생각할 때는 속상하고 답답했지만 이제는 마음이 조금 괜찮아졌다고 말했다. 나는 그런 지연이의 긍정적인 변화를 지지하고 다음으로 불일치한 부분에서 느낀 감정을 탐색했다.

"공부를 잘한다는 말이 불편해요. 집에서 늦은 밤이나 새벽까지 공부하는 것도 힘들고요. 어떨 때는 베개에 얼굴을 파묻고 울거든요. 친구들과 선생님 그리고 부모님이 '지연이는 공부를 잘한다'고 말하면 저는 숨이 콱 막혀요."

이렇게 말하며 지연이는 무척 힘들어했다. 그런 마음을 표현해본 적이 있는지 묻자 지연이는 없다고 했다. 지연이는 스스로 힘든 마음을 표현해볼 시도조차 하지 않았고 주변 사람들의 기대에 맞추는 것이 낫다고 여겼다. 나는 힘든 마음을 표현하면 어떨 거 같은지를 다시 질문했고 지연이는 사람들이 자신에게 실망하지 않을까 걱정된다고 말했다. 나는 지연이에게 다음과 같이 말해주었다.

"너를 소중하게 생각하는 사람은 네 마음이 어떤지 궁금할 거야. 그 마음을 표현해야 사람들은 네가 얼마나 힘들지 알 수 있고 도와줄 수 있단다."

나는 지연이가 자신의 진짜 속마음을 전할 수 있도록 격려하고 함께 마음을 표현하는 연습을 했다. 그러던 어느 날 지연이는 친구들에게 이렇게 말했다. "얘들아! 나 사실 공부하는 게 너무 힘들어. 이번에도 잘할 수 있을까 걱정되고 나도 틀릴 때가 있는데 주변에서 자꾸 잘한다고 하니까 솔직히 부담스러워."

한편 '진짜 나'와 '다른 사람이 보는 나'가 서로 불일치하는 부분에서 다른 사람이 몰라줘도 괜찮다고 하는 모습도 있었다. 동생이 좋지만 때로는 질투도 난다는 자신의 모습에 대해서는 사람들이 꼭 알아줬으면 하는 마음은 아니라고 했다. 이렇게 지연이는 오히려 몰라줘도 괜찮은 모습을 발견하며 새로운 자신을 찾아갔다. 그리고 지연이는 그동안 사람들이 자신의 마음을 제대로 알아주지 않는다며 답답해했지만 정작 자기가 그 마음을 표현하지 않았다는 것을 알게 되었다. 내 마음은 말하지 않으면서 상대방이 알아주길 바라는 비현실적인 기대가 있었던 것이다.

진짜 나 vs 되고 싶은 나

지연이는 다른 사람들이 자신에 대해 어떻게 생각할지 걱정했다. 내가 원하는 모습이 아닌 다른 사람이 원하는 모습에 맞추려 하니 스트레스도 많이 받았다. 사람들의 평가에 지나치게 신경 쓰면 과도한 눈치를 보게 되고 진짜 나의 모습을 점차 잃게 된다. 나는 지연이가 다른 사람의 시선에서 벗어나 자신에게 초점을 맞추고 '되고 싶은 나'에 대해 고민하도록 했다.

지연이는 '되고 싶은 나'에 이렇게 썼다.

공부를 안 해도 된다. 착하다. 안 삐진다. 울지 않는다.

'되고 싶은 나'에서는 구체적이고 실현 가능성이 있도록 적는 것이 중요한데 지연이가 적은 건 단순하고 추상적이었다.

상담교사: 지연이가 적은 '되고 싶은 나'는 현실적으로 실천 가능한지 생각해볼까?

지연이: (곰곰이 생각하더니) 흠…. 아니요. 공부를 아예 안할 수는 없죠. 착해지는 건 잘 모르겠고…. 저는 안 삐지고 싶은데 계속 삐지게 되네요. 게다가 눈물이 많아서 울지 않으려 해도 눈물이 날 것 같아요.

상담교사: 맞아. 그렇기 때문에 '되고 싶은 나'에서는 내가 할

수 있는 수준인지, 행동으로 실천 가능한지, 내 변화를 직접 확인할 수 있는지 등을 고려해야 해.

중학교에 올라가면 배우는 내용이 어려워지니까 지금부터 공부를 열심히 해야 한다고 생각하는 지연이에게 '공부를 안 해도 된다'는 건 현실적으로 불가능했다. 그러나 스트레스를 계속 받을 수 없으니 주말만큼은 세 시간씩 쉬겠다고 지연이는 결심했다. 다음으로 지연이가 적은 '착하다'에 대해 이 말은 추상적이며 사람마다 다르게 해석할 수 있다고 설명했다. 지연이는 욕하지 않는 행동을 '착하다'라고 표현한 것이었다. 사실 지연이는 친구들한테 화가 날 때 욕을 했고 어떨 때는 마스크를 한 채 몰래 욕하기도 했다. 앞으로 지연이는 욕하는 행동을 고치겠다고 다짐했다. 또한 지연이는 '안 삐진다' 대신에 상대방에게 서운하거나 속상해지면 그때마다 그런 마음을 잘 이야기해보기로 했다. '울지 않는다'는 우는 행동 자체가 문제는 아니기에 울고 난 후 그때 상황과 감정을 적어보면서 어떤 이유로 울게 되었는지 파악하고 조절하는 방법을 찾아보기로 했다.

지연이는 '되고 싶은 나'에 대해 다시 정리하여 다음과 같이 적었다.

-평소 열심히 공부하고 주말에는 세 시간씩 쉬기.

-화가 나도 친구들에게 욕하지 않기. 몰래 욕하지 않기.

-서운하거나 속상하면 삐져서 꽁해 있지 말고 내 마음 표현하기. 만약 표현하는 게 어려우면 상담 선생님께 도움 요청하기.

-울고 난 후 그때 상황과 감정을 적어보기. 어떤 이유로 울었는지 구체적으로 적고 어떻게 조절할지 생각해보기.

지연이: 상담실에 오기 전까지 다른 사람이 나에 대해 어떻게 생각할지, 항상 걱정했는데요. 이번만큼은 다른 사람이 아닌 나한테만 집중해서 되고 싶은 모습을 찾아보니까 너무 좋았어요. 깜깜한 동굴 속에서 빛을 찾은 느낌이에요.

'진짜 나'를 바탕으로 '되고 싶은 나'를 스스로 정리하며 지연이는 비로소 사람들의 시선에서 벗어나 자기에게 집중할 수 있었다. 마음수업을 마무리하며 지연이가 말한 소감에 나는 크게 감동했다. '와! 어떻게 이런 표현을?' 지연이의 표현력에 감탄할 수밖에 없었다. 나는 아이들이 다른 사람의 기대에 맞춰 자기 모습을 억지로 꾸미기보다 '진짜 나'에 집중하여 진정한 자기 모습을 찾길 바란다. '내 삶의 주인공은 바로 나!' 다른 사람은 더 이상 신경 쓰지 말고 내 머리와 마음이 하는 말에 귀를 기울여보자.

초등학생의 외계어 같은 신조어

'초등학생의 외계어 같은 신조어'를 얼마나 알고 있나요?

아래 단어를 읽고 한번 체크해보세요.

쿠쿠루삥뽕	□ 안다	□ 모른다
어쩔티비	□ 안다	□ 모른다
절레절레전래동화	□ 안다	□ 모른다
킹받네	□ 안다	□ 모른다
킹정	□ 안다	□ 모른다
무물보	□ 안다	□ 모른다
국룰	□ 안다	□ 모른다
경도	□ 안다	□ 모른다
인싸	□ 안다	□ 모른다
아싸	□ 안다	□ 모른다
현타	□ 안다	□ 모른다
좋댓구알	□ 안다	□ 모른다
다꾸	□ 안다	□ 모른다
어사	□ 안다	□ 모른다
텐션	□ 안다	□ 모른다

초등학생의 외계어 같은 신조어 설명

쿠쿠루삥뽕	상대방을 약 올리거나 비웃을 때 쓰는 말소리 또는 웃음소리
어쩔티비	'어쩌라고, 가서 TV나 보라'는 뜻으로 상대방의 말에 대답하고 싶지 않거나 귀찮을 때 사용함. 비슷한 말로 '어쩔래미'가 있으며 이에 반격하여 '저쩔티비', '저쩔래미'라고 말하기도 함
절레절레전래동화	절레절레 고개를 저으면서 아니라고 하는 표현
킹받네	'엄청 열받는다'는 표현
킹정	'인정한다'의 강조 표현
무물보	'무엇이든 물어보세요'의 줄임말
국룰	'국민(國民) 룰(rule)'의 줄임말. 보편적으로 통용되는 정해진 규칙으로 누구나 인정할 수 있는 의미나 내용, 상황을 나타내는 말
경도	'경찰과 도둑잡기 놀이'의 줄임말로 일종의 술래잡기를 일컫는 말
인싸	'인사이더(insider)'의 줄임말로 친구들에게 인기가 많고 잘 어울려 지내는 사람을 뜻함
아싸	'아웃사이더(outsider)'의 줄임말로 친구들에게 인기가 없고 못 어울리는 사람을 뜻함
현타	'현실 자각 타임'의 줄임말로 헛된 꿈을 꾸고 있다가 자기가 처한 현실을 깨닫게 되는 시간을 의미함
좋댓구알	유튜브에서 '좋아요, 댓글, 구독, 알림설정'을 요청할 때 사용하는 표현의 줄임말
다꾸	'다이어리 꾸미기'의 줄임말
어사	'어색한 사이'의 줄임말
텐션	흥이나 흥분된 정도를 말하며 '텐션이 높다'는 표현은 기분이 좋은 상태를 의미함

10
남자친구 사귀면 안 돼요?

아이의 설렘 vs 엄마의 걱정

“상담 선생님! 저 드디어 모태솔로 탈출했어요!”

상담실에 놀러온 6학년 아름이가 최근에 남자친구가 생겼다며 자랑했다. ‘모태솔로’는 이성 친구를 한 번도 사귀어 본 적 없는 사람을 일컫는 말이다. 아름이는 같은 학원에 다니는 동갑의 남자아이와 사귀게 되었다며 설레는 마음을 한껏 표현했다. 나는 축하의 말을 전했고 아름이는 남자친구와 100일이 되면 다시 오겠다고 말하며 교실로 돌아갔다. 그런데 한 달 뒤 아름이가 근심이 가득한 얼굴로 나를 찾아왔다.

“저는 엄마가 당연히 축하해줄 거라 기대하고 말한 건데…. 근데 엄마는 남자친구를 왜 사귀냐고 당장 헤어지라고 하는 거예요. 제 친구들은 이미 사귀어봤거나 지금 남자친구가 있는데…. 왜 저만 안 된다고 하시는 걸까요? 남자친구 생겼다고 말하지 말 걸 그랬어요. 그 뒤로 엄마한테 계속 혼나고 있어서 너무 힘들고 답답하기도 해요."

나는 아름이의 마음을 수용하고 공감해주었다. 아름이 또래의 초등학교 아이들은 이성 친구에게 관심이 많은 편이다. 저학년 때는 큰 의미 없이 비교적 친하거나 자주 보는 이성 친구를 남자친구 또는 여자친구라고 칭한다. 고학년이 되면서 점차 성숙한 이성 관계를 맺으며 자신만의 구체적인 이상형도 생긴다. 이성에 대한 호기심도 커지고 다른 사람의 이성 관계에도 관심을 보이며 직접 묻기도 한다. 아직 미혼인 선생님은 아이들에게 '남자친구 있으세요? 여자친구 있으세요?'라는 질문을 한 번쯤 받아봤을 것이다. 나도 똑같은 질문을 받았고 없다는 나의 대답에 아이들은 이렇게 말하곤 했다. "선생님도 모태솔로세요? 저도 그래요. 근데 저는 초등학생이지만 선생님은 어른인데 어쩌려고 그러세요?" 이렇게 아이들은 진심으로 나를 걱정하며 위로했다.

얼마 뒤 아름이의 어머니께서 상담실로 전화를 주셨고 최근에 아름이와 남자친구 문제로 갈등이 많아졌다며 어려움을 토로하셨다. 이에 나는 우선 어머니께서 무엇을 염려하는지 확인해보았다.

"요즘 애들이 다 빠르잖아요. 스킨십도 그렇고…. 요새는 인터넷으로 성 관련 정보도 쉽게 찾을 수 있고 노출도 많은 거 같아서 정말 걱정돼요. 게다가 아름이가 남자친구가 생기더니 집에도 늦게 들어오고 해야 하는 숙제도 제대로 안 하고 있어요. 원래 그런 아이가 아니었는데…."

나는 어머니의 걱정과 불안한 마음에 공감하며 아름이와 남자친구에 대해 대화한 적이 있는지 물었고 어머니는 따로 얘기한 적이 없다고 하셨다. 그 이유는 어머니가 아름이에게 어떻게 말을 시작해야 할지 주저됐기 때문이다. 나는 어머니에게 초등학교 고학년의 발달 특성에 관한 정보를 제공하며 이성 친구에 대한 아름이의 관심을 자연스러운 과정으로 받아들일 수 있도록 했다. 그리고 아름이에게 어머니의 생각과 감정을 전달할 필요성을 안내했다. 그때는 아름이도 자신의 생각과 감정을 어머니에게 솔직히 말할 수 있도록 편한 대화 분위기가 조성되어야 한다고 설명했다. 나는 아름이의 이성교제를 무조건 막기보다 바른 방향으로 사귈 수 있도록 지도하는 것이 중요함을 강조했다. 그렇게 통화를 마친 후 나는 아름이와 어머니 사이의 갈등 해결을 돕기 위한 마음수업을 준비했다.

남자친구의 의미 알기

첫 번째 마음수업으로 아름이가 생각하는 남자친구와 어

머니가 생각하는 남자친구의 의미를 알아보았다. 각자 생각하는 의미가 다를 수 있기 때문에 그 차이를 확인하고 서로 이해하는 시간이 필요했다. 나는 먼저 아름이가 생각하는 남자친구의 의미를 함께 찾아보았다. 아름이는 남자친구에 대해 이렇게 표현했다.

아름이에게 남자친구란?

같이 볼링 치러 간다. 같이 스티커사진을 찍는다.

같이 코인노래방에 간다. 같이 커플링을 낀다.

갠톡(개인 카카오톡의 줄임말)을 한다.

아름이는 둘이서 시간을 많이 보내는 이성 친구를 남자친구라고 여기는 듯했다. 아름이는 자신이 생각하는 남자친구의 의미에 대해 엄마에게 말한 적이 없었는데 남자친구가 생겼다고 말하자마자 엄마가 화를 내며 헤어지라고 했기 때문이다. 결국 아름이는 엄마와 말이 통하지 않는다는 결론을 내렸다. 그러나 사실 아름이는 그 누구보다 엄마의 축하를 받고 싶어 했기에 나는 아름이가 엄마와 대화할 수 있도록 격려하며 효과적인 전달 방법을 안내했다. 아름이가 엄마에게 짜증을 내거나 툴툴거리며 말하지 않도록 말이다.

상담을 마치고 집에 돌아간 아름이는 나의 권유에 따라 엄마에게 자신이 생각하는 남자친구의 의미를 말씀드리고 엄마가 생각하는 남자친구의 의미에 대해 물어보았다. 엄마에게 남자친구는 이런 것이었다.

엄마에게 남자친구란?

손잡는다. 뽀뽀한다.

남자친구 때문에 집에 늦게 들어온다.

숙제를 안 한다.

엄마는 남녀관계에서의 스킨십과 아름이의 부정적인 변화를 걱정하고 있었다. 아름이는 엄마가 생각한 남자친구의 의미가 자신과 매우 달라서 놀랐고 엄마가 걱정하는 마음을 그제야 알게 되었다. 그리고 아름이는 남자친구를 사귄 후로 집에 늦게 들어오고 엄마에게 연락을 잘 안 했으며 숙제도 제대로 하지 않은 것을 인정했다. 엄마와 대화한 후 아름이는 엄마의 입장을 조금은 이해하게 되었다고 말했다. 어머니도 아름이가 생각하는 남자친구의 의미를 비로소 알게 되었고 그동안 오해한 것에 대해 미안하다고 하셨다.

윈(Win) 윈(Win) 프로젝트

두 번째 마음수업으로 윈(Win) 윈(Win) 프로젝트를 실시했다. 아름이가 남자친구와 사귀면서 느끼는 행복감을 지키면서 부정적인 변화를 긍정적으로 바꾸는 프로젝트였다. 나는 이 프로젝트의 성공을 위해 아름이가 완수할 수 있는 수행 과제 선택에 심사숙고했다. 과제가 너무 많으면 수행하는 것이 벅차고 또 과제가 너무 어려우면 수행을 잘 하지 못해 실패경험을 할 수 있기 때문이다. 그래서 보통 처음에는 두 세 개 정도로 정하고 완수하면 다음 수행 과제로 넘어가는 것이 좋다. 나는 수행 과제를 정하기 위해 아름이가 남자친구를 사귀면서 일상생활 속에서 어떤 변화가 있었는지 탐색했다. 그 결과 긍정적인 변화로 자주 웃고 밝아진 모습이 있었지만 부정적인 변화도 많아 엄마와 부딪히고 있었다.

"요새 제가 집에 늦게 들어가는 거 때문에 엄마한테 자꾸 혼나고 있어요. 늦는다고 매일 잔소리하고 수시로 전화하시는데…. 제가 못 받으면 10통도 넘게 계속 전화하니까 그냥 핸드폰을 가방에 넣어두거나 아예 꺼뒀어요. 그리고 숙제도 안 한다고 막 뭐라 하세요. 집에 와서 남자친구랑 카톡 조금 하다 보면 시간이 금방 가서요. 어느 순간 시계를 보면 잘 시간이 이미 넘어서 숙제를 할 수가 없어요."

아름이는 이와 같이 얘기하며 남자친구를 사귄 후부터 자신에게 많은 변화가 있었다는 걸 깨달았다. 나는 아름이의 부정적인 변화를 긍정적으로 바꾸기 위한 수행 과제를 정했다. 첫 번째는 집에 오후 8시 30분까지 들어가기. 아름이는 그전까지 학원을 마치고 오후 7시쯤이면 귀가하였는데 남자친구를 사귀면서 오후 9시로 늦어졌고 심지어 10시가 넘은 시간에 들어간 적도 있었다. 아름이가 집에 오지 않자 엄마는 계속 전화를 했고 엄마와 싸우기 싫었던 아름이는 연락을 피하게 된 것이다. 이런 문제를 인지한 아름이는 점점 늦어지는 귀가 시간을 이제는 조절해야겠다고 생각했고 엄마의 바람을 어느 정도 받아들여 오후 8시 30분까지 집에 들어가기로 결정했다.

두 번째는 엄마의 전화를 피하지 않으며 전화 온 걸 확인하면 바로 연락하기. 그동안 아름이는 엄마의 전화를 못 받았을 때 굳이 다시 연락하려 하지 않았다. 남자친구와 더 놀고 싶은데 엄마에게 전화하면 집에 당장 들어오라고 소리칠 게 뻔했기 때문이다. 아름이는 엄마가 10통 넘게 전화하는 걸 보고 '나를 못 믿나? 왜 이렇게 집착하지? 간섭이 너무 심한데?'라고 생각하며 때때로 숨이 막혔다. 그렇지만 엄마의 마음을 이해하게 되면서 앞으로는 엄마의 전화를 피하지 않고 받으며 부재중 전화를 확인하면 바로 문자하거나 다시 연락하기로 약속했다. 이와 함께 10통 넘게 전화하시는 엄마의 행동에 대한 부담감도 표현했고 꼭 남자친구 때문만은 아니라 사정이 있어서 받지 못할 수도 있음을 엄마에게 확실히 전달했다.

세 번째는 학교와 학원 숙제를 먼저 하기. 아름이도 여태껏 잘 하던 숙제를 하지 않아서 마음이 불편했지만 남자친구와 노는 것이 너무 좋았기에 숙제는 후순위에 두었다. 이성교제 자체가 문제는 아니지만 이로 인해 자신이 해야 할 일을 미루게 되고 일상생활에 방해를 받는다면 분명히 문제가 될 수 있다. 아름이도 이를 인정하며 번번이 숙제를 미루는 자기 모습에 실망했었다고 말했다. 이제부터는 학교와 학원 숙제를 우선순위에 두며 이전의 모습을 찾겠다고 다짐하는 아름이를 나는 크게 칭찬했다. 나와 함께 정한 수행 과제를 아름이는 엄마에게 이야기했고 지지와 응원을 받았다. 여기에 더해 나는 어머니와 전화상담을 통해 어머니와 아름이의 긍정적인 변화를 다시 한 번 확인했고 갈등 해결을 위한 지속적인 노력 의지를 격려했다.

아름이와 같은 초등학생의 경우 이성 관계에 있어 아직은 보호자의 관심과 지도가 필요하다. 초등학생인 자녀가 이성 친구가 생겼다고 말할 때 부모는 어떤 마음일까? 대다수가 걱정스럽고 불안한 마음에 자녀를 말리고 싶은 심정일 것이다. 하지만 이때 무조건 반대한다면 자녀와의 관계는 크게 어긋날 수 있다. 이번 마음수업에서 다룬 것처럼 서로가 생각하는 이성 친구의 의미를 공유하고 이성교제로 인해 일상생활에 문제가 발생하지 않도록 바람직한 교제방법을 함께 모색하는 것이 중요하다. 나는 아이들이 이성교제의 설렘과 행복감도 지키고 자신이 해야 할 일도 잘 해내며 모든 영역에서 윈(Win) 윈(Win)하길 바란다.

11
내 마음대로 할 수 있는 게 없어요

내 인생의 주인공은 나야! 나!

3학년 교실에서 '내 인생의 주인공은 나야! 나!'라는 마음 수업을 마치고 나오는데 우석이와 지영이가 뒤따라 나오며 나에게 말했다.

우석이: 선생님. 내 인생의 주인공은 나라고 하셨잖아요. 근데 저는 제 마음대로 할 수가 없어요. 다 엄마 마음대로 해요.
지영이: 맞아. 나도 그래. 인생이 뭐 다 그렇지.

초등학교 3학년 아이의 입에서 인생을 체념해버린 듯한 말이 나오는 데 놀라기도 하면서 한편으로 안쓰러운 마음이 들었다. 우석이는 한숨을 쉬며 상담이 필요하다고 말했고 옆에 있던 지영이에게도 상담을 권했다. 나는 초등학교에 있으면서 부모의 지나친 개입으로 자기 스스로 할 수 있는 게 없다고 느끼는 아이들을 많이 만났다. 부모 입장에서는 아이가 학교에서 공부는 잘하는지, 친구와 싸우지 않고 잘 지내는지, 누군가의 괴롭힘을 당하지 않는지, 수업태도는 바르게 하는지, 밥은 잘 먹고 있는지 등 염려하는 마음에서 비롯된 개입일 것이다.

부모의 적절한 개입은 아이의 학습, 대인관계, 기본자세 및 태도에 긍정적인 영향을 주며 올바른 성장을 도울 수 있다. 그러나 다녀야 할 학원의 수, 친구를 사귀는 기준부터 오늘 입어야 할 옷까지 정해주는 수준의 과도한 개입은 아이의 자율성을 약화시키고 자존감과 자신감을 떨어트린다. 부모의 말에 순순히 잘 따르는 아이도 있지만 어떤 아이는 부모의 개입을 간섭이라 여기며 답답함과 무기력감을 느낀다. 부모의 눈에는 마냥 어리게만 보여 하나부터 열까지 다 정해줘야 할 것 같지만 초등학교 시기의 아이들은 스스로 할 일을 정하고 책임을 지며 자율성을 경험해야 한다. 자율성은 정해진 원칙에 따라 자유롭게 선택하고 행동하며 자기 자신의 힘으로 통제할 수 있도록 하는 역량으로 이를 통해 책임감도 키울 수 있다.

답답한 아이

나와 약속한 시간에 맞춰 우석이가 무거운 발걸음으로 상담실에 왔다. 우석이는 엄마가 시키는 대로 해야 하는 상황이 너무 힘들다고 했다.

"선생님. 저 엄마 때문에 정말 힘들어요. 지금 학원을 여섯 군데나 다녀요. 월요일에는 수학이랑 수영, 화요일에는 영어랑 미술에다 중국어까지 배워요. 수요일에는 수학이랑 태권도 그리고 영어학원 보충수업에 가요. 목요일에는 다시 영어랑 미술, 금요일에는 수학이랑 중국어…. 근데 이게 끝이 아니에요. 학원 끝나고 집에 가면 따로 문제집을 또 풀어야 해요. 학교랑 학원 숙제도 많아 죽겠는데…."

우석이의 말을 듣고 나니 내 마음도 무겁고 답답해졌다. 엄마에게 힘들다고 말한 적이 있는지 묻자 우석이는 몇 번이나 엄마 때문에 힘들어 죽겠다고 했지만 전혀 수용되지 않았다고 답했다. 한번은 엄마가 얼른 숙제하라고 했는데 우석이가 마음속으로만 생각하던 '응, 아니야'를 실수로 입 밖에 꺼내고 말았다. 그런데 그 순간 묘한 쾌감을 느낀 우석이는 이때부터 자신의 의견을 잘 들어주지 않는 엄마에게 '응, 아니야', '어쩔티비'로 반응하게 되었다. '응, 아니야'는 상대방이 대답할 수 없도록 단절하는 표현이며 '어쩔티비'는 초등학생 사이에서 유행하는 말로 '어쩌라고 가서 TV나

봐.'라는 뜻이다. 모두 대꾸하고 싶지 않고 듣기 싫은 마음을 표현하는 말이며 상대방으로 하여금 말문이 턱 막히게 한다.

우석이는 자신의 답답하고 힘든 마음을 엄마에게 반항하듯 잘못된 표현을 쓰고 있었기에 나는 그 방법을 수정하여 잘 전달할 수 있는 마음수업을 실시했다. 나는 우선 우석이가 어떤 상황에서 '응, 아니야'와 '어쩔티비'를 쓰는지 알아보았다. 우석이는 이 표현을 학교와 학원에서 친구들과 있으면서 주로 사용했다. 나는 친구가 아닌 어른에게 그런 말을 쓰는 문제에 대해 우석이가 인지하도록 하고 예의에 어긋난다는 걸 분명히 했다. 사실 이 말을 쓰면서 우석이는 자기 속마음을 엄마에게 바로 전달하지 못했고 오히려 크게 혼나며 관계만 나빠지고 있었다. 결국 우석이는 잘못된 행동을 인정하며 앞으로 어떻게 해야 할지 물었다.

나는 우석이가 자신의 마음을 제대로 전달할 수 있도록 '나 전달법'을 가르쳐 주고 익히게 했다. '나 전달법'은 '나'를 주어로 사실에 근거하여 자기 생각과 감정을 전달하는 방법이다. 그동안 우석이는 엄마와 대화할 때 '엄마 때문에'라는 말로 시작했다. '나'가 아닌 '엄마'를 주어로 해서 말하면 전부 엄마 탓을 하고 비난하는 것처럼 들릴 수 있다. 나는 우석이에게 이제부터는 '나 전달법'으로 자신의 생각과 감정을 말하도록 했다. 우석이도 모든 학원을 그만두고 싶은 건 아니었고 수학과 영어학원은 다녀야 한다고 생각했기에 우석이가 그 부분을 엄마에게 잘 표현할 수 있도록 함께 연습했다.

"엄마. 저 학원 여섯 군데나 다니는 게 너무 힘들어요. 가야 하는 학원이 많아서 스트레스 받고 어떨 때는 숨 쉴 시간도 없다고 느껴져요. 그렇지만 저에게 부족한 수학과 영어학원은 다녀야 한다고 생각해요. 근데 수영이나 중국어, 미술, 태권도는 시간을 조정하거나 그만하고 싶어요."

집에 돌아간 우석이는 '나 전달법'을 활용해 엄마에게 자신의 솔직한 마음을 이야기했다. 다음 날 가벼운 발걸음으로 상담실에 찾아온 우석이는 엄마와 대화가 잘되었다며 활짝 웃었다. 우석이가 교실로 돌아간 후 어머니로부터 전화가 왔고 본인도 '나 전달법'을 배웠지만 정작 필요한 상황에서는 쓰지 않고 그동안 우석이의 잘못만 야단치고 비난한 것을 반성한다고 하셨다. 나는 어머니의 깨달음과 노력 의지를 지지하고 자녀에게 중요한 자율성에 대해 안내했다. 그리고 앞으로 어머니의 개입이 우석이의 자율성을 인정하고 높여주는 훈육이 되도록 하며 우석이에 대한 지속적인 격려를 부탁드렸다.

무기력한 아이

지영이와 처음 만나는 날. 지영이는 우석이의 권유로 얼떨결에 상담실에 오게 되었고 멍하니 나를 쳐다보며 무슨 이야기를 해야 할지 고민하는 눈치였다.

상담교사: 지영아! 그때 쉬는 시간에 '인생이 뭐 다 그렇지'라고 말한 거 기억해? 지영이의 인생은 어떤 거 같아?

지영이: 음…. 저는 원래 제 인생은 없다고 생각하는데요. 별로 할 얘기가 없어요.

상담교사: 그럼 지영이가 지금까지 살아온 인생에서 느꼈던 혹은 느끼고 있는 것을 감정카드에서 뽑아볼까?

지영이: (감정카드를 뽑으며) '지루한', '귀찮은', '피곤한', '멍한'이요. '지루한'은 학교랑 학원 갔다가 집에서 숙제하는 게 매일 똑같으니까요. '귀찮은'은 가라는 학원에 가고 옷 입으란 거 입으면 되긴 하는데 사실 모든 게 귀찮아요. 왜 해야 하나 싶고…. '피곤한'은 그냥 엄마가 시키는 대로만 하면 되지만 그게 너무 많아서요. '멍한'은 저는 학교에서든 학원에서든 계속 멍 때려요. 공부하는 척 연필만 들고 있으면 되거든요.

지영이는 '인생은 다 그런가 보다, 내 인생은 없다'고 생각하며 엄마의 말에 '왜 해야 해요? 안 하면 안 돼요?'라는 식으로 반응한 적 없이 그대로 줄곧 따르고 있었다. 지영이의 이런 태도로 인해 엄마와 부딪히진 않았지만 스스로 하려는 의지가 전혀 없었다. 어느 날은 지영이가 수업 시간에 집중을 못한다고 담임교사가 어머니와 통화한 적이 있었는데 이때 엄마는 지영이에게 "학교와 학원에서 빈껍데기처럼 있을 거면 다 그만둬!"하고 소리쳤다. 당시 지영이는 마음속으로 '어차피 엄마 마음대로 할 거면서. 그냥 엄마 마음대로 하세요.'라고 생각했으며 엄마와 말하기도 싫었다. 자포자기한 지영이는 누구와도 갈등을 만들고 싶지 않았고 또 갈등이 있더라도 해결할 의욕이 없었으며 부디 그 순간만 잘 지나가길 바랄 뿐이었다. 이런 지영이에게는 자발적인 동기와 의지를 가지고 무언가 해보는 성취경험이 반드시 필요했다. 나는 어떤 일이나 행동을 일으키게 하는 힘인 동기를 가질 수 있도록 지영이가 좋아하고 원하는 것을 찾아 해보는 마음수업을 진행했다.

나는 점진적으로 접근하기 위해 우선 지영이가 좋아하는 색을 찾아보았다. 그 색은 노란색이었는데 지영이는 좋아하는 색을 찾는 단순한 작업도 시간이 오래 걸렸다. 지영이는 매일 엄마가 정해준 옷을 입었는데 어쩌다 가끔 자기가 선택해서 입게 되는 날이면 몹시 당황하고 난감해했다. 뭔가를 스스로 선택한다는 것이 지영이에게는 어색하고 익숙하지 않았기 때문이다. 나는 지영이에게 좋아하는 색 찾기 처럼 아주 소소한 부분부터 자신이 무엇을 좋아하는지 찾게 했고 다음 주에는 원하는 옷을 직접 골라 입고 상담실에 올 수 있도록 격려했다.

다음으로 지영이가 친하게 지내고 싶은 친구에 대해 알아보았다. 엄마는 같은 반 주희와 친하게 지내라고 했지만 정작 지영이는 주희와 성격이 너무 달라 가깝게 지내지 못했다. 반에서 지영이는 친구 없이 혼자 보내는 시간이 많았기 때문에 나는 친해지고 싶은 친구를 함께 탐색했고 그 결과 유경이와 가까워지고 싶은 마음을 알게 되었다. 지영이는 유경이와의 공통점으로 그림 그리기를 좋아한다고 말했고 나는 그 친구에게 다가가 같이 그림 그리자는 제안을 한번 해보도록 응원했다.

한편 지영이는 집에서 문제집을 풀면서 엄마 몰래 답지를 보고 답을 베껴 쓰고 있었다. 특히 수학을 그렇게 했는데 그러다 보니 많은 문제집을 풀었어도 수학에 자신이 없고 성적도 좋지 않았다. 나는 이와 관련하여 문제집 풀기도 스스로 조절하여 자신이 할 수 있는 만큼 하면서 뿌듯함과 성취감을 느낄 수 있도록 했다. 이에 지영이는 하루에 3장씩 풀이과정을 쓰면서 해보겠다고 약속했고 나는 크게 칭찬했다. 그렇게 지영이는 무기력감에서 조금씩 벗어나 자신이 좋아하는 것, 친하게 지내고 싶은 친구, 풀 수 있는 문제의 양을 직접 정해보면서 삶의 주체성을 찾아갔다.

나는 지영이가 가진 문제 해결을 위해 어머니 상담도 필요하다 생각했고 지영이에게 동의를 구해 전화상담을 실시했다. 어머니는 지영이가 상담실에 다녀갔다는 말을 듣고 잠깐 놀라신 듯했지만 지영이가 워낙 속마음을 얘기하지 않아 늘 궁금하고 걱정이 됐다고 하셨다. 나는 지금까지의 상담에서 보인 지영이의 노력과 변화에 대해 안내했고 어머니는 지영이와 대화하여 학원이나 공부 양을 조절하면서 이제부터 혼자 할 수 있는 일은 믿고 맡기겠다고 말씀하셨다. 이와 같이 초등학교 상담에서는 부모와의 협력이 무척 중요한데 지영이의 어머니처럼 마음을 열고 아이를 위해 함께 애쓴다면 상담의 결과도 좋을 뿐 아니라 상담교사인 나도 큰 힘을 얻을 수 있다.

12
부모님의 잔소리가 지겨워요

이유 있는 잔소리

아침 내내 엄마에게 잔소리를 들어서 속상하다며 5학년 유담이가 점심시간에 상담실을 찾았다. 우울하게 하루를 시작한 것이 안쓰러워 유담이에게 위로를 전하고 나니 엄마의 잔소리 내용이 궁금해졌다.

"아침에 밥을 깨작깨작 먹는다고 엄마가 뭐라 했어요. 피곤해서 입맛이 없다고 하니까 진작 엄마 말대로 밤에 휴대폰 보지 말고 일찍 잤어야 했다고 하시잖아요."

늦은 시간까지 휴대폰을 붙들고 있는 유담이의 모습이 눈앞에 그려지며 그 뒤로 이글이글 타오르는 엄마의 눈빛이 생생히 보이는 것 같았다.

"겨우 다 먹고 집을 나서려는데 필통을 깜빡했지 뭐예요.

부랴부랴 가방에 다시 챙기는 모습을 엄마가 보더니 어젯밤에 휴대폰 그만하고 미리 준비물을 챙겼어야 했다고 또 다시 잔소리하는 거예요. (한숨 쉬며) 하아…. 우리 엄마는 매일 똑같은 잔소리를 반복해서 진짜 지겨워요."

이야기를 듣던 중에 '아이고, 유담아! 너무 늦은 시간까지 휴대폰을 안 했으면 더 좋았을 텐데….'라고 말해주고 싶은 충동이 불쑥 들었다. 나도 교사이자 두 아이의 엄마인지라 유담이를 꾸짖은 엄마의 마음이 어떤지 알 것 같았다. 하지만 엄마의 꾸지람으로 이미 괴로운데 나의 잔소리까지 얹어줄 수 없어 일단 유담이의 마음을 토닥이는 데 집중했다. 한참 이야기를 나눈 뒤 기분이 좀 풀린 유담이가 "선생님! 내일 아침엔 엄마 잔소리를 안 듣고 싶은데 어떻게 해야 돼요?"라고 질문했다.

사실 대부분의 잔소리는 아이의 잘못된 행동을 바로잡기 위해, 주의를 주기 위해, 마땅히 배워야 할 것을 가르치기 위해 부모가 되풀이하는 말들이다. 그러나 아이는 잔소리에 담긴 부모님의 바람은 모른 채 바뀌는 점 하나 없이 고달파만 한다. 내가 어쩌다 잔소리를 듣게 됐는지 생각하지 않고 오히려 야단을 맞아 부모님께 서운함과 원망스러움을 갖기도 한다. 이렇게 되길 바라지 않는다면 앞으로 부모님은 아이에게 고통스러울 잔소리를 멈춰야 하며 아이는 스스로 부모님의 잔소리를 덜 듣는 방법을 배워야 한다.

부모님의 잔소리가 짧아지는 마법의 주문

'수리수리 마수리! 부모님의 잔소리가 짧아져라! 얍!'

만약 이런 마법의 주문이 있다면 아이들은 서로 앞다투어 외치고 싶어 하지 않을까? 부모님의 잔소리가 짧아지는 마법의 주문을 배우면 그동안 몰라서 답답했던 잔소리의 이유와 나의 잘못을 알게 된다. 또한 문제행동을 바람직한 행동으로 바꾸고 부모님의 격려와 지지를 얻을 수 있으며 마침내 잔소리 문제를 해결하는 열쇠는 나 자신에게 있다는 것을 깨닫는다.

본격적으로 마법의 주문을 외우기 전에 함께 할 세 가지의 활동이 있다.

첫째, 부모님께 잔소리를 들었던 경험을 떠올려보고 내가 주로 듣는 잔소리는 무엇인지, 가장 기억에 남는 잔소리는 어떤 것인지 적어본다. 아이들이 자주 언급하는 잔소리는 다음과 같다.

-형, 누나, 동생과 싸우지 마라.

-유튜브랑 게임 그만해라.

-바른 자세로 앉아야지.

-물건 잘 챙기고 다 쓰면 제자리에 둬라.

-일찍 자고 일찍 일어나야지.

둘째, 부모님이 잔소리를 하는 이유가 무엇인지 이야기해 본다. 잔소리의 이유를 제대로 알고 있는 아이도 있지만 어떤 아이는 '엄마가 나를 미워해서', '아빠는 나를 괴롭히려고' 잔소리하는 것 같다며 부모님의 마음을 오해하기도 한다. 그럴 때는 먼저 그렇게 느낀 아이의 마음에 충분히 공감한 다음 잔소리의 진짜 이유를 알려주는 것이 좋다.

셋째, 내가 적었던 부모님의 잔소리를 보면서 그 안에 꼭꼭 숨어 있는 나의 잘못을 찾고 인정하는 시간을 갖는다. 자신의 잘못을 받아들이는 것은 결코 쉽지 않으며 두려움과 긴장감, 죄책감 등을 느낄 수 있다. 그러나 나의 잘못을 인정할 때 정직성을 배우고 나에 대한 부모님의 신뢰를 얻을 수 있다.

세 개의 활동 후 부모님의 잔소리가 짧아지는 마법의 주문을 배우고 말해본다. 마법의 주문은 세 가지 순서로 되어 있다. 첫째, 잘못에 대한 인정과 사과를 한다("부모님의 말씀을 듣고 보니 제가 이런저런 잘못을 했다는 걸 알게 되었어요. 죄송합니다."). 둘째, 다음의 비슷한 상황에서 잘못을 반복하지 않도록 대체할 수 있는 바람직한 행동에 대해 묻고 배운다("저의 잘못을 고치고 싶은데 다음에는 어떻게 하면 좋을까요? 어떻게 할지 알려주시면 잘 배우고 노력하겠습니다."). 셋째, 반복되는 잘못을 고치겠다는 앞으로의 다짐과 약속을 말한 후에 부모님의 지지와 격려를 받으며 마무리한다("부모님 말씀대로 다음에는 이렇게 저렇게 하도록 하겠습니다. 응원해 주세요.").

마음수업을 통해 마법의 주문을 배운 유담이가 며칠 뒤, 그 효과를 톡톡히 봤다며 신이 나서 상담실에 찾아왔다.

“선생님! 부모님 잔소리가 짧아지는 마법의 주문이 진짜 효과가 있었어요! 제가 어젯밤에 휴대폰 게임을 계속하고 있었거든요. 그랬더니 엄마가 또 잔소리를 시작하는 거예요. 짜증이 났지만 그때 번뜩 마법의 주문이 생각나서 늦은 시간까지 휴대폰 게임한 것은 잘못했다고 말했어요. 우와! 그랬더니 신기하게 엄마가 깜짝 놀란 표정을 지으면서 잔소리를 멈추시더라고요. 그다음엔 제 잘못을 고치고 싶은데 어떻게 하면 좋겠냐고 물어보니 엄마가 정해진 시간까지만 휴대폰을 하라고 했어요. 그래서 알겠다고 약속하고 며칠 동안 엄마의 말씀대로 하려고 노력했더니 더이상 똑같은 잔소리는 안 듣게 됐어요. 이제야 좀 살 것 같아요!”

마법의 주문을 반복해 사용하다 보면 유담이는 잔소리가 줄어든 이유가 단순히 주문 때문은 아니라는 것을 깨닫게 되지 않을까? 더 이상 엄마에게 잔소리를 듣지 않겠다는 결심으로 자신의 잘못을 용기 있게 인정하고 문제행동을 바르게 고쳐보려는 유담이의 노력이 잔소리를 줄였다. 결국 문제를 해결하는 열쇠는 나 자신에게 있다. 부모님의 잔소리 때문에 괴로운 아이가 있다면 잔소리를 참고 견디기만 하지 말고 그 속에 담긴 문제를 스스로 고민하고 해결해서 더 나은 모습으로 성장할 수 있길 바란다.

episode 08

떡볶이와 김밥 국물?

○

쉬는 시간, 한 아이가 나에게 조잘조잘 자기 이야기를 하고 있었다.

"선생님. 저 오늘 수업 끝나고 친구들이랑 학교 앞 꼬마 분식집에 가요. 생각만 해도 너무 좋아요. 떡볶이랑 김밥이 '국룰'인 건 아시죠?"

나는 아이의 기대감을 수용하며 이렇게 말했다.

"우와! 좋겠다. 당연히 떡볶이와 김밥 그리고 어묵 국물의 조합이 최고지."

그런데 내 말을 들은 아이의 눈이 동그래져서는 갑자기 어묵 국물 이야기가 왜 나오는지를 물었다. 나는 순간 '어? 국물이 아닌가?'라고 생각하며 당황했고 그 표정을 읽은 아이가 웃음을 터뜨리며 나에게 설명했다.

"선생님. '국룰'은 국물이 아니고요. 누구나 인정할 수 있는 내용일 때 사용해요. '다이어트는 내일부터'라는 말 아시죠? 그걸 '다이어트는 내일부터 하는 게 국룰이지.'라고 표현하기도 해요. '치킨엔 콜라가 국룰' 이렇게 말하는 거예요."

나는 아이의 친절한 설명이 고마운 한편 내가 나이가 들어 신조어에 뒤처지고 있다는 사실이 슬펐다. 그런 나를 위로하며 아이는 이렇게 얘기했다.

"선생님. 괜찮아요. 엄마 아빠는 제가 그런 말을 쓰면 이상하다고 혼내기만 하시는데 선생님은 궁금해하시잖아요. 모르는 건 잘못이 아니에요."

나는 초등학생들의 언어가 무조건 잘못됐다고 생각하지 않는다. 누군가를 비하하거나 기분을 상하게 하는 건 안 되지만 상황에 따라 적당히 재밌게 사용하는 건 초등학생들만의 고유한 언어문화라 생각하기 때문이다. 그리고 나는 아이들의 언어를 알게 되면서 한층 더 젊어진 기분까지 덤으로 얻고 있다.

13

110번 말해주세요

같은 잘못을 반복하는 아이

"상담 선생님. 저희 반에 영범이가 있는데요. 툭하면 화내고 그럴 때마다 자꾸 친구들을 밀쳐요. 제가 학기 초부터 지금까지 그러지 말라고 백 번은 말한 것 같은데 소용이 없네요."

4학년 담임교사는 나에게 영범이에 대한 이야기를 들려주었다. 며칠 전 체육시간에 피구를 하던 중이었는데 한 아이가 자신의 얼굴을 향해 날아오는 공을 피하려다 옆에 있던 영범이와 부딪혔다. 아이는 미안하다며 곧바로 사과했지만 영범이는 화를 내며 그 아이를 뒤로 확 밀쳤다. 이를 본 담임교사가 영범이에게 다가가 친구의 사과를 듣고도 왜 그랬는지 물었고 영범이는 "얘가 저를 아프게 해서 화가 났어요."라고 답했다. 담임교사는 친구와 부딪혀서 아픈 건 이해하지만 우연한 사고였고 바로 사과했는데도 화를 내며 친구를 밀친 것은 잘못된 행동이라 말했다. 그러자 영범이는 "얘가 저를 아프게 해서 화가 났었다니까요!"라며 자신의 의견을 굽히지 않았고 이후에도 비슷한 상황이 있을 때마다 친구를 밀치는 행동을 계속 반복했다.

담임교사의 의뢰로 상담실에서 영범이를 처음 만나는 날, 영범이가 먼저 자기는 원래부터 문제가 많은 아이였다며 대수롭지 않은 듯 말했다. '과연 그런 아이가 있을까? 얼마나 많은 지적을 받아온 걸까?' 나는 영범이가 지금껏 받아왔을 부정적인 피드백을 머릿속에 상상하며 왠지 모르게 마음이 아팠다. 어쩌면 그동안 영범이가 듣고 싶었을지 모를 "너는 그렇지 않아. 원래부터 문제가 많은 아이는 없어."라고 말하며 고민이나 어려움이 있다면 앞으로 차근차근 함께 풀어보자고 했다. 영범이는 고개를 끄덕였고 우리는 화가 날 때 친구를 밀지 않겠다고 약속하며 첫 상담을 마쳤다.

이틀 후 영범이의 담임교사가 급히 상담실로 찾아와 아침 체육시간에 영범이가 친구를 또 밀어 넘어트렸다고 했다. '불과 이틀 전에 친구를 밀지 않겠다고 약속했는데 벌써 어겼다고?' 한 번의 상담으로 아이가 달라질 거라 기대하지 않았지만 이렇게 빨리 문제행동을 다시 할 거라곤 나도 미처 예상하지 못했다. 담임교사의 설명에 따르면 피구 경기

중에 영범이가 공을 잡았는데 재빨리 공격하지 않고 가만히 서 있었다. 같은 편 아이가 이 모습을 보고 "영범아! 파울 당하지 않게 어서 공을 던져!"라고 외쳤는데 갑자기 영범이가 손에 있던 공을 바닥에 확 내던지며 그 아이를 세게 밀었다고 한다. 지금까지 영범이를 부드럽게 타일러 왔던 담임교사는 더이상 안 되겠다 싶어 결국 무섭게 혼을 내고 말았다. 그러나 영범이는 반성도 없이 오히려 억울하다며 울음을 터트렸고 담임교사는 아무리 주의를 줘도 같은 문제를 일으키는 영범이를 어떻게 지도할지 몹시 난감해했다. 나는 화를 공격적으로 표현하는 영범이를 그대로 두었다간 자칫 크게 다치는 아이가 생길지도 모른다는 걱정에 바로 두 번째 상담을 진행했다.

두 번째 상담을 시작하며 체육시간에 있었던 일에 대해 영범이의 입장과 생각을 이야기하도록 했다. 영범이는 친구가 먼저 자신을 화나게 했는데 선생님이 친구는 혼내지 않고 자기만 혼내서 억울하다고 했다. 영범이가 화가 났던 이유는 친구가 무시하면서 공을 빨리 던지라고 소리쳤기 때문이었다. 그런데 영범이가 친구에게 화난 점이 어딘가 이상하게 느껴졌다. 순조로운 경기 진행을 위해 친구는 공을 던지라고 말한 것뿐인데 영범이는 친구가 자신을 무시했다고 받아들였다. 영범이는 친구의 어떤 말에 무시당했다고 느낀 걸까? 실제로 친구는 영범이에게 피구를 못한다고 말한 것도 아니고 말하는 태도에도 별문제가 없었다. 그 순간 내 머릿속에 '왜곡'이라는 단어가 불현듯 떠올랐다.

왜곡은 사실을 있는 그대로 판단하거나 이해하지 않고 자기만의 방식으로 해석하거나 다른 사람과 다르게 느끼고 경험하는 것을 의미한다. 나는 영범이가 친구의 말을 왜곡했을 수 있다고 말하며 피구의 규칙과 더불어 빨리 공을 던져야 했던 이유를 설명했다. 하지만 영범이는 계속해서 친구가 나에게 공을 빨리 던지라고 말한 게 잘못이라고 주장했다. 나는 여러 차례 다시 설명했지만 영범이는 끝까지 친구의 입장과 상황을 이해하지 못했다. 두 번째 상담을 끝낸 후 '내가 이해하기 어렵게 설명했나?', '나의 설명에 거부감이 들었나?'라는 생각으로 나는 머리가 복잡해졌다. 한편 뭔지 모를 미심쩍은 느낌도 들어 일단 영범이를 좀더 탐색하며 지켜보기로 했다.

천천히 배우고 천천히 자라는 아이

담임교사에게 현재까지의 상담과정과 상담소견을 전하며 영범이가 교실에서는 어떻게 지내는지 질문했다. 담임교사는 영범이가 수업 시간에 자주 멍하니 있고 주의집중에 어려움이 있으며 조금이라도 복잡한 과제는 처음부터 아예 시작도 하지 않는다고 했다. 영범이는 과목마다 새로운 개념을 배울 때 거부감이 컸고 또래에 비해 습득 속도가 느리며 학업성취 수준도 매우 낮았다. 그리고 영범이는 상황에 맞지 않는 엉뚱한 말과 행동으로 친구들에게 환영받지 못했다. 담임교사의 말을 듣고 내가 영범이에게 가졌던 물음표가 느낌표로 바뀌면서 정신이 번쩍 들었다. 여러 가지 정보를 종합해보았을 때 영범이는 경계선 지능이 의심되는 아이였다. 경계선 지적 기능(Borderline Intellectual Functioning: BIF)은 표준화 지능검사 상 IQ 71~84 사이에 속하며 적응능력 일부에 손상이 있지만 그 정도가 IQ 70 이하의 지적장애에서 보이는 것처럼 심하지 않은 수준이다.

최근 '느린 학습자(slow learner)'라는 용어를 종종 접할 수 있는데 좁은 의미는 경계선 지능의 범주에 해당하는 사람이며 넓은 의미는 또래 혹은 가지고 있는 지능에 비해 문해 및 학습에 어려움을 겪는 사람 전체를 뜻한다. 이런 경계선 지능에 해당하는 아이를 교육 분야에서는 '학습부진아'로 분류하기도 한다. 느린 학습자를 진단하는 가장 대표적인 방법은 지능검사이나 학교현장에서는 검사자격 유무 및 검사도구 구비 그리고 검사시간 확보 등의 문제로 실시하는 데 어려움이 있다. 특히 지능검사에 대한 편견으로 기피하는 보호자도 있어 검사 실시를 위한 동의조차 구하기 힘들 때가 있다. 이에 한국교육과정평가원에서는 느린 학습자 선별을 위한 체크리스트를 개발하였고 담임교사의 협조를 얻어 실시한 결과 영범이는 느린 학습자로 확인됐다.

느린 학습자는 사회적 상황이나 정보를 알아차리고 이해하는 능력이 부족하며 다른 사람의 마음을 생각하거나 배려하는 친사회적 행동도 서툴다. 결국 영범이가 친구의 말이나 행동을 왜곡해서 받아들인 이유도 여기에 있었다. 이제부터 느린 학습자인 영범이의 특성을 감안하여 화가 났을 때 친구를 밀지 않고 다르게 표현하기를 목표로 한 마음수업이 필요했다. 나는 느린 학습자를 위한 마음수업을 구상하면서 다음 네 가지를 특별히 신경 썼다.

첫째, 개념적이거나 추상적인 사고를 어려워하는 느린 학습자를 고려하여 마음수업에서 배워야 할 내용은 눈에 보이거나 귀로 들리는 매체와 같이 제시한다. 둘째, 역할극을 통해 습득해야 할 내용을 쉽고 자세하게 가르친다. 셋째, 마음수업에서 배운 내용을 기억하고 실제 적용할 수 있도록 충분히 반복해서 연습한다. 넷째, 마음수업의 효과가 천천히 나타날 수 있음을 아이뿐 아니라 보호자와 담임교사도 함께 이해하도록 하여 변화를 재촉하거나 결과에 실망하지 않도록 한다.

나는 어떻게 해야 할까?

첫 번째 마음수업은 '친구와 갈등이 생겼을 때 나는 어떻게 해야 할까?'를 주제로 역할극을 실시했다. 나는 영범이가 피구 경기 상황을 현실에 가깝게 떠올릴 수 있도록 학교 체육관 내부의 사진을 찍어 배경을 만들고 역할극에 사용할 인형을 준비했다. 친구의 역할은 내가 맡고 영범이는 본인이 직접 하는 걸로 정한 뒤 함께 역할극을 시작했다.

상담교사: 아이쿠! 영범아. 미안해. 공을 피하다가 실수로 부딪혔어. 이렇게 친구가 말하면 영범이는 어떻게 해야 할까?

영범이: 글쎄요. 저는 몸이 부딪히는 게 싫은데요. 아프기도 하고…. 그래서 화날 거 같고…. 잘 모르겠어요.

상담교사: 친구가 실수를 인정하고 사과하면 영범이는 우선 화내지 말고 친구의 사과를 받아줘야 해.

영범이: 왜요? 저를 아프게 했으니까 화내도 되지 않아요?

상담교사: 물론 날 아프게 한 친구에게 화가 날 수 있지. 그렇지만 친구가 일부러 그런 게 아니라면 친구의 사과를 받아주고 실수를 이해해야 좋은 친구관계를 만들 수 있어.

나는 영범이의 마음을 수용하면서 무조건 화를 내기보다 친구의 사과를 받아주며 실수를 이해할 필요도 있다고 말해주었다. 그리고 이와 같은 상황에서 친구에게 표현하면 좋을 세 가지의 말을 알려줬다. 첫째로 '괜찮아. 피구 하다 보면 그럴 수도 있지', 둘째로 '알았어. 그런데 다음에는 조심해줘', 셋째로 '사과해줘서 고마워. 너는 다치지 않았어?'이다. 우리는 새롭게 배운 세 가지의 말로 표현하면서 다시 역할극을 진행했고 서로의 역할을 바꿔보며 반복 연습했다.

두 번째 마음수업은 '화가 났을 때 나는 어떻게 해야 할까?'를 주제로 역할극을 실시했다. 첫 번째 마음수업과 같은 배경으로 이번에는 친구가 영범이에게 공을 빨리 던지라고 외쳤던 상황을 제시했다.

> 상담교사: 이전에 피구를 하다가 친구가 영범이에게 공을 빨리 던지라고 외쳤던 거 기억나?
>
> 영범이: 네. 친구가 저를 무시하는 것 같아서 화가 났었어요.
>
> 상담교사: 맞아. 영범이가 화가 나서 친구를 밀었지. 화나는 감정이 잘못된 건 아니지만 어떻게 표현하느냐에 따라 문제가 될 수 있어. 화가 난다고 해서 밀어버리면 친구가 다칠 수도 있기 때문에 그런 행동은 하지 말아야 해. 대신 화가 날 때 어떻게 하면 좋을지 세 가지 방법을 알려줄게.

나는 영범이에게 앞으로 화가 날 때 어떻게 하면 좋을지에 대해 알려주었다. 첫째, 친구에게 '네가 공을 빨리 던지라고 말해서 나는 지금 기분이 좀 상했어'라고 말하기. 둘째, 심호흡을 하며 숫자 1부터 10까지 세면서 화를 가라앉히기. 셋째, 선생님에게 사정을 말씀드리고 그 자리를 잠시 벗어나기이다. 우리는 인형으로 역할극을 하며 세 가지의 방법을 모두 반복하여 연습했다. 역할극이 끝나자 영범이는 인형을 가리키며 "영범이가 화가 났지만 친구를 밀지 않아서 정말 다행이에요."라고 말했다. 나는 영범이의 긍정적인 변화가 반가웠고 연습한대로 한다면 실제로도 친구를 밀지 않고 화를 잘 표현하거나 조절하게 될 것이라고 격려했다.

사실 영범이가 나의 바람처럼 매번 마음수업에서 배운대로 실천한 건 아니다. 화를 말로 표현하거나 조절하려 하다가도 어느 순간 다시 친구를 밀치기도 했다. 그러나 분명한 건 예전과 달리 영범이가 친구를 밀치는 횟수가 줄어들었고 담임교사나 친구에게 긍정적인 피드백을 조금씩 받기 시작했다는 것이다. 몇 번의 성공경험으로 노력하고자 하는 마음이 커진 영범이가 어느 날 "선생님! 저 마음수업에서 배우는 표현들을 녹음해도 되나요? 자주 듣고 따라하면서 계속 연습하려고요."라고 말했다. 나는 영범이의 부탁을 흔쾌히 수락했고 기특한 마음에 100번을 넘어 110번이 되더라도 얼마든지 더 알려줄 수 있다고 생각했다. 영범이의 느린 속도만큼 나도 천천히 가면 된다는 여유를 가지고 말이다. 비록 영범이의 변화나 성장이 눈에 확연히 보이지는 않겠지만 아주 조금씩 매일 자라고 있다는 믿음으로 나는 앞으로도 계속 아이와 함께할 것이다.

14
엄마 아빠는 반품이 안 되나요?

내 마음을 알아주는 엄마 아빠로 바꾸기

"하아……."

2학년 동준이가 상담실 바닥이 내려앉을 만큼 큰 한숨을 내쉬었다. '어라? 항상 웃고 즐거웠던 동준이가 무슨 일이지?' 예상치 못한 아이의 한숨에 나까지 맥이 빠지는 듯했다.

> 상담교사: 동준아. 무슨 일인데 그렇게 한숨을 쉬어?
>
> 동준이: 선생님. 엄마와 아빠는 반품이 안 되나요?
>
> 상담교사: 으잉? 부모님을 반품하고 싶다고?

생각지도 못한 말에 깜짝 놀랐다. '부모님이 물건도 아닌데 반품이 되나?'라고 생각했지만 '반품'이라는 단어 덕분에 한숨의 뜻을 바로 알 수 있었다. 지금 동준이는 엄마와 아빠를 바꾸고 싶을 만큼 불만이 큰 것이다. 나는 어떤 불만인지 궁금했다.

동준이: 제 방에서 종이접기를 하고 있었는데 동생이 같이 축구하자고 떼를 부렸어요. 싫다고 했는데…. 엄마가 종이접기 그만하고 동생이랑 놀아주라고 해서 억울했어요.

상담교사: 저런! 종이접기 하던 걸 동생이 방해했구나. 게다가 엄마는 동생 편만 들어주셨네.

동준이: 네. 저도 혼자만의 시간이 필요한데….

2학년 남자아이의 '혼자만의 시간'을 상상하자니 나도 모르게 미소가 지어졌다. 그러나 동준이는 그 미소를 보지 못한 채 아빠 이야기를 이어서 했다.

동준이: 동생이랑 같이 놀기 싫다고 엄마한테 짜증을 부리다가 아빠한테 혼났어요. 저 그때 엄청 속상했어요. 아빠는 맨날 저만 혼내는 것 같아요.

상담교사: 동준이가 아빠에게 혼나서 속상했구나. 엄마와 아빠를 반품하고 싶다는 건 그만큼 속상한 마음이 큰 거겠지?

동준이: (고개를 끄덕이며) 네. 지난번에 엄마가 옷이 마음에 안 들어서 반품한다고 전화하는 걸 들었거든요. 그래서 저

도 지금 엄마와 아빠를 반품하고 제 마음을 잘 알아주는 엄마와 아빠로 바꾸면 좋겠다고 생각했어요.

부모와 자녀 사이에는 즐겁고 행복한 일도 많지만 때때로 갈등도 발생한다. 그러나 부모와 자녀 사이의 갈등은 여타의 관계와 달리 '안 보면 그만'이라 여기며 쉽게 정리할 수가 없다. 불편한 감정 속에서도 마주해야 하는 관계이기에 갈등을 해결하는 데 오랜 시간이 걸리거나 오해가 발생하기도 한다. 때문에 부모와 자녀 사이의 갈등을 해결하기 위해서는 대화가 필요하다. 일방적으로 부모가 아이를 훈계하는 것이 아닌 아이의 입장을 존중하고 이해하는 대화를 통해 뒤엉킨 실타래를 조금씩 풀어가야 한다. 나는 상담교사로서 부모와 자녀의 갈등에 어떻게 접근할지 고민했고 아이가 자신의 마음을 부모님께 제대로 전달하는 것이 우선되어야 한다고 생각했다.

삐용삐용! 내 마음을 도와줘요! 1212(일이일이)!

'삐용삐용! 내 마음을 도와줘요! 1212(일이일이)!'라는 마음수업은 저학년의 눈높이에 맞춰 고안한 것이다. '삐용삐용'으로 부모와의 갈등에서 느낀 자신의 감정을 인지하고 그것을 '1212(일이일이)'의 방법을 통해 부모님에게 효과적으로 전달하도록 돕는다.

상담교사: 동준아. 지난번에 어떤 게 제일 억울하고 속상했어?

동준이: 동생이 제가 혼자 있는 걸 방해한 건데…. 엄마가 동생 편을 들어주는 게 억울했어요. 그리고 엄마한테 짜증냈다고 아빠한테 혼나서 속상했어요.

상담교사: 그랬구나. 동준이에게 억울하고 속상한 마음이 생겼으니 '삐용삐용!'하고 마음속으로 외쳐볼까? 마치 구급차가 사람을 구하러 갈 때 삐뽀삐뽀 사이렌을 울리는 것처럼 말이야. 그리고 구급차가 지나갈 때 다른 차들은 멈춰야 하지? 그것처럼 동준이의 마음도 잠시 멈춰보자. 기다리는 동안 하나부터 열까지 천천히 세어도 좋아.

1단계, 긴급 상황을 알리는 사이렌처럼 '삐용삐용!'을 외치며 나의 억울하고 속상한 감정을 알아차린다. 그리고 잠시 동안 멈춰서 나의 감정을 진정시킨다. 지난번 상황에서 동준이는 감정을 조절하지 못해 결국 짜증을 내고 말았다. 격양된 상태에서는 나의 생각과 감정을 다른 사람에게 차분히 전달할 수 없다.

2단계, 1212(일이일이)에 맞춰 부모님께 나의 생각과 감정을 전한다. 우리가 위급할 때 도움을 받기 위해 제일 먼저 떠올리는 번호는 112와 119이다. 이와 같이 '1212'는 내 마음이 비상사태일 때 도움을 받을 수 있는 번호이다. 1(일)단 부모님을 부른다. 2(이)번 일에 대해 있는 그대로의 사실을 말한다. 1(일)기장에 나의 솔직한 마음을 쓰는 것처럼 나의 마음을 이야기한다. 2(이)제부터 나의 바람을 말한다.

상담교사: 이제 1212(일이일이)의 방법을 배워볼게. 1(일)단 부모님을 불러 나를 보실 수 있도록 하자. 얼굴을 꼭 바라보며 말해야 해.

동준이: (상담교사를 바라보며) 엄마 아빠! 잠깐 제 얘기 좀 들어주세요. 이렇게요?

상담교사: 그래, 잘했어. 다음으로 2(이)번 일에 대해 말하는 거야. 사실을 있는 그대로 말해야 부모님의 오해를 풀 수 있단다.

동준이: 저는 혼자만의 시간을 보내고 있었어요. 조용한 곳에 잠깐 혼자 있으면 다시 힘도 나고 기분도 좋아지거든요. 그런데 동생이 같이 놀자며 그 시간을 방해했어요.

상담교사: 그다음은 1(일)기장에 솔직한 마음을 쓰는 것처럼 너의 마음을 이야기해 보는 거야.

동준이: 제 마음은 묻지도 않고 엄마가 동생 편만 들어서 억울했고 제가 짜증냈을 때 아빠에게 혼나서 속상했어요.

상담교사: 마지막으로 2(이)제부터 동준이가 부모님에게 원하는 것, 바람을 이야기하면 된단다.

동준이: 이제부터 제가 혼자 있을 때는 잠시 기다려주세요. 다시 힘이 나면 동생이랑 같이 잘 놀게요.

동준이는 마음수업에서 배운 대로 엄마와 아빠에게 자신의 마음을 전했다. 부모님은 동준이가 혼자만의 시간을 보내고 싶어 하는 줄 몰랐다며 앞으로는 그 시간을 방해하지 않겠다고 약속했다. 또 솔직한 마음을 표현한 동준이를 칭찬했고 동생도 형의 시간을 존중하며 잠시 기다리는 연습을 해보기로 했다. 동준이는 마음을 표현하기 위해 용기를 냈고 부모님은 아이를 이해하며 그 바람을 수용했다. 이렇게 서로 대화한다면 부모와 자녀 사이의 갈등은 언제든 지혜롭게 헤쳐 나갈 수 있을 거라 믿는다.

15

호적메이트가 원수 같아요

남매의 살벌한 전쟁

또래상담이란 학생들이 상담실에서 일정한 훈련을 받은 후 그 경험을 바탕으로 주변 다른 친구의 고민이나 문제 해결을 돕는 활동을 의미한다. 나는 5~6학년 학생 중 관심이 있고 어느 정도 자질을 보이는 아이들로 또래상담자를 뽑고 있다. 2022년에도 어김없이 또래상담자를 새로 모집하는데 소식을 들은 많은 아이들이 방과 후에 상담실로 찾아왔다. 그중 6학년 은비와 5학년 은찬이가 있었는데 둘은 서로의 얼굴을 본 순간 기겁하며 외쳤다.

은비: 뭐야? 네가 왜 여기 있어?

은찬: 누나야말로 여기 왜 왔어? 설마…. 또래상담자 지원하려

고? 누나 같은 사람이 다른 사람을 도와준다니 진짜 말도 안 된다.

은비: 와…. 어이가 없다. 선생님! 얘는 집에서 자기 하고 싶은 대로만 하는 완전 이기주의 끝판왕이에요. 이런 애가 또래 상담자 하면 절대 안 돼요.

은찬: 뭐? 누나는 걸핏하면 나 때리잖아. 선생님! 폭력적인 사람은 또래상담자가 될 수 없죠?

은비: (소리를 지르며) 야! 이은찬! 너 지금 말 다 했냐?

은비와 은찬이는 흔히 말하는 '호적메이트'이다. 호적메이트란 가족을 뜻하는 '호적'과 친구를 뜻하는 영어 'mate'가 합쳐진 합성어로 형제이지만 서로 친하지 않은 관계를 의미한다. 아이들은 또 다른 말로 남자 형제를 '엄마 아들', 여자 형제를 '엄마 딸'이라고 부르기도 한다. 친밀하고 끈끈한 형제도 분명 있겠지만 호적메이트나 엄마의 아들, 엄마의 딸이라는 말까지 생겨난 걸 보면 피를 나눈 가족이라도 남과 같은, 혹은 남보다 못한 사이가 될 수도 있는 것 같다.

나는 일단 내 눈앞에서 옥신각신하는 호적메이트들을 진정시키고자 자리에 앉도록 했다. 내 말에 따르면서도 은비와 은찬이는 계속해서 서로 으르렁거렸고 나는 함께 이야기를 해야 할 거 같아 주변 다른 아이들을 돌려보냈다. 갑자기 상담실이 조용해지자 은비와 은찬이는 눈치를 보며 말

다툼을 멈췄고 내 앞에서 싸운 게 민망했는지 죄송하다고 말하며 고개를 들지 못했다.

상담교사: 괜찮아. 남매끼리 다툴 수도 있지. 다만 선생님은 너희가 싸우는 모습을 보고 좀 걱정이 됐어. '저렇게 서로 비난하면 마음에 상처만 남을 텐데….' 하고 말이야.

은비: 저 사실 은찬이 말에 좀 상처받았어요. 제가 동생에게 짓궂게 굴긴 하지만 매번 그런 건 아닌데…. 동생이 혼자서 하기에 어려운 일을 제가 도와줬던 적도 많아요. 그런데 저를 완전 나쁜 사람인 것처럼 말하니까 너무 억울해요.

은찬: 저도 속상해요. 제가 누나한테 자주 까불대는 건 인정해요. 근데 그 이유가 뭔지 아세요? 누나는 제가 뭐만 했다 하면 엄마와 아빠한테 고자질을 해서 저 정말 많이 혼났어요. 그래서 누나만 보면 자꾸 약 올리고 싶어져요.

은비: 야! 그럼 네가 애초에 잘못을 안 하면 되잖아.

은찬: 누나도 잘못하는 거 엄청 많거든? 나도 어디 한번 다 일러봐?

은비와 은찬이는 얼굴을 붉히며 다시 싸우기 시작했다. 이대로 대화를 계속하다가는 남매간 2차 전쟁이 일어날 것 같아서 나는 둘 다 말을 잠시 멈추도록 했다. 그리고 은비와 은찬이가 서로 비난하거나 따지지 않고 자신의 마음을 올

바르게 표현할 수 있도록 마음수업을 진행했다.

원수 같은 관계에서 벗어나기

상담교사: 너희 둘 다 속상하고 억울한 마음이 크구나. 선생님은 은비와 은찬이의 이야기를 각각 자세히 들어보고 싶어. 그러기 위해서 우리가 함께 지킬 약속이 있는데 잘 지키지 않으면 서로 솔직한 마음을 나누지 못하게 될 거야.

은찬: 알겠어요. 지켜야 할 약속이 뭐예요?

상담교사: 이야기하는 사람의 말을 경청하는 거야. 혹시 오해가 있는 것 같아도 중간에 말을 끊지 않고 끝까지 잘 들어줘야 해. 오해를 바로잡고 싶으면 내가 말할 차례가 되었을 때 하면 돼. 둘 다 약속을 지켜줄 수 있을까?

은비: 네. 약속 지킬게요.

상담교사: 그래. 약속해줘서 고마워. 그럼 누가 먼저 이야기하면 좋을까?

남매의 갈등을 중재하는 마음수업의 첫 번째로 갈등상황을 확인하고 나와 상대방의 욕구를 탐색한다. 갈등이 생기면 대부분 시시비비를 가려서 상황을 정리하고자 하지만 나는 누가 피해자이고 가해자인지, 뭐가 옳고 그른지 구분하지 않았다. 지금과 같은 상황에서는 서로 피해자라고 우기거나 나만 옳다고 주장하면서 또 다른 갈등이 발생할 수 있기 때문이다. 자신의 문제행동에 대해 어쩔 수 없는 선택이었다며 합리화하거나 잘못을 인정하지 않고 회피하는 태도는 갈등 중재에 별 도움이 되지 않는다. 그러므로 우선 아이들이 실제로 무엇을 얻고 싶었고 어떤 일을 하고자 했는지 각자의 욕구를 제대로 파악해야 한다.

나는 아이들로부터 이번 다툼에 대해 각자의 입장을 상세히 듣게 됐다. 그 이야기를 통해 알게 된 은비의 욕구는 '또래상담자가 되어 다른 사람을 도와주고 싶다', '배려심이 많은 멋진 어린이로 주변 사람들에게 인정받고 싶다'였다. 은찬이의 욕구는 '내가 원하는 것을 자유롭게 선택하고 싶다', '그 선택을 누나와 부모님이 믿어주고 지지해주면 좋겠다'였다. 나는 아이들이 서로의 단점만 보면서 비난하는 행동을 멈추고 상대방의 바람을 알아채고 인정하도록 했다. 이를 통해 은비와 은찬이는 처음으로 서로의 마음을 알게 되었고 다툼이 오해에서 비롯된 것임을 인지했다. 그동안 상대방의 욕구나 바람은 알려고 하지 않은 채 무조건 업신여기고 깔봤던 자기 행동에 대해 반성하는 계기가 된 것이다.

마음수업의 두 번째로 갈등상황에서 느낀 감정을 알고 서로 공감한다. 아이들이 각자의 욕구를 알게 되었다면 다음으로 욕구의 좌절로 인해 생긴 감정이 무엇인지 느껴보도록 하는 것이다. 은비는 다른 사람을 돕고 싶은 마음이 있었고 실제로도 잘 도왔지만 동생은 그걸 부인했기 때문에 너무 억울했다. 은찬이는 또래상담자가 되길 원했고 자신의 선택을 인정받고 싶었으나 집에서의 일까지 들추며 비난하는 누나의 태도에 속상했다. 이런 욕구의 좌절로 발생하는 감정에 대해서는 섣불리 판단하거나 누구의 입장을 대변하여 설득하려 하지 말아야 한다.

'은비는 다른 사람을 잘 돕고 싶은데 그런 마음을 인정받지 못해 억울했구나.', '은찬이는 자신의 선택을 존중받고 싶었는데 오히려 무시당하니 속상했구나.'라며 감정에 공감해주는 것이 무엇보다 중요하다. 공감적인 표현은 상담교사가 시범을 보이고 아이들이 직접 상대방에게 말해보도록 하면 갈등중재에 보다 효과적이다. 한편 아이들은 남매사이인데 이런 부정적인 감정을 가지는 것이 나쁜 거 같다며 죄책감이 든다고 말했다. 나는 죄책감은 누구나 느낄 수 있는 자연스러운 감정이며 스스로 어떻게 다루고 표현하는지가 중요하다고 말해주었다.

마음수업의 세 번째로 우리의 욕구를 충족시킬 방법을 찾는다. 아이들은 더이상 '누나가 문제야!, 동생이 나빠!, 너 때문이야!, 네 잘못이야!'라는 비난의 말을 하지 않았다. 서로의 바람과 감정을 확인하고 나니 '우리의 문제를 어떻게 하면 좋을까? 우리의 바람을 이루기 위해 어떻게 할 수 있을까? 서로 어떻게 도울 수 있을까?'에 집중하게 된 것이다. 주변 사람들은 아랑곳하지 않고 싸우던 남매가 협력하는 모습을 보이니 그 변화가 더할 나위 없이 반가웠다. 은찬이는 누나의 바람을 위해 자신이 생각하는 '우리 누나가 또래상담자가 되어야 하는 이유' 열 가지를 나에게 말했다. 그리고 누나를 또래상담자로 뽑아달라는 부탁과 함께 또래상담자가 된 누나의 모습이 무척 기대된다고 말했다. 은비 역시 이제부터 은찬이의 선택을 존중하며 응원하기로 약속했다. 그리고 은찬이가 힘들어했던 자신의 고자질하는 태도도 함께 반성하며 앞으로는 누나로서 좀더 이해하겠다고 말했다. 은비는 필요하다면 부모님께 조언을 구해 은찬이와 대화하며 갈등을 해결하기로 했다.

형제, 자매, 남매 사이의 갈등은 평생 풀어야 할 숙제와 같다. 이들의 관계는 어찌 보면 삶의 동반자이면서 경쟁자이기 때문이다. 은비와 은찬이도 마음수업을 통해 하나의 숙제를 겨우 풀었지만 앞으로 또 다른, 그리고 더 어려운 숙제가 기다리고 있을지 모른다. 나는 아이들이 부모님이나 선생님께 무조건 의존하기보다 갈등을 해결하는 방법을 알고 스스로 노력해 보길 바란다. 갈등이 생길 때 내 입장만 내세우는 게 아니라 언니, 오빠, 누나, 형 혹은 동생의 욕구와 감정을 알고 해결할 방법을 함께 모색하다 보면 어느 순간 원수 같았던 호적메이트가 내 인생 최고의 동반자가 되어 있을 것이다.

유행에 민감한 엄마

초등학교 2학년인 딸과 함께 집 앞 편의점에서 음료수를 고르고 계산하려는데 출입문에 붙은 '포켓몬빵 입고 알림' 안내가 눈에 띄었다. 내가 어린 시절에 유행했던 캐릭터 빵이 요즘 다시 유행한다는 사실도 놀라웠지만 사람들이 그걸 치열하게 경쟁하여 산다는 것도 무척 신기했다. 안내문에 따르면 몇 달째 품절이었던 빵이 저녁 6시 30분경 편의점에 도착할 예정이었고 시계를 확인하니 1시간쯤 남아있었다.

'요새 포켓몬빵이 유행이라던데…. 기다렸다가 사갈까? 아무리 그래도 빵 하나를 사려고 1시간을 기다리는 건 너무하지 않나?'

나는 잠시 고민했지만 내 손을 잡고 있는 딸을 보자마자 빵을 꼭 사야겠다고 결심했다. 다른 애들은 다 먹어봤다는 빵을 우리 딸만 아직 못 먹었다는 사실이 나를 자극한 것이다. 나는 당연히 좋아할 거라 여기며 딸에게 기다리자고 제안했는데 의외로 딸은 시큰둥한 표정으로 별로 관심이 없다고 말했다. 유행에 민감하기보다 오히려 너무 둔감해 소위 '뒷북'이라는 말을 자주 들었던 나는 그런 딸에게 유행에 따를 필요도 있다며 설득하고는 스스로 멋쩍어 웃고 말았다. 하지만 나도 어쩔 수 없는 엄마인지라 다른 아이들이 경험하는 건 내 아이에게도 모두 해주고 싶은 마음이었다.

다음날 약속된 귀가 시간이 한참 지났기에 무슨 일이 있는지 걱정되어 딸에게 전화를 걸었다.

"엄마! 나 어제부터 포켓몬빵에 흥미가 생겨서 지금 편의점에서 기다리고 있어요."

'아뿔싸! 내가 괜한 욕심에 설레발을 쳤구나.'

그러나 되돌리기엔 이미 늦어버렸다. 그 후 나는 딸과 전쟁을 시작하게 되었다.

16

고자질 때문에 괴로워요

형제의 고자질 전쟁

4학년 재민이와 6학년 성민이 형제의 어머니로부터 전화가 왔다. 어머니는 요즘 들어 형제가 서로 경쟁하듯 자신에게 고자질을 해서 머리가 아프고 어떻게 할지 모르겠다고 토로했다.

"둘이 번갈아가며 어찌나 일러대는지 애들 고자질 듣느라 제가 아무것도 못하고 있어요. 막상 고자질 내용을 들어보면 특별한 거 없이 다 사소한 일이에요. 처음에는 저도 아이들 말을 들어보고 중재하려고도 했는데 다 그때뿐이고 바뀌는 게 없네요. 며칠 전에는 급기야 제가 화를 내기도 했고요. 도대체 어떻게 해야 할지 모르겠어서 상담 선생님의 도움을 받고자 이렇게 전화하게 되었어요."

어머니의 요청으로 나는 재민이와 성민이 형제를 만나게 되었다. 방과 후에 상담실로 찾아온 아이들은 "엄마가 오늘 수업 마치고 상담실로 가라고 해서 왔는데요."라고 말하며 어리둥절한 표정으로 나를 보았다. 나는 아이들이 상담실에 오게 된 이유를 설명하고 상담에 대해 안내하며 동의를 구했다. 아이들도 마침 상담을 받고 싶었다고 하면서 고자질과 관련된 일을 말하기 시작했다.

재민: 제가 엄마한테 형을 고자질한 건 맞아요. 고자질이 나쁘다는 것도 알고요. 그런데 형이 절 감시하는 것처럼 쫓아다니면서 잔소리를 하는데 저는 그게 정말 싫거든요. 그래서 엄마한테 형이 잔소리하면서 괴롭힌다고 일렀는데도 형은 계속해요. 아! 진짜 너무 싫어!

성민: 그럼, 네가 할 일을 똑바로 잘하던가. 네가 안 하니까 매번 내가 해야 하잖아.

재민: 내가 뭘 안 했는데? 형이 시키는 건 뭐든지 다 해야 해?

성민: 내가 시킨다고 해서 네가 하긴 하냐? 처음부터 내 말을 들었으면 엄마한테 고자질할 일도 없었을 거 아냐.

상담실에서 재민이와 성민이는 서로를 비난하며 다투기 시작했다. 나는 일단 아이들을 진정시키고 고자질에 대해 각자의 입장을 이야기하도록 했다. 지금 형제의 다툼도 결국 고자질에서 비롯된 것이기에 당장 눈앞에 보이는 문제보다 고자질에 좀더 초점을 맞출 필요가 있었다. 그래서 나는 아이들이 고자질하는 이유를 파악하고 함께 해결 방법을 모색하는 마음수업을 실시했다.

고자질하는 이유 알기

마음수업 첫 번째로 내가 고자질하는 이유를 알고 고자질의 문제를 파악한다. 형제 사이에 갈등은 충분히 일어날 수 있지만 그것을 부모나 다른 사람에게 말하는 고자질은 분명 제지될 행동이다. 고자질은 갈등을 해결하기 위한 방법으로 그다지 적합하지 않기에 아이들 스스로 문제를 알고 중단하도록 해야 한다. 나는 우선 각자의 사정과 상황에 따라 고자질을 하게 된 이유를 탐색했다.

상담교사: 형제끼리 다툼은 충분히 일어날 수 있어. 하지만 그렇다고 누구나 다 고자질을 하는 건 아니야. 재민이랑 성민이가 엄마한테 자꾸 이르는 이유에 대해 이야기해 보자. 먼저 성민이 이야기부터 들어볼까?

성민: 두 달 전부터 저희가 강아지를 기르게 되었어요. 그래서 강아지를 돌보는데 필요한 일을 의논하고 각자의 역할을 정했거든요. 저는 사료랑 물그릇을 챙기는 일을 맡았고 동

생은 간식을 주고 장난감을 정리하기로 했어요. 소변이나 배변 정리는 함께하기로 했고요.

상담교사: 강아지를 돌보려고 가족마다 할 일을 정했구나. 책임감을 가지고 자기가 맡은 역할을 잘해야겠네.

성민: 네. 그런데 재민이가 강아지 장난감 정리를 하나도 안 하는 거예요. 언젠가는 하겠지 하고 몇 번 제가 대신해줬는데 아예 신경을 안 쓰더라고요. 그래서 엄마한테 말씀드렸어요. 사실 동생이 제 말은 듣지 않으니까 엄마한테 좀 혼나서 정신을 차렸으면 좋겠다고 생각했거든요.

성민이는 동생 재민이가 맡은 역할을 제대로 해주길 바라는 마음과 기대가 있었다. 그러나 동생이 자신의 기대처럼 행동하지 않고 말도 듣지 않자 고자질을 통해 부모를 개입시켰고 부모가 가진 권위와 통제력으로 문제를 해결하고자 했다. 아이가 어떤 문제를 해결하기 위해 부모와 의논하는 것과 형제의 잘못을 직접 알려서 부모에게 혼내달라는 것은 명백히 다르다. 우선 그 행위의 주체도 전자는 아이 자신이지만 후자는 부모이며 책임도 전자는 아이 자신에게 있지만 후자는 부모에게 있다. 결국 고자질은 아이 스스로 해결해야 하는 문제를 부모에게 대신해달라고 전가하는 것이다. 나는 성민이가 고자질하는 이유를 수용하면서 문제를 인지할 수 있도록 설명했다. 고자질은 문제를 해결하기보다 더 악화시키며 동생과의 관계에서 신뢰감을 잃을 수 있다는 것을 알게 된 성민이는 이제부터 하지 않도록 노력하겠다는 의지를 보였다.

고자질의 유혹에서 벗어나기

마음수업 두 번째로 고자질로 인한 나의 감정을 알고 하지 말아야 하는 이유를 찾는다. 재민이는 자신이 엄마한테 고자질을 했을 때와 형에게 고자질을 당했을 때를 비교하며 엄청난 차이가 있다고 말했다. 재민이는 엄마에게 자신을 괴롭힌다고 일러서 형이 혼나면 고소하고 통쾌했다. 무섭기도 하고 함부로 할 수 없었던 형이 엄마에게 아무 말도 못하고 쩔쩔매는 모습을 보는 게 재민이는 재밌기도 했다. 또 그 순간에는 엄마가 형보다는 자기편을 들어주는 거 같아 우쭐한 마음도 들었다. 그러나 반대로 형이 고자질해서 엄마에게 꾸중을 듣자 재민이는 전혀 다른 감정을 느끼게 됐다. 내 잘못을 이른 형이 치사해 보였고 형 말만 듣고 자신을 혼내는 엄마가 너무 미웠다. 그리고 엄마와 형이 한통속같이 느껴져 재민이는 슬프고 외롭기도 했다. 이렇게 고자질을 했을 때와 당했을 때의 감정을 탐색하며 재민이는 형의 감정과 입장도 이해하게 됐다. 결론적으로 상대방의 입장에서 느낄 수 있는 부정적인 감정이 고자질을 하지 말아야 하는 가장 큰 이유가 되는 것이다.

마음수업 세 번째로 고자질을 줄이고 함께 노력할 방법을 생각한다. 재민이와 성민이는 고자질을 줄이기 위해 둘 사이에 문제가 생길 때 이전처럼 바로 고자질을 하는 대신 '우리가 이 문제를 해결할 수 있을까?', '어떤 방법으로 노력하면 좋을까?', '부모님에게 어려움을 알리고 같이 이야기하면 어떨까?' 등을 함께 생각하기로 했다. 부모가 형제 관계의 문제를 일방적으로 결정하고 통보하면 뭔가 쉽고 빠르게 끝나는 것처럼 보이지만 실제로는 그렇게 보일 뿐 해결되는 건 전혀 없다. 게다가 이것이 반복되면 아이들은 문제가 생길 때마다 부모를 찾게 되고 점차 독립성과 자율성을 잃게 될 뿐이다. 그렇기 때문에 아이들도 부모에게 무조건 의존하기보다 부모의 지혜와 조언을 구해 문제를 해결하도록 노력해야 한다. 나는 재민이와 성민이가 앞으로 자신의 문제에 책임감을 가지고 형제가 함께 협력하여 해결 방법을 찾도록 격려했다. 고자질의 달콤한 유혹에서 벗어나기 위해서는 '내가 어떻게 하면 좋을까?'를 앞서 생각하고 '누구에게 도움을 받을 수 있을까?'를 나중에 고민하는 자세를 갖도록 해야 한다.

17

나는 너무 못생겼어요

예뻐지고 싶은 마음

서로 뜻이 맞아 늘 함께 어울리는 5학년 미현이와 유라가 고민이 있다며 상담실에 찾아왔다.

상담교사: 우리 두 친구에게 어떤 고민이 있을까?

미현이: 실은…. 저희끼리 고민을 말해 봐도 해결이 안 돼서 선생님께 상담 받으러 왔어요. 그 고민이 뭐냐면요…. (순간 유라를 바라보며) 아! 나는 도저히 말을 못 꺼내겠다. 유라야! 네가 대신 얘기해주면 안 될까?

유라: 뭐? 아이참…. 알았어. (우물쭈물하며) 다른 게 아니라요. 저희가 요즘 외모에 관심이 많아졌어요. 그런데 서로 자기 얼굴이랑 몸매를 보면 볼수록 점점 더 마음에 안 들고….

(한숨을 쉬며) 사실 저희가 너무 못생긴 것 같아서 속상해요. 저는 제 코가 너무 낮아서 싫고 미현이는 자기 뚱뚱한 몸이 싫대요.

나는 이야기를 들으며 '누가 사이좋은 단짝 친구 아니랄까봐 고민도 똑 닮았네?'라고 생각했다. 마음에 들지 않는 부분은 각자 달랐지만 공통적으로 외모에 대한 고민을 가지고 있었기 때문이다. 그런데 문득 궁금해졌다. 평소에 두 아이 모두 자존감이 높은 편이었는데 언제부터 외모에 대한 고민이 생기기 시작한 걸까?

미현이: 저희 반에서 친구들에게 제일 인기 많은 효경이 아시죠? 효경이는 날씬하고 옷도 잘 입어요. 얼굴도 다람쥐같이 귀엽고 눈웃음도 엄청 예뻐요. 그런데 어느 날부터 효경이를 보면 자꾸 부럽고 제가 너무 초라하게 느껴졌어요. 효경이는 예뻐서 친구들이 좋아하는데 나는 뚱뚱하고 못생겨서 친구들이 싫어하면 어쩌지 하는 걱정도 들고요.

유라: 저는 제가 좋아하는 아이돌 그룹이 있는데요. 우리 오빠들이랑 제가 진짜로 만나게 되는 상상을 자주 해요. 그럴 때마다 제 얼굴이 여주인공처럼 예쁘면 얼마나 좋을까 생각해요. TV에 나오는 여자 연예인들 보면 전부 화려하고 예쁘잖아요. 그에 비하면 저는 너무 못생긴 것 같고…. 생

각할수록 속상해요.

미현이는 자기 반에서 인기 많은 친구의 외모를 의식하면서부터 고민이 생겼다. 사실 효경이는 다른 사람의 이야기를 잘 들어주는 다정다감한 성격 덕분에 친구들에게 인기가 많았다. 효경이의 진짜 인기 비결은 예쁜 외모가 아닌 좋은 성격이었던 것이다. 그러나 미현이는 효경이의 성격은 보지 못한 채 외모에만 집중했고 이로 인해 자신이 가지고 있는 여러 가지의 장점을 발견할 수 없었다.

유라는 TV 속 연예인의 외모와 자신을 비교하면서 고민이 시작되었다. 미디어에서 볼 수 있는 아름다움은 대부분 실제와 거리가 멀고 '완벽하게 만들어진'이미지임에도 불구하고 유라는 동경하는 마음을 가졌다. 사춘기의 자연스러운 발달과정 중에 있었던 유라는 여주인공처럼 돋보이면서 더욱 특별해지고 싶었던 것이다. 유라는 그 특별함을 자신의 외모에서 찾고자 했으나 이상과 다른 현실에 좌절했다. 같은 고민을 가진 미현이와 유라에게는 있는 그대로의 자기 모습을 존중하면서 동시에 더 멋진 나로 성장할 수 있도록 돕는 마음수업이 필요했다.

지금 있는 그대로의 나

마음수업의 첫 번째로 '나는 지금 얼마나 자랐을까?'에 대해 이야기한다. 준비물은 두 장의 종이와 필기구이다. 종이 한 장에는 1학년인 나의 모습을 다른 한 장에는 5학년인 현재 나의 모습을 그린다. 그다음 각각의 모습에 신체 특징을 적는데 정확하지 않아도 괜찮다. 몸무게, 키, 헤어스타일, 입은 옷 등등 내가 생각하는 신체와 관련된 정보를 적는 것이다. 그리고 1학년인 나와 비교하여 현재의 나는 어떤 변화가 있는지 생각해본다. 몸무게도 많이 늘었고 키도 부쩍 컸으며 헤어스타일이나 입은 옷도 눈에 띄게 달라졌을 것이다. 이러한 변화를 직접 눈으로 확인하면서 자신의 급격한 신체 변화를 인지하도록 한다. 미현이와 유라는 자신의 몸에 생긴 많은 변화를 알게 되었고 지금까지 건강하게 그리고 꾸준히 성장해온 몸에 감사했다. 나는 아이들에게 앞으로도 계속해서 몸에 많은 변화가 생길 것이라고 알려주었다. 지금 나의 모습은 완성된 상태가 아니기 때문에 어떤 부분이 불필요하거나 잘못됐다고 판단할 수 없다. 그렇기에 나는 아이들이 현재 나의 모습을 있는 그대로 수용하고 자신의 몸을 소중히 여기도록 격려했다.

마음수업의 두 번째로 1학년인 나와 5학년인 현재 나의 관심사, 좋아하는 것, 싫어하는 것, 취미, 자주 하는 생각, 주로 느끼는 감정 등에 대해 탐색한다. 신체적인 변화와 마찬가지로 서로 비교하면 많은 차이가 느껴질 것이다. 아동기에서 청소년기로 접어들면서 신체 변화뿐 아니라 심리적인 변화도 급격히 일어나기 때문이다. 예전과 달리 외모에 민감해지는 이유도 여기에 있다. 엘킨드(Elkind)의 청소년기 자아중심성 이론 중 '상상의 청중(Imaginary audience)'은 실제로 자신이 주목받는 대상이 아님에도 불구하고 자신의 행동이 타인의 주목을 받고 있다고 생각함을 이르는 말이다. 이 특성 때문에 아이들은 다른 사람의 시선을 의식해서 남들보다 나의 외모가 뒤떨어지는 것은 아닌지 걱정한다. 그러나 다른 사람들은 유라의 코가 얼마나 낮은지, 미현이가 어느 정도 뚱뚱한지에 대해 생각보다 크게 신경 쓰지 않는다. 나는 이 사실을 아이들에게 알려주었고 지나치게 신경 쓰거나 걱정하지 않도록 했다. 또한 사춘기의 특성을 안내하여 외모에 관심이 많아지고 다른 사람의 시선에 민감해진 것을 자연스럽게 받아들이도록 했다.

마음수업의 세 번째로 외모 칭찬 파티를 통해 현재 나의 모습에서 장점을 발견한다. 있는 그대로의 나를 존중하는 것이 문제의 정답이라 해도 무조건 아이들에게 인정하라고 떠밀 수는 없다. 스스로 존중하게 되도록 친구와 함께 나의 외모에서 장점을 최소 10가지 이상 찾아본다. 평소 외모에 불만이 많을수록 장점을 찾기란 쉽지 않다. 그러나 새로운 시선으로 나를 다시 보고 주변의 친구와 함께 장점을 찾다 보면 10개의 외모 칭찬은 금방 완성할 수 있다. 미현이와 유라가 함께 찾은 외모 칭찬은 '유라는 하얗고 맑은 피부로 어떤 색의 옷을 입어도 잘 어울린다. 그리고 웃을 때 드러나는 보조개가 귀엽다.', '미현이는 짙은 눈썹과 큰 눈으로 또렷한 인상을 준다. 명랑한 목소리로 말할 때 듣는 사람까지 기분이 좋아진다.' 등이었다. 아이들은 처음에 손발이 오그라드는 느낌이라며 쑥스러워했지만 이내 자신의 외모 칭찬 파티를 기뻐하며 즐기기 시작했다.

마음수업의 네 번째로 내가 약점으로 생각하는 것을 변화시키기 위해 새롭게 도전한다. 미현이는 자신의 건강과 체형변화를 위해 다이어트를 시작하기로 했다. 보건 선생님의 도움을 받아 무리한 다이어트가 아닌 자신에게 적합한 목표를 세워 도전하기로 약속했다. 처음에 유라는 당장이라도 자신의 코를 성형하거나 메이크업 기술을 통해 예쁘게 바꾸고 싶다고 했다. 하지만 지금은 자신의 모습이 완성될 때까지 기다리면서 몸의 변화를 지켜보겠다고 말했다. 마음수업을 통해 생각을 바꾼 유라는 외모에 집착하는 마음도 줄어서 한결 편해졌다고 한다. 유라는 앞으로 외모 이외에 내가 가진 장점이 무엇일지 스스로 찾아보고 거기에 집중하기로 약속했다.

나는 누구인지, 어떤 모습이 가장 나다운지, 진정한 나를 찾는 과정은 맛있는 아이스크림이 다양하게 진열된 가게를 떠올리게 한다. '이것도 맛있어 보이고 저것도 맛있어 보이네? 저 사람이 먹는 걸 나도 먹어볼까?' 하며 어떤 걸 선택하면 제일 좋을지 한참을 고민한다. 이것저것 조금씩 직접 맛보기도 하고 주변의 추천도 받아본다. 이런 과정을 거쳐 고른 아이스크림은 나에게 큰 만족감을 줄 것이다. 진짜 나의 모습을 찾는 과정도 이와 크게 다르지 않다. 여러 모습의 나를 경험하고 비교하며 선택하는 과정을 통해 가장 만족스러운 자아상을 찾을 수 있다. 맛있는 아이스크림을 고를 때 느끼는 행복처럼 아이들도 진정한 나를 찾는 과정을 즐기며 행복하길 바란다.

18

뒷담화를 듣게 되었어요

초등학생 사이에서의 뒷담화

찬바람 부는 겨울 어느 날, 6학년 가연이와 나미가 상담을 하고 싶다며 점심시간에 상담실로 찾아왔다. 미수까지 해서 셋이 항상 붙어 다녔는데 웬일인지 둘만 온 걸 보고 '아이들 사이에 무슨 일이 생겼나?' 하는 걱정스러운 마음이 들었다.

나미: (씩씩거리며) 선생님! 저희 둘이서 상담할 수 있나요? 저희 둘이 같이 말해야 해서요. 둘이 당한 일이라….

가연: 저희 셋이 친했잖아요. 그런데 미수가 저한테 나미 욕을 했어요.

나미: 저번에 저희 경도('경찰과 도둑'의 역할로 술래잡기하는

놀이의 줄임말)할 때 미수가 가연이한테 제가 자기 마음대로 하고 별로지 않았냐면서…. 제 욕을 했대요.

가연: 그때 저는 '그래? 그런가?' 하고 잘 모르겠다고 하긴 했는데…. 저도 '그런가?'라고 말한 게 잘못한 거 같긴 한데요. 아무리 생각해봐도 이건 욕한 거라 나미한테 말해줘야 할 것 같아서…. 고민하다가 나미한테 말해줬어요.

나미: 저 정말 화나요. 뒷담화한 거잖아요. 이거 뒷담화해서 이간질하려는 거 아니에요?

초등학교 아이들은 뒷담화로 갈등이 생기고 서로 마음이 상하곤 한다. 뒷담화는 친구가 없는 곳에서 그 친구를 헐뜯거나 안 좋게 이야기하는 것인데 자신에 대한 뒷담화를 알게 된 아이는 친구관계에서 위축감과 불안감을 가질 수 있다. 뒷담화를 들은 아이는 배신감과 실망감을 가지고 상담실에 찾아오는데 그 마음에 맞춰 상담을 진행하지만 얽혀 있는 친구들이 있어서 문제해결에는 한계가 있다. 나는 아이들의 뒷담화 문제에 어떻게 접근할지 고민한 끝에 자신의 뒷담화를 알게 된 아이(나미), 친구의 뒷담화를 한 아이(미수), 친구의 뒷담화를 들은 아이(가연)로 나누어 마음수업을 해보기로 결정했다.

자신의 뒷담화를 알게 된 아이

나는 우선 친구가 나에 대해 뒷담화한 것을 알게 됐을 때 느낄 수 있는 배신감, 화남, 분노, 속상함, 당황스러움, 실망감 등의 감정을 수용하고 아이의 마음을 충분히 공감해주었다. 이때 감정카드를 활용하여 자신의 감정 종류와 크기에 맞는 카드를 고르게 하고 함께 이야기하면서 아이가 느꼈던 감정을 확인하고 정리하는 시간을 갖는다. 다음으로 뒷담화 사실과 내용을 전달해준 친구에게 솔직한 마음을 말하도록 했는데 나는 이 과정을 특히 중요하게 다뤘다. 그 이유는 뒷담화를 한 친구와 뒷담화를 전달해준 친구 사이에 또 다른 문제가 생길 수 있기 때문이다. 실제 상담 장면에서는 친구가 전해준 뒷담화 사실과 내용을 뒷담화한 친구에게 말해도 되는지 고민하는 아이들이 많다.

나미는 뒷담화를 한 미수에게 아무 말도 하지 않고 가만히 있기에는 너무 화가 나고 답답하다고 말했다. "미수를 다시는 보고 싶지 않아요. 학폭('학교폭력'의 줄임말)으로 신고하고 싶은 마음이에요. 정말 실망이거든요." 나미는 당장이라도 미수에게 가서 따지고 싶었으나 가연이가 난처해질까 봐 겨우 참고 있는 중이었다. 나는 가연이에게 어떻게 말할지 고민하는 나미를 위해 자신의 마음을 전달하는 방법을 교육하고 직접 말하도록 했다.

"가연아! 나에 대한 얘기를 듣고서 너도 고민되고 말해주기 어려웠을 텐데 말해줘서 고마워. 사실 너의 말을 듣고 계속 마음이 안 좋았어. 네가 괜찮다면 미수에게 나의 속상한 마음을 말해도 될까?"

먼저 친구가 나에게 말해주기까지 힘들었을 과정과 마음을 알아주고 다음으로 나의 감정과 생각을 표현할 수 있도록 도왔다. 나미의 마음을 알게 된 가연이는 난감해하긴 했지만 나미를 이해하며 괜찮다고 말해주었다. 가연이의 동의를 받은 후 나미는 뒷담화를 한 미수에게 자신의 마음을 표현했다.

"미수야! 경도('경찰과 도둑'의 역할로 술래잡기하는 놀이의 줄임말)할 때 네가 나에 대해 자기 마음대로 하고 별로였다고 말한 걸 알게 되었어. 내 뒷담화를 그만했으면 좋겠어. 그 얘기를 듣고 나는 기분도 나쁘고 속상했어. 앞으로는 나에게 불편한 마음이 있다면 직접 말해줘. 내가 고쳐야 할 게 있다면 나도 고치도록 노력할게."

미수에게 직접 말하기 전에 나미는 자신이 들은 사실과 그에 따른 감정, 친구에게 바라는 점, 친구관계에서 나의 노력 다짐 등을 표현하는 연습을 했다. 친구에게 화난 감정만 쏟아붓지 않고 자신의 마음을 정확히 표현하고 전달하도록 한 것이다. 나미의 말을 듣고 미수는 당황하긴 했지만 잘못을 인정하고 미안하다 사과했으며 앞으로는 뒷담화를 하지 않겠다고 약속했다. 나미처럼 문제를 피하지 않고 맞닥뜨려 해결해 본 아이는 친구관계에서 자신감을 갖게 된다.

친구의 뒷담화를 한 아이

나미가 미수에게 뒷담화 문제에 대해 말한 지 3일 후. 가연이에게만 했던 나미의 뒷담화를 당사자인 나미에게 직접 듣고는 마음이 불편하고 속상했는지 미수가 상담실로 찾아왔다.

"선생님. 제가 친구 뒷담화를 했는데…. 며칠 전 그 친구가 저에게 그 사실을 알게 되었다고 말했어요. 사실 제가 가연이에게 나미 뒷담화를 했거든요. 근데 저는 가연이랑 더 친해지고 싶어서 얘기한 거였어요. 나미를 싫어해서 했던 말은 아닌데…. 나미도 기분 나빠하고…. 제가 분명 가연이에게 비밀이라 했는데 나미한테 말했다니 서운한 마음도 들고 그래요."

나는 이미 상황을 알고 있었으나 별개의 문제로 여기며 상담을 진행했다. 그 이유는 나의 주관적인 판단이 개입되지 않도록 하고 미수의 마음에 온전히 집중하기 위해서였다. 뒷담화 혹은 의도치 않은 이간질은 친구와 더 가까워지고 싶은 마음에서 비롯되는 경우가 많다. 친구와 둘만의 비밀을 만듦으로써 관계를 더 끈끈히 할 수 있다고 생각하기 때문이다. 사실 미수처럼 뒷담화한 아이가 직접 상담실을 찾는 경우는 드물다. 자신의 문제행동을 인정하고 고치고자 하는 마음으로 용기를 내서 온 미수를 나는 크게 칭찬했다.

그렇다면 뒷담화를 한 아이에 대한 마음수업은 어떻게 할 수 있을까?

첫째, 뒷담화는 하지 않아야 할 행동임을 알려준다. 친구를 헐뜯거나 안 좋게 말하는 건 하지 말아야 한다. 사실 아이들 대부분이 잘못된 행동이라고 알고 있지만 친구 사이에서 하는 가벼운 장난쯤으로 여길 수 있기 때문에 분명한 제지가 필요하다.

둘째, 친구와 친해지고 싶었던 마음은 인정해준다. 다만 잘못된 접근 방법이었음을 인지하고 바람직한 방법으로 대체하도록 한다. 친구와 친해질 수 있는 방법을 함께 탐색하며 친구에게 자신의 마음을 솔직히 표현하도록 지지한다.

셋째, 친구의 안 좋은 점을 이야기해야 한다면 친구의 입장과 감정을 고려하여 말하도록 한다. 친구에게 불편감을 느꼈다면 감정부터 앞세우지 말고 침착하게 나의 생각과 감정, 바람 등을 정리하여 표현하는 연습이 필요하다.

친구의 뒷담화를 들은 아이

친구의 뒷담화를 들었을 때 당사자에게 전해주는 것이 정의롭다고 생각하는 아이들이 많다. 이에 대해 무엇이 옳고 그른지는 쉽게 규정할 수 없다. 뒷담화지만 상황에 따라 꼭 전달해야 하는 내용이 있을 수 있기 때문이다. 중요한 건 뒷담화를 전달했을 때 친구관계에 변화나 문제가 생기냐 하는 것이다. 그렇다면 친구의 뒷담화를 들었을 때 어떻게 하면 좋을까?

첫째, 뒷담화를 한 친구에게 불편하거나 당황스러운 나의 마음을 표현한다. 뒷담화를 듣는 순간 나의 감정과 입장을 분명히 말하지 않으면 암묵적으로 친구의 말에 동의하는 것처럼 보일 수 있다. 적극적으로 표현함으로써 나의 마음을 지키고 친구관계에서 생길 수 있는 불필요한 오해도 막을 수 있다.

"미수야! 나는 네가 나미에 대해 안 좋게 말하는 걸 듣는 게 좀 불편해. 셋이 다 친한데 우리 둘만 나미에 대해 이렇게 이야기하는 건 아닌 거 같아."

둘째, 친구의 뒷담화를 전달하는 과정에서 오해가 생길 수 있음을 알고 주의한다. 친구에게 뒷담에 대한 사실과 내용을 전달하면서 그 의미가 변질되거나 과장될 수 있다. 당시 상황과 분위기는 배제된 상태이기 때문에 본래 의도와는 다르게 받아들일 가능성이 크다. 게다가 이런 전달과정이 또 다른 뒷담화가 될 수 있기에 주의가 필요하다.

아이들의 뒷담화 문제에 있어 완전한 해결은 거의 불가능하다. 아이들뿐만 아니라 어른인 우리도 뒷담화에서 자유롭지 못하고 여전히 상처받고 있지 않은가? '친구에 대한 뒷담은 절대 하지 마세요!'라는 교육이 과연 실효성이 있을까 싶다. 오히려 그 속에서 스스로 중심을 잡고 현명하게 대처하도록 하는 교육이 아이들에게 더 필요할 거 같다.

19
스트레스를 많이 받아요

스트레스의 원인 알기

새 학기가 시작되는 3월. 나는 상담주간 행사로 아이들이 자신의 스트레스 수준을 확인할 수 있는 기회를 마련했다. 스트레스란 적응하기 어려운 환경에 처할 때 느끼는 심리적·신체적 긴장 상태를 말한다. 상담실에 방문한 5~6학년 아이들은 한국판 지각된 스트레스 척도(PSS, Perceived Stress Scale)를 활용하여 자신의 현재 상태를 점검하였다. 이 척도는 진단 목적으로 개발된 도구는 아니며 지각된 스트레스 정도가 심할수록 점수가 높게 나온다. 나는 점수가 높을 경우 스스로 조절하는 노력을 하거나 상담을 신청하도록 안내했다. 5학년 대성이, 도웅이, 우진이도 행사에 참여하며 스트레스 척도에 체크했고 그 결과 3명 모두 만점에 가까운 높은 점수가 나왔다. 나는 아이들의 결과를 확인하며 자신만의 스트레스 조절 방법이 있는지 물어보았다.

대성이: 저는 스트레스 조절하는 방법이 따로 없는데요?

도웅이: 인생 자체가 스트레스 아닌가요? 저는 조절할 수 없다고 봅니다. 학원이 없어지지 않는 한….

우진이: 조절 방법에 대해 딱히 생각해본 적이 없어서요.

아이들은 스트레스 조절방법을 생각해본 적이 없었고 심지어 조절할 수 없다고 했다. 나는 아이들에게 자신의 스트레스 수준을 아는 것뿐 아니라 자기에게 맞는 스트레스 조절방법을 찾고 활용해야 한다고 설명했다. 그럼에도 불구하고 어떻게 할지 모르는 아이들을 위해 나는 스트레스에 대한 상담을 권했다. 다음날 아이들은 기대 반 걱정 반으로 상담실에 왔고 나는 기쁜 마음으로 맞이했다. 오늘 무엇을 할지 간략히 안내한 후 스트레스로 인한 감정을 먼저 탐색했다. 스트레스는 과연 어떤 감정을 느끼게 하는지 감정카드를 활용하여 알아봤다. 아이들은 공통적으로 '힘들다', '화난다', '괴롭다', '지친다'의 감정카드를 선택했고 우리는 이 감정을 함께 나누며 공감했다.

다음으로 아이들이 각자 어떤 이유로 스트레스를 받는지 얘기해보았다. 대성이는 자신이 첫째이기 때문에 두 명의 동생을 돌봐야 하는 상황 자체가 큰 스트레스라고 했다. 동생들이 잘못해도 부모님께 혼나는 건 항상 자기라며 너무 힘들다고 덧붙였다. 도웅이는 세 개의 학원을 다니면서 스트레스 받고 있었고 자기는 공부와 맞지 않는다고 했다. 우진이는 친구가 자꾸 기분 나쁜 장난을 쳐서 스트레스가 쌓인다고 했다. 나는 아이들의 어려움을 인정하며 힘든 마음을 수용해주었다.

대성이: 도웅아! 나는 학원 다섯 개 다니거든. 넌 세 개밖에 안 다니는데 무슨 스트레스를 받는다고 그래?

도웅이: (당황해하며) 야! 나 진짜 힘들어 죽겠거든.

상담교사: 애들아. 같은 상황이라도 우리가 하는 생각이나 느끼는 감정이 서로 다르듯이 스트레스도 사람마다 다 다를 수 있어. 스트레스를 받는 상황과 원인뿐 아니라 받아들이는 정도나 강도도 사람에 따라 차이가 있지.

도웅이: 선생님. 사실 저는 공부 잘한다는 말을 듣는 게 스트레스에요. 잘한다는 건 칭찬인데…. 이런 칭찬에도 스트레스 받을 수 있나요? 스트레스 받을 일이 전혀 아닌데 저만 그렇게 생각하는 거 같아서요.

상담교사: 칭찬을 들으면 물론 기분 좋기도 하지만 도웅이가 말한 것처럼 부담스럽고 스트레스 받을 수 있어. 잘한다는 말을 계속 들으면 왠지 더 잘해야 할 거 같아서 긴장하게

되거든.

우진이: (고개를 끄덕이며) 아! 그럴 수도 있구나.

지금까지 스트레스에 대해 진지하게 고민해본 적이 없던 아이들은 다른 사람의 입장을 고려하지 못한 채 자기 입장에서만 판단하고 있었다. 나는 사람마다 느끼는 스트레스가 다 다를 수 있음을 명확히 하고 상대방을 존중하는 태도를 가지도록 했다.

스트레스는 무조건 나쁘다?

아이들은 스트레스를 없애 버리고 싶다며 나에게 도움을 요청했다. 나는 아이들의 마음을 공감하는 한편 '스트레스를 완전히 없앨 수 있을까?'라는 질문을 통해 현실적인 기대감을 갖도록 했다. 그리고 스트레스가 우리에게 어떤 영향을 주는지 함께 이야기해보았다.

대성이: 스트레스는 나쁜 영향을 주지만 조금은 좋은 영향도 있는 거 같아요. 스트레스를 조금 받는 건 괜찮기도 하고…. 스트레스는 힘들긴 하지만 자극 받아 더 열심히 하게 되기도 하거든요.

도웅이: 무조건 나쁜 영향이요. 스트레스는 정신건강에 해로

워요.

우진이: 저도 스트레스는 나쁘다고만 생각했는데…. 대성이 말을 들으니 좋은 점도 있는 것 같아요.

상담교사: 모두 얘기해줘서 고마워. 스트레스가 나쁜 영향만 준다고 생각하기 쉽지만 우리에게 좋은 영향을 주기도 해. 적당한 스트레스는 두뇌 활동을 자극하고 효율을 높여서 우리가 처한 상황에 잘 적응하도록 도와주거든. 그리고 스트레스는 계속 우리와 함께하기 때문에 잘 관리하고 조절하도록 노력해야 해.

그동안 아이들은 스트레스가 자기를 괴롭히고 힘들게 했기 때문에 스트레스를 무조건 없애야 한다고 생각했다. 그렇지만 스트레스에 좋은 점도 있다는 걸 알고 놀라면서도 새로운 정보를 반가워했다. 그건 아마 아이들도 스트레스와 영영 이별하는 건 불가능함을 알았기 때문일 것이다. 아이들은 앞으로 자신의 스트레스를 수용하고 조절하는 노력을 하기로 했다.

스트레스 풍선 관리하기

스트레스 조절을 어떻게 할지 모르겠다며 혼란스러워하는 아이들을 돕기 위한 마음수업을 진행했다. 우선 아이들에게 풍선을 불다가 터트린 적이 있는지 물었고 스트레스는 풍선과 비슷하다고 말해주었다. 풍선이 너무 크게 부풀려졌을 때는 바람을 알맞게 빼주며 터지지 않도록 해야 한다. 스트레스도 풍선과 같아 터질 것 같으면 그때마다 조금씩 해소하여 터지지 않도록 조절하는 게 중요하다. 나는 아이들과 같이 자신의 스트레스 풍선을 터지지 않게 잘 관리하는 방법을 찾아보았다. 스트레스를 조절한다고 하여 거창한 방법을 사용하기보다 일상생활에 쉽게 적용할 수 있도록 무엇을 하면 기분이 나아지고 어떤 순간이 좋은지를 탐색했다.

대성이: 저는 축구요. 친구들이랑 축구를 하면 신나고 재밌어서 스트레스가 좀 없어지는 거 같아요.

도웅이: 저는 빵 가게를 지나갈 때 빵 냄새를 맡으면 기분이 너무 좋아져요. 그리고 스트레스 받을 때 빵을 먹으면 괜찮아지고요.

우진이: 저는 야구 게임을 하면 마음이 시원해지는 느낌이에요.

아이들은 저마다 기분이 좋았던 순간과 상황을 떠올리며 활짝 웃었다. 그러나 아이들은 그런 소소한 것들이 자신의 스트레스를 조절할 수 있다고는 생각하지 못했다. 그래서 나는 풍선이 그려진 활동지를 나눠주고 풍선 안은 스트레스로 인한 부정적인 감정과 그로 인한 반응을, 풍선 주변에는 기분이 좋았던 순간과 상황을 적도록 했다. 아이들은 캠핑 가기, 맛있는 음식 먹기, 게임하기, 유튜브 보기, 친구와 놀기, 자전거 타기, 딱지치기, 춤추기 등을 썼고 풍선 안과 밖을 번갈아 보며 이렇게 한다면 스트레스 풍선이 터지지 않게 잘 관리하고 조절할 수 있을 거 같다고 말했다.

자신만의 스트레스 조절 방법이 존재한다는 사실만으로도 아이들은 안정감을 얻는다. 스트레스의 원인을 찾아 해결하는 것만큼 평소 나를 기분 좋게 하는 일을 알고 실천하면서 스트레스를 관리하고 조절하는 노력도 무척 중요하다. 나는 아이들이 알게 된 각자의 스트레스 조절 방법을 지지하면서 적절한 수준을 지킬 수 있도록 했다. 스트레스를 관리한다는 핑계로 많은 시간 게임을 하거나 스마트폰 사용하기, 늦은 밤까지 친구들과 놀기 등은 분명히 제지하며 또 다른 스트레스와 갈등이 발생할 수 있음을 설명했다. 그리고 스트레스 풍선 관리가 너무 어려워 터질 거 같거나 이미 터졌을 때는 담임교사, 상담교사, 부모님 등 어른의 도움을 받으며 스스로를 잘 돌볼 수 있도록 격려했다.

episode 10

금지어 게임

초등학교에서 상담을 하다 보면 비자발적인 아이를 만날 때가 있다. 보호자나 담임 교사의 의뢰로 자신이 원하지도 않은 상담을 하게 된 아이는 상담에 소극적으로 참여하며 입을 꾹 다물기도 한다. 나에 대한 경계 태세에 돌입하여 자신의 감정과 생각은 뒤로 숨긴 채 주로 "몰라요."라고 답하는 아이들에게 나는 나의 비장의 카드인 '금지어 게임'을 제안한다.

"금지어 게임이라고 들어본 적 있어? 금지어 게임은 우선 상대방이 나에게 하지 않았으면 하는 단어나 말을 하나씩 정해놓고 상담하는 동안에는 사용을 금지하는 거야. 선생님이랑 한번 해볼까?"

보통 아이들은 '게임'이라는 단어에 눈빛부터 달라지며 호기심을 가지고 내 제안을 받아들인다. 그때 나는 '몰라요'를 금지어로 정하고 아이들은 흔히 자기 이름을 금지어로 한다. 상담교사인 내가 아이들의 이름을 자주 언급하며 상담을 해서 그런 거 같다. 그럼 나는 자기 이름을 금지어로 정한 아이와 함께 이야기하며 앞으로 어떻게 부를지 애칭을 만든다. 어떤 한 아이의 애칭은 '동글이'였고 나는 상담하는 동안 '동글이, 우리 동글이' 하며 이름을 부르지 않도록 주의했고 아이 역시 '몰라요' 대신에 마음속 이야기를 조금씩 꺼냈다. 그렇게 상담을 하다가 누군가 금지어를 말하게 되면 우린 아무 말 없이 서로 마주보며 웃었다. 그리고 아이는 다음 상담에 어떤 금지어를 정할지 미리 고민하며 그 시간이 빨리 오길 바랐다.

20

나는 금쪽이예요

예외 상황 발견하기

담임교사의 의뢰로 3학년 주원이와 상담하게 되었다. 담임교사는 주원이의 수업 태도가 좋지 않다고 하면서 한편으로 자기를 문제아로 여기는 것 같아 걱정된다고 했다. 쉬는 시간에 잠시 상담실에 들른 주원이는 나에게 '금쪽이'를 아냐고 묻고는 자신이 '금쪽이'라고 말했다. 나는 왜 그렇게 생각하는지 확인했고, 주원이는 엄마와 같이 집에서 <요즘 육아 금쪽같은 내 새끼>라는 TV 프로그램을 보고 있었는데 엄마가 자기를 보고 "우리 집 금쪽이!" 하고 불렀기 때문이라 답했다. 다음 날 약속된 시간에 다시 상담실에 찾아온 주원이와 금쪽이에 대한 이야기를 이어갔다.

주원이: 선생님, 어제 쉬는 시간에 제가 금쪽이라 했잖아요. 역시 저는 금쪽이라 오늘도 담임 선생님께 혼났고 학원에 가면 학원 선생님께 또 혼날 거예요.

상담교사: 주원이는 어떤 이유로 혼날 거라고 확신해?

주원이: 저는 수업 시간에 늘 혼나니까요. 100% 확실해요. 제가 수업 시간에 혼나는 거 애들이 자주 보거든요. 그래서 애들도 저한테 금쪽이라고 해요. 저는 어딜 가나 금쪽이예요.

상담교사: 주원이가 많이 속상했겠다. 근데 주원이가 생각하는 금쪽이는 어떤 의미야?

주원이: TV 보니까 문제가 있는 아이를 금쪽이라 하던데요. 저도 문제가 있으니까 매일 혼나겠죠? 그러니까 금쪽이가 맞아요.

주원이는 안타깝게도 '나는 혼나는 아이', '나는 문제 있는 아이'라고 생각하며 그 틀에 자기를 가두고 있었다. 나는 주원이에게 '금쪽이'의 본래 뜻은 매우 귀하고 소중한 아이를 가리킨다고 말해주었다. 첫 만남 이후로 주원이는 쉬는 시간이나 점심시간 틈틈이 상담실에 와서 자신이 혼난 이야기를 해주곤 했다. 주원이에게는 자신이 찍은 낙인에서 벗어나도록 하는 마음수업이 필요했다. 자기를 부정적인 틀에 가두면 결국 그만큼 부정적인 자아상을 갖게 되고 이에 따라 자존감도 낮아진다. 나는 우선 주원이가 혼나지 않는 예외 상황을 함께 탐색하며 자신의 다른 모습을 발견하도록 했다. 주원이의 수업태도와 그에 대한 피드백이 어떤지 같이 이야기하며 예외 상황을 찾도록 한 것이다. 오늘 주원이는 1교시 국어시간에 활동지를 제시간에 못해서 혼났지만 2교시와 3교시 체육시간에는 칭찬을 받았다고 했다.

주원이: 오늘은 체육시간이 두 시간이었는데 피구에서 제가 끝까지 살아남았거든요. 애들도 '우와!'하며 박수를 쳤고 선생님도 공을 잘 피한다며 칭찬하셨어요.

상담교사: 우와! 주원이가 공을 집중해서 잘 보고 순발력도 좋았나 보네. 주원이 정말 대단하다. 그리고 표정을 보니 체육시간이 너무 좋았던 거 같아.

주원이: (빙그레 웃으며) 네. 저는 체육시간을 제일 좋아해요.

상담교사: 그렇구나. 주원이는 매일 수업 시간마다 혼난다고 했지만 체육시간은 다른데? 혼나지 않고 칭찬받는 수업도 있잖아.

주원이: 엇! 그러게요? 모든 수업 시간에 혼나는 건 아니었나 봐요.

주원이도 그동안 생각지 못한 예외 상황을 발견하고는 놀라면서도 무척 좋아했다. 모든 상황에는 항상 예외가 있기 때문에 그걸 찾아내고 강화하면 문제에서 벗어날 수 있다. 매일 혼난다고 여기며 속상해했던 주원이는 자신의 다른 모습을 발견하며 비로소 작은 희망을 갖게 되었다.

나의 노력으로 이룬 변화 알기

국어와 수학시간에 특히 더 혼났던 주원이는 예외 상황을 알고 나서는 체육시간처럼 혼나지 않으려고 나름 애쓰고 있었다. 주원이는 이전보다 나아진 모습을 위해 노력하고 있었지만 '나는 혼나는 아이'라는 생각에서 쉽게 벗어나지 못했다. 그래서 나는 주원이가 스스로 노력하여 변화를 이루고 그 변화를 인지할 수 있는 마음수업을 진행했다. 먼저 척도질문으로 주원이가 자신의 수업태도에 대해 직접 점수를 매기도록 했다. 척도질문이란 1점부터 10점 혹은 100점까지의 척도에서 아이가 인식하는 문제의 정도나 수준에 따라 숫자로 표시하도록 하는 기법이다. 주원이는 100점 만점에 국어시간은 35점, 수학시간은 40점을 줄 수 있다고 말했다. 국어시간에 주원이는 책을 보지 않고 활동할 내용도 적지 않았으며 심지어 책에 낙서까지 했다. 수학시간에는 주로 멍하니 있다가 풀어야 할 문제를 제대로 풀지 않아서 자주 혼이 났다. 척도질문에 답을 하면서 주원이는 어떤 부분이 부족한지, 변화를 위해 무엇이 필요한지 등을 스스로 확인할 수 있었다.

나는 주원이의 수업태도 개선을 위해 세 가지의 약속을 정했다. 첫째, 수업 시간에 선생님과 눈 맞춤하기. 눈 맞춤을 통해 수업에 집중하고 있다는 메시지를 선생님에게 전할 수 있다. 둘째, 교과서에 낙서하지 않기. 책에 낙서하는 것 자체도 제지될 행동이지만 수업 시간 중에 하는 낙서는 집중력을 떨어뜨린다. 셋째, 수업 내용과 관련된 질문 또는 대답하기. 이를 통해 선생님과 상호작용하면서 자신의 수업 참여도를 더 높일 수 있다. 이렇게 세 가지의 약속을 잘 지키기로 한 후 일주일 뒤 주원이와 다시 만났다.

상담교사: 주원아! 지난 시간에 정했던 세 가지 약속 기억나? 일주일 동안 어땠을지 궁금하네. 주원이의 수업태도에 다시 점수를 매긴다면 몇 점일까?

주원이: 네. 세 가지 약속 기억해요. 이번에 국어시간은 72점 정도 줄 수 있을 거 같아요. 왜냐하면 눈 맞춤은 잘한 편이고 낙서는 하지 않으려고 했는데…. 깜빡하고 하다가 바로 멈췄어요. 그리고 애들이랑 같이 대답하는 건 잘했는데 혼자 대답하거나 질문하는 건 못했거든요.

상담교사: 오! 지난번에는 35점이라고 했는데 이번에는 72점까지 올라갔네. 주원이가 많이 노력했구나. 너무 잘했어.

수학시간 수업태도에 대해서도 주원이는 80점을 주었고

세 가지 약속을 잘 지키며 수학 문제도 최대한 열심히 풀어 선생님께 칭찬을 받았다고 했다. 전보다 높은 점수를 매기며 주원이는 뿌듯해했고 더 이상 자기를 '금쪽이'라 말하지 않았다. 마침내 주원이는 스스로 노력해서 이룬 변화를 확인한 것이다. 주원이의 경우 비교적 짧은 시간에 긍정적인 변화를 보였지만 사실상 초등학교 아이들에게는 더 오랜 시간이 필요하고 설령 변화가 있더라도 다시 원상태로 돌아가기를 반복한다. 그렇기 때문에 교사나 부모가 아이들의 변화를 바로 체감하지 못하더라도 기다려주어야 한다.

스스로 낙인에서 벗어나기

주원이는 그동안 자기를 매일 혼나는 아이라 여기며 '금쪽이'라고 낙인찍고 있었다. 처음엔 장난처럼 받아들이기도 했지만 주원이는 점점 속상해졌고 위축되었다. 상담을 통해 자신의 새로운 모습을 발견한 주원이는 '금쪽이'에서 벗어나기 위해 노력하기 시작했다. 주원이는 더이상 '금쪽이'라는 말을 듣지도 하지도 않겠다고 결심했고 나는 그런 변화가 몹시 반가웠다. '금쪽이'라는 말을 듣게 될 때 구체적으로 어떻게 할지 같이 이야기해보았다. 첫째, 어떤 의미로 '금쪽이'라고 하는지 물어보기. 그 의미를 모르고 잘못 사용하는 사람도 있기 때문에 무조건 화를 내기보다 알고 있는 의미에 대해 묻고 잘못 알고 있으면 원래의 의미를 알려주기로 했다. 둘째, 나의 생각과 감정을 솔직히 표현하기. 주원이는 '금쪽이'가 본래 좋은 의미를 가지고 있더라도 이제는 더이상 듣고 싶지 않았다. 그래서 듣고 싶지 않은 마음을 분명히 표현하기로 하고 함께 연습했다.

"나를 금쪽이라고 하면 솔직히 기분이 나빠. 나도 그전과 다르게 지금은 수업 시간에 잘 참여하려고 열심히 노력하고 있거든. 나의 노력을 인정해 줬으면 좋겠어. 금쪽이가 좋은 의미가 있다고 해도 앞으로는 나에게 그런 표현을 하지 말아줘."

주원이는 제일 먼저 엄마에게 자기 마음을 전달하기로 했고 나 역시 어머니와 전화 상담을 진행하며 가정 내에서 올바른 표현을 쓰며 주원이의 변화와 노력을 응원하도록 했다. 며칠 후 상담실에 온 주원이는 엄마와 친구들에게 자신의 생각과 감정을 표현해 보았다며 자랑했다. 엄마도 이제는 그렇게 말하지 않기로 약속했고 친구들도 '금쪽이'라 하는 게 많이 줄었지만 여전히 몇 명은 계속하고 있다며 어려움도 함께 말했다.

나는 아이들과 마음수업을 하면 무엇보다 자기 생각과 감정을 분명히 표현하는 데 중점을 두어 방법을 알려주고 같이 연습해본다. 그러나 주원이처럼 용기를 내어 얘기했음에도 상대방은 그 마음을 수용하지 않고 행동에 변화가 없을 수 있다. 그렇기 때문에 초등학교에서는 어려움을 가지고 있는 아이와 함께 반 친구를 포함한 주변 사람들의 노력도 필요하다. 그래서 주원이가 속한 반 아이들을 대상으로 친구를 놀리는 말과 행동을 중단하고 친구의 마음을 알아줄 수 있는 마음수업을 준비했다.

나비의 작은 날갯짓이 세상을 바꿀 수 있듯이 한 아이의 용기는 큰 변화를 가져올 수 있다. 나는 아이들의 작은 날갯짓이 멈추지 않도록 최선을 다하고 싶다.

3장

부모님 & 선생님
마음수업

01

부모의 마음이 건강해야 자녀의 마음도 건강하다

나의 건강이 곧 아이의 건강

보호자인 부모가 자녀에게 미치는 영향은 어떤 것과도 비할 수 없이 중요하다. 부모의 작은 변화에도 자녀는 큰 영향을 받으며 당장의 자존감부터 미래의 사회성과 적응력까지, 그 파급력이 대단하다. 서점에 가면 자녀와의 대화법, 자존감 높이기, 자녀 이해법 등 자녀의 마음과 부모의 양육 태도에 대한 책을 손쉽게 접할 수 있다. 그 양도 방대하고 다양한 전문가들이 쓴 책이라 어떤 것이 맞는지, 어떤 것이 좋은지 헷갈릴 정도이다.

상담교사로 학교에 있으면서 보호자 상담을 하다 보면 자녀양육과 지도에 관심이 높아서 관련 책을 많이 읽고 그 책에서 추천하는 방법을 다 사용해봤다는 부모를 만나기도 한다. 그렇게 노력했음에도 자녀가 책에 나온 이상적인 결과대로 되지 않는 것에 실망감과 불안감을 내비치는 경우가 많다. 자녀에 대한 보호자의 관심과 노력은 초등학생에게 있어 분명 큰 성장자원이다. 하지만 다르게 보면 부모 자신의 마음건강은 돌보지 못한 채 어떻게든 해야겠다는 생각으로 타인의 의견에 과하게 의존하는 건 아닐까 한다. 나에게 맞는지도 따지지 않고 말이다.

'부모의 마음이 건강해야 자녀의 마음도 건강하다.' 어찌 보면 당연한 사실임에도 그동안 사회적으로나 교육적으로나 부모는 뺀 채 자녀에게만 집중되었던 것 같다. 아무리 좋은 방법을 쓴다고 해도 부모의 불확실감과 불안감, 무기력감 등은 자녀에게 부정적인 영향을 미치며 그 효과를 기대하기 어렵다. 이런 마음의 건강을 보는 눈은 어른보다 오히려 아이들에게 있는 거 같다. 표정과 말로는 티를 안 낸다 해도 부모의 부정적인 감정을 기가 막히게 집어내며 그에 따라 반응하는 게 아이들이다.

아무리 좋은 책에 쓰여 있다 해도, 누구나 추천하는 방법일지라도 우선 그걸 쓰는 사람의 마음이 건강해야 효과도 기대할 수 있다. 부모의 마음이 건강하지 않다면 아무리 잘 연기한다 해도 어쩔 수 없이 티가 나게 되어 있다. 예를 들어 상담교사인 나도 내 아이들에게 화를 낼 때가 있는데 60~70% 정도는 정말 아이들이 사고를 치거나 잘못을 했기 때문이고 30~40%는 그날 안 좋았던 일이나 나의 불안감, 불만 등이 비집고 나와 터진 것이다. 때문에 부모로서 오늘 나의 마음건강 상태가 좋지 않다고 느낀다면 자녀 지도나 대화는 다음을 기약하는 것이 좋다.

마음의 건강은 신체의 건강과 비슷하다. 사람마다 각자 타고나는 마음건강 상태가 있고 환경의 영향을 받기도 하며 비교적 괜찮다가도 병원에 갈 만큼 크게 아프기도 한다. 타고난 마음의 건강이 다소 약하고 오르내림이 심하다면 우리가 평소 신체건강을 신경 쓰는 만큼 마음건강에도 더 많은 관심을 가지고 조치해야 한다. 즉 허약해진 몸을 위해 보약을 먹는 것처럼 때론 마음의 보약도 필요하다. 자녀의 마음을 돌보기에 앞서 보호자로서 부모는 자신의 마음건강 상태를 제대로 인지하고 살필 필요가 있다. 자녀가 마음이 아프면 온갖 방법을 동원해 어떻게든 하려는 열정만큼 보호자 자신을 위한 노력도 아끼지 말아야 한다. 필요할 때는 다른 사람이 내미는 도움의 손길도 흔쾌히 잡을 수 있어야 한다.

보호자 상담을 하면서 부모로서 자신의 마음건강을 먼저 돌봐야 한다고 말하면 반 이상이 "그럴 시간이 없습니다." 라고 답한다. 11년 차 상담교사면서 초등학교 1학년 아들 쌍둥이를 둔 나 역시 나를 돌볼 시간이 없다. 그렇기 때문에 부모님들의 마음을 십분 이해하고 공감한다. 하지만 '나의 상태가 곧 아이의 상태'라고 생각한다면 가볍게 지나칠 수는 없는 일이다. 부모가 마음이 아픈 상태라면 자녀 역시 그럴 확률이 높기 때문이다.

마음을 돌보는 방법

상담교사이자 초등학생 부모로서 내가 마음을 돌보는 방법 세 가지를 소개하면 다음과 같다.

첫째, 일이 끝난 후 집에 돌아오는 차 안에서 변신 마법을 쓴다.

엉뚱한 말처럼 들리겠지만 나는 '상담교사로서의 나'와 '쌍둥이 엄마로서의 나'를 구분하려 한다. 퇴근 후 차 안에서 잠시 상담교사로서의 일을 정리하며 그 역할을 털어버리고 집에 들어갈 때는 오직 쌍둥이 엄마만 되는 것이다. 쌍둥이 입장에서는 역할을 터는 그 시간만큼 저녁밥 먹을 시간이 늦어지겠지만 지쳐서 짜증을 내는 상담교사보다 웃으며 안아주는 엄마를 보며 마음의 배는 더 부르지 않을까 생각한다.

둘째, 나는 나의 마음에 질문을 한다.

정신없이 하루를 보내다 보면 뭔가 짜증이 나고 힘든데 왜 그런지 이유를 모를 때가 많다. 그때그때 내 마음을 제대로 돌보지 못해서 감정의 찌꺼기가 가득 쌓인 것이다. 뭔가 잘 모르고 답답할 때 나는 소리 내어 나 자신에게 묻는다. "지금 마음이 어떠니? 어떻게 하면 좋을까? 조금이라도 마음이 편해질 방법은 무엇일까?" 이렇게 질문하면서 다른 사람이 아닌 나에게 집중하는 시간을 갖는다.

셋째, 나는 도움의 손길을 적극 요청한다.

내가 도움의 손길을 요청하는 대상은 남편, 친정엄마, 친구, 동료교사, 교수님 등등 다양하다. 대단하다는 상담자도 유명하다는 의사도 대가라 할 수 있는 전문가도 365일 매일, 항상 마음이 건강할 수는 없다. 그렇기 때문에 누구나 마음이 아플 때는 자녀나 다른 사람에게 부정적인 영향을 미치기 전에 적절한 도움을 받는 것이 중요하다. 도움이란 가족 간 대화, 친구나 동료의 조언, 전문가의 상담, 병원 방문 등 다양하게 생각할 수 있다.

위에 제시된 방법이 모든 보호자에게 있어 정답은 아니다. 각자 자기에게 맞는 공부 방법이 있듯이 부모 스스로 자신에게 맞는 방법을 찾길 바란다. 나만의 방법을 찾은 후에야 자녀가 "마음이 아프면 어떻게 해?"라고 질문했을 때 진심 어린 조언과 지도를 할 수 있게 될 것이다. 부모 스스로 마음을 돌보는 방법을 모르고 경험도 없으면서 자녀가 마음이 건강하길 바라는 건 어찌 보면 모순일 수 있음을 알아주길 바란다.

02

부모로서 당연한 감정, 불안감 다루기

불안감에 대해 알기

초등학생을 자녀로 둔 부모의 핵심감정은 '불안감'이지 않을까 싶다. '내 아이가 학교생활을 잘 할까? 학교적응은 괜찮을까? 문제가 생기면 어떻게 하지?' 마음이 편치 않고 조마조마한 이 감정은 자녀가 학교생활을 잘해줬으면 하는 바람으로부터 발생한다. 아주 작은 일에도 나를 찾던 아이가 내 품을 떠나 자기 몸집의 반 정도 되는 큰 가방을 메고 교문을 들어가는 순간의 모습을 부모라면 선명히 기억할 것이다. 일곱 살과 여덟 살은 고작 몇 달 차이임에도 유치원생으로서의 자녀와 초등학생으로서의 자녀는 뭔가 다르게 느껴진다. 이제 갓 초등학교 학부모로 입성한 내 경험으로 하나의 큰 산을 겨우 넘었는데 바로 눈앞에 그보다 훨씬 더 큰 산이 있는 느낌이랄까? '내가 다시 그 산을 넘을 수 있을까?' 하는 불안함으로 표현할 수 있다.

보호자마다 불안감의 표현 방법이 다른데 가장 조심해야 할 건 자녀에게 직접 투사하여 집에 돌아온 아이가 가방도 미처 내려놓기 전에 학교에서의 일을 묻고 제대로 답하지 못하면 힘든 일이 있다고 여기는 것이다. 즉 부모 자신이 느끼는 불안감을 자녀가 느끼고 있다고 착각하여 담임교사와 상담교사에게 도움을 요청하기도 한다. 상담교사로 막상 아이를 상담하면 학교생활이 아직 낯설긴 하지만 새로운 친구도 사귀고 재밌게 공부하고 있다고 말한다. '학교에서 힘들 것'이라고 가정을 하고 보면 자녀의 작은 문제도 크게 느껴진다. 그렇기 때문에 '학교에서 잘할 것'이라고 가정하여 자녀를 지지하고 격려해야 한다. 부모로서 불안감은 당연한 감정이지만 자녀에게 전달하기보다 스스로 조절하고 처리할 수 있어야 한다. 부모로서 불안감을 잘 다스릴 수 있어야 자녀가 느낄 불안감에도 대비할 수 있다.

보호자 상담에서 나는 부모의 역할을 나무에 많이 비유한다. 자기 감정을 잘 조절하고 마음이 건강하며 뿌리가 튼튼한 나무는 자녀가 힘들 때 의지할 수 있는 든든한 대상이 되지만 자녀와 같이, 또는 자녀보다 더 감정에 휩쓸리고 마음이 건강하지 않으며 뿌리가 약한 나무는 오히려 자녀를 힘들게 하는 대상이 되어 버린다. "아이가 저랑은 얘기를 안 하려 해요. 힘든 게 있는 거 같은데 저에게는 무조건 괜찮다고 합니다." 이런 말을 하게 된다면 우선 생각해봐야 할 것이 부모로서 나는 자녀에게 어떤 나무가 되고 있는지이다. 아이가 기댈 수 있는 든든한 나무인지, 피하고 싶은 불안한 나무인지 말이다.

불안감을 다루는 방법

부모로서 자녀에 대한 불안감이 많다면 일상생활에서 느끼는 불안감도 클 것이다. 만성적인 불안감일 경우 전문가의 도움을 받을 수 있지만 당장의 불안감은 스스로 해결해야 하는 경우가 더 많다. 이때 활용할 수 있는 방법이 '심호흡법'과 '나비포옹법'이다. 긴 시간이 필요하지 않고 누군가의 도움 없이 혼자 어디에서나 할 수 있는 방법이기에 상담교사인 나도 수시로 쓰고 있고 적극 추천한다.

1. 심호흡법

숨을 허파 속에 공기가 많이 드나들도록 깊이 들이쉬고 내쉬는 방법이다.

① 편하게 앉아 양손은 자연스럽게 내린 후 몸의 긴장을 푼다.

② 허리를 곧게 펴고 코로 숨을 깊이 들이쉰다.

③ 3초 정도 숨을 크게 들이쉰 후 호흡을 잠깐 멈춘다.

④ 입으로 숨을 내쉬며 긴장을 푼다.

쉽게 말해 심호흡이라는 말 그대로 숨을 코로 길게 들이쉬고 입으로 내쉬는 방법으로 불안감이 줄어들고 마음이 안정될 때까지 계속한다.

나는 심호흡을 할 때마다 마음속이 점점 비워져 가는 느낌을 받는다. 뭔가 터질 거 같았던 마음의 풍선에서 바람이 조금씩 빠지는 느낌이다. 한 가지 소소한 유의점은 자녀가 심호흡을 한숨으로 오해하지 않도록 하는 것이다. 어느 날 심호흡을 하며 마음을 다스리고 있는데 "엄마! 왜 한숨 쉬어? 우리가 뭐 잘못했어?"라고 말하는 아이들의 반응에 적잖이 당황한 적이 있다. 부모 자신에게는 큰 의미가 없더라도 한숨은 자녀에게 부정적으로 해석되고 불필요한 죄책감을 갖게 한다. 잘한 일에는 한숨을 쉬지 않기에 '내가 뭘 잘못했나?'로 받아들이는 건 어쩌면 당연하다. 부모의 '백 가지 잔소리'보다 '한 번의 한숨'이 자녀에게는 더 큰 상처가 될 수 있음을 알아줬으면 한다.

2. 나비포옹법

일상에서 불안한 마음을 다스리거나 자신을 위로하고 안정을 줄 때 사용할 수 있는 방법이다.

① 양팔을 X자로 교차하여 두 손을 각각 반대쪽 어깨에

올린다.

② 두 손으로 어깨를 서너 번 토닥토닥 두드려주거나 꼭 안아준다.

힘들거나 지칠 때, 또는 마음이 불안할 때 누군가 나를 꼭 안아준다면 어떨까? 마음이 안정되는 효과에 대해 부정할 사람은 없을 것이다. 그렇지만 매번 다른 사람이 나를 안아줄 수도 없고 코로나19와 같은 상황에서는 더욱더 그 방법을 기대할 수 없는 노릇이다. 이를 대체할 나비포옹법은 자기를 안아주며 위로하고 안정감을 준다.

불안감을 다루는 방법을 사용하는데 있어 중요한 건 언제든 활용할 수 있도록 몸에 충분히 익히는 것이다. 몇 번 읽고 머릿속으로만 입력한다면 정작 필요한 순간에 제대로 사용할 수 없다. 최근 사회적으로 큰 사건이 연거푸 일어나다 보니 심한 불안감과 스트레스를 호소하는 사람들이 많아졌다. 이에 심호흡법이나 나비포옹법은 누구나 한 번쯤 들어봤을 정도로 많이 알려져 있다. 그러나 적시에 그 방법을 쓰고 자신의 불안감과 스트레스에 잘 대처하는 사람은 생각보다 많지 않다. 부디 미루지 말고 지금 이 순간 머리가 아닌 몸으로 심호흡법과 나비포옹법을 실행해보자.

03

부모로서 나는 몇 점일까?

부모로서 나에 대한 기대

부모로서 나는 잘하고 있는 걸까? 부모로서 나는 몇 점일까? 자녀를 둔 보호자라면 이런 질문을 한 번쯤은 스스로에게 해봤을 것이다. 이 질문에 대한 답으로 '나는 정말 잘하고 있고 부모로서 100점'이라고 자신 있게 말할 수 있는 보호자가 얼마나 될까? 아니, 그런 보호자가 있긴 있을까? 우리는 본디 남과 비교하는 걸 좋아하는 편이라 옆집 부모와 그들의 자녀를 보면서 만족보다는 불만족을, 성취감보다는 죄책감을 갖는다. 옆집은 왠지 100점의 부모일 거 같이 과대평가를 하고 나는 왠지 50점도 안 되는 부모일 거 같이 과소평가를 하는 것이다.

상담교사로 보호자 상담을 하면서 부모들이 양육과 지도

에 낮은 자신감을 보이고 자녀에게 미안함과 죄책감을 갖는 경우가 많다는 것을 알게 됐다. 물론 지나치게 자신을 과대평가하며 노력의 필요성을 느끼지 못하는 부모와 비교하여 긍정적이다. 그러나 지나친 저평가는 부모 자신과 자녀의 불안감을 키우고 나아가 무기력감을 갖게 한다. 나는 보호자 상담에서 "100점 만점에 몇 점의 부모가 되고 싶으신가요?"라고 묻고 그들이 가진 부모로서의 기대수준을 탐색한다. 예상치 못한 상담교사의 질문에 선뜻 답하진 못하셨지만 지금까지 80점 이하의 점수를 말한 보호자는 없었다.

나의 질문에 분명한 평가 기준이 있는 것은 아니다. 부모가 자신에 대해 어떻게 기대하고 있는지 알고자 하는 질문이며 비현실적으로 높은 점수에 얽매여 스스로 너무 부정적으로 평가하는 건 아닌지 깨달았으면 하는 바람을 담은 질문이었다. 생각해 보면 학창시절에 시험 결과가 적어도 평균 80점 이상이 되지 않으면 뭔가 그 시험은 망한 것 같았다. 10개가 넘는 과목의 평균임에도 70점대의 점수는 창피했고 80점대는 중간, 90점대는 되어야 잘했다고 자랑할 수 있었다. 부모로서 자녀를 양육하고 지도하는 것을 과목으로 나눈다면 몇 개쯤 될까? 지금 얼핏 나누어 봐도 열 개는 훨씬 넘는다. 지금 나에게 과거로 돌아가 '시험을 볼래? 자녀양육을 할래?' 하고 묻는다면 몇 번의 시험을 보더라도 나는 학창시절을 선택하겠다. 과목의 수는 둘째 치고 출제

범위나 난이도도 예측할 수 없는 자녀양육은 어려워도 너무 어렵다.

상담교사인 내 점수는 65점

누군가 같은 질문으로 나에게 '당신은 100점 만점에 몇 점의 엄마가 되고 싶은가요?'라고 묻는다면 나는 '65점'이라고 말할 것이다. 나도 처음 엄마가 되었을 때는 이렇게 어려울 줄은 상상도 못하고 100점을 목표로 했었다. 그렇지만 이런 비현실적인 기대는 나를 지치게 만들었고 아이들에 대한 죄책감은 점점 쌓여갔다. 어쩔 수 없는 상황인데도 아이들이 울면 100점에서 점점 마이너스가 되어 스스로를 못된 엄마, 나쁜 엄마로 만들고 있었던 것이다. 결국 아이러니하게도 좋은 엄마가 되기 위해 나에 대한 기대수준을 낮출 수밖에 없었다. 내 목표가 65점이 된 이유는 첫째, 국가 자격시험도 60점이면 합격이다. 한 과목마다 40점의 과락을 넘고 평균 60점이면 어쨌든 엄마로서 합격은 한 것이라 생각한다. 둘째, 5점이 더 붙은 이유는 그래도 상담교사이자 오랫동안 상담을 공부한 사람으로서 좀더 노력해야겠다는 나의 다짐을 담은 것이다.

보호자에게 나의 경험을 개방하여 65점이라는 점수를 말하면 놀라워한다. "선생님. 너무 낮은 거 아닌가요?"라고 직접 묻거나 "그건 좀…." 하며 말을 잇지 못하기도 한다. 그러나 당연히 100점이라 여겼던 상담교사가 생각보다 낮은 점수를 말하자 뭔가 깨달음을 얻고 마음이 편해졌다고도 말한다. '아! 그래도 되는구나.' 하며 비로소 유연한 사고를 하게 된 것이다. 지금도 80점과 90점, 또는 100점의 굴레에 갇혀 보호자로서 자신의 못남을 탓하고 있을 부모님께 '지금까지 잘하셨고 앞으로도 잘하실 수 있다'고 꼭 말씀드리고 싶다.

보호자의 현실적인 자기 기대는 자녀에게 긍정적인 영향을 준다. 부모가 현실적인 기대감을 갖는다면 그만큼 자녀에게도 현실적인 기대를 하게 되기 때문이다. 100점이 목표였던 부모는 자녀에게도 100점을 기대한다. 결국 100점이 되지 못하는 자녀에게 '나는 이만큼 하는데 너는 왜 그러니?'라는 불만을 가지고 못마땅하게 여길 수 있다. 하지만 여기서 중요한 건 자녀 역시 나를 '100점의 부모로 인정하는가?'이다. 만약 그렇지 않다면 부모와 자녀 사이에 감정의 골은 갈수록 깊어지고 갈등은 많아질 것이다.

붕어빵 가족

퇴근 후, 밀린 집안일을 겨우 마치고 피곤한 몸을 소파에 누였는데 둘째가 와서 말한다.

"엄마! 나랑 대화 좀 해."

'아…. 들어줄 힘이 없는데….' 억지로 힘을 짜내서 자세를 잡고 말을 들어보니 조금 전 쌍둥이 형과의 싸움에서 내가 형의 편만 든 거 같다며 억울하다고 한다.

"엄마가 그렇게 말하면 내 마음이 어떨 거 같아? 난 마음이 아파."

아직 8살, 초등학교 1학년인지라 다양하게 표현하진 못하지만 상담교사를 엄마로 둔 덕에 또래 다른 남자아이에 비해 감정 표현이 많다. 하루에도 몇 번씩 쌍둥이가 돌아가면서 대화를 하자고 하는 탓에 나는 '대화'라는 단어가 나오면 긴장부터 된다. '도대체 누구를 닮아서 이렇게 대화에 집착하는지, 또 무슨 말이 그렇게 많은지.'

어느 날 사소한 문제로 남편에게 화가 났던 난 이렇게 말했다.

"여보! 우리 대화 좀 해요."

30분의 대화 중 말한 시간은 내가 29분, 남편이 1분.

'아! 누구 닮아서 그런가 했더니 나였구나. 쌍둥이 아이들과 나는 붕어빵이었네.'

04

공감과 지도 그 경계 사이

공감이 무조건 좋을까?

상담교사에게 중요한 자세 중 하나가 '공감'이다. 공감이란 상대방의 입장과 감정을 이해하는 것으로 상대방이 느끼는 것에 대해 '나도 그렇다'고 느끼는 감정이다. 공감은 자녀를 양육하고 지도하는 보호자에게도 요구되는 자세이며 어느 곳에서나 그 중요성을 거듭 강조하고 있다. 자녀양육을 주제로 한 책을 보면 '자녀의 입장을 이해하고 감정에 공감해야 한다'는 문장이 빠짐없이 등장한다. 이런 사회적 분위기 속에서 요즘에는 자녀의 마음을 잘 공감해주는 부모가 점차 많아지고 있다.

그런데 우습게도 부모 나름대로 자녀에게 공감해 주는데 자녀가 말을 잘 듣지 않는다며 어려움을 보고하는 경우가 종종 있다. 그럴 때 나는 우선 어떤 방법과 태도로 자녀에게 공감하는지를 점검한다. 공감이란 것은 생각보다 쉽지 않기에 상담교사인 나도 계속 공부하고 연습하고 있다. 그 어려움을 탐색하다 보면 결국 자녀에게 '공감을 잘했다'는 건 부모의 착각일 뿐 아이들은 자신의 말을 대강대강 듣는 정도였다고 평가한다. 눈 맞춤도 제대로 하지 않은 상태에서 '그래, 그래' 하는 것을 과연 공감했다고 할 수 있을까? 부모로서 나의 공감 방법과 태도는 어떤지 스스로 돌아보는 시간이 필요하다.

한편으로 공감이 무조건 좋은 건지 생각해봐야 한다. 초등학생은 신체적으로나 심리적으로 아직 성장하는 단계에 있기 때문에 상황에 따라서는 분명한 제지와 지도가 필요하다. 부모의 지나친 공감은 자녀의 본능적인 욕구를 자제시키지 못하고 떼를 부리면 모든 것이 해결된다는 잘못된 신념을 갖게 한다. 그렇기 때문에 부모의 올바른 공감과 함께 필요한 것이 적절한 지도이다. 지도가 없는 공감은 자녀의 자기조절력과 표현력에 오히려 부정적인 영향을 미칠 것이다.

상담교사이자 초등학교 1학년 아들 쌍둥이 엄마인 나도 여전히 공감과 지도, 그 경계 사이에서 고민하고 있다. 상황에 따라 공감이 더 필요할 때가 있고 반대로 지도를 더 해야 할 때도 있기 때문에 공감 50%, 지도 50%로 항상 맞출 수 있는 건 아니다. 만약 그 비율을 누군가 딱 정해줄 수 있다면 부모로서 한시름 덜 것 같다. 초등학교 1학년인 나의 아이들은 쌍둥이로 태어나 형제간 서열이 애매한 탓에 매일 매일 전쟁을 일으킨다. 형은 걸핏하면 동생을 향해 그 작은 주먹을 날리고 형에게 맞은 동생은 울음이 터진다.

여기서 지도만 한다면 형은 동생을 때린 이유로 벌을 받아야 한다. 하지만 공감을 추가하면 형에게 때린 이유를 묻고 그 입장과 감정을 이해할 수 있다. 형제의 전쟁은 늘 동생이 자신보다 체구가 작은 형을 무시하는 것으로 시작하기에 나는 먼저 형의 속상하고 억울한 감정에 공감한다. 하지만 여기서 공감만 한다면 형이 동생을 때리는 문제행동은 계속될뿐더러 오히려 더 강화시킬 수 있다. 우선 공감으로 형의 입장과 감정을 이해한 후 바로 지도가 뒤따라야 한다. 지도를 통해 아무리 그렇더라도 동생을 때리면 안 된다는 것을 분명히 하고 다른 대체방법을 안내할 수 있다.

공감은 감정을 가진 사람이라면 누구나 할 수 있기 때문에 형과 동생에 대한 지도가 끝나고 나면 각자에게 "맞았을 때 동생의 마음은 어땠을 거 같아?", "네가 무시하면 형의 마음은 어떨 거 같아?"라고 물어본다. 이렇게 서로의 입장과 감정을 이해하고 느껴보게 하는 시간은 원만한 관계 형성뿐 아니라 공감능력 향상에도 도움이 된다.

나만의 자녀 지도방법

상담교사지만 쌍둥이 엄마로는 나도 초보였기 때문에 아이들을 지도하는 데 많은 시행착오를 겪었다. 고작 2분 차이의 형제이기에 형에게 무조건 양보하라고 하거나 동생을 잘 보살피라고 할 수 없었다. 그러기엔 동생의 몸집이 어딜 가서도 눈에 띌 정도로 크고 건장했다. 어쩌면 배 속에 있을 때부터 시작된 경쟁이 스스로 걷고 말을 하게 되고 생각과 감정이 생기면서 전쟁으로 변했을지 모른다. 하루에도 몇 번씩 반복되는 싸움으로 몸의 상처만큼이나 마음의 상처도 커졌고 나는 점점 장군이 되어 갔다. 이런 과정을 거치면서 아이들을 지도하는 나만의 노하우가 생겼고 그 방법을 소개하면 다음과 같다.

1. 삼진아웃제

아직 8살, 초등학교 1학년이기 때문에 부모가 한 번 말한다고 해서 바로 따르게 되진 않는다. 그렇다고 마냥 두고 볼 수는 없기 때문에 두 번까지는 말로 지도하지만 세 번이 됐을 때는 자신의 문제행동에 책임을 지도록 한다. 책임이라고 해서 거창한 것은 아니고 형 또는 동생에게 큰 소리로 사과하기, 30분 동안 존댓말 하기, 사과 편지 쓰기, 부탁 한 가지 들어주기 등이다. 이 방법을 썼을 때 장점은 부모가 화를 낼 수 있음을 미리 안내하고 경고할 수 있다는 것이다. 갑작스런 부모의 짜증과 화는 그렇게 된 이유는 배제된 채 감정만 아이에게 전달되기 때문에 지도 효과가 전혀 없다.

2. 형제 규칙

형제 규칙을 만들어 함께 지키도록 하는데 여기서 중요한 건 규칙을 만드는 주체로 부모가 아닌 아이들 스스로 정할 수 있도록 한다. 쌍둥이 형제가 제일 처음 정한 규칙은 '같은 일로 사과 세 번 이상 하지 않기'였다. 갈등상황에서 지난주 혹은 지난달의 일까지 꺼내서 서로 사과를 요구하는 일이 잦다 보니 많이 지쳤나 보다. "너 그때 그랬잖아! 나한테 사과해!" 이 말을 나 역시 그동안 얼마나 많이 들었는지 모르겠다. 어쨌든 서로 합의하여 규칙을 정한 이후에는 내 귀도 조금은 쉬게 됐다. 추가로 아이들이 정한 규칙을 크게 써서 붙여놓으면 수시로 확인할 수 있고 지도효과도 높일 수 있다.

3. 오늘의 주인공은 나

쌍둥이였기 때문에 장난감부터 옷, 신발, 책, 가구 등등 똑같이 두 개씩 샀지만 TV나 컴퓨터까지는 힘들었다. 게다가 엄마, 아빠도 한 명씩이니 애정표현에도 순서를 정해야 했다. 그러다 보니 항상 "내가 먼저야!"라는 말싸움으로 시작하여 몸싸움으로까지 번졌다. "오늘은 ○○가 먼저 해." 라고 말하면 쌍둥이 둘 다 불만인 표정으로 그 전에 서로 먼저 했었다며 억울함을 호소했다. 화를 내기도 하고 달래기도 하다가 딱 떠오른 방법이 하루씩 돌아가며 주인공으로 만드는 것이었다. 나는 거실에 있는 큰 달력에 아이들의 이름을 하루씩 번갈아 쓴 후 순서를 정해야 하면 오늘 누구의 날인지 확인하게 했다. 이제는 굳이 내가 말하지 않아도 아이들 스스로 달력을 확인한 후 서로에게 양보한다. 오늘은 양보해야 하지만 내일은 내가 주인공이 되기 때문에 참을 수 있다고 아이들은 웃으며 말한다.

05

부모로서 꼭 지킬 수 있는 약속 세 가지

상담교사라 하면 어떤 이미지가 떠오를까? 넓은 마음, 온화한 미소, 친절한 태도, 상냥한 말 등등. 천사 같은 이미지를 가진 상담교사는 자녀양육과 지도도 그렇게 할까? 이에 대해 나는 절대 아니라고 말하고 싶다. 학교에서는 상담교사로 공감과 수용을 하면서 나의 말을 아끼고 잘 듣기 위해 애쓰지만 집에서의 모습은 이와 정반대이다. 개구쟁이 아이들의 안전을 위해 소리를 지르게 되고 웃는 모습보다는 인상 쓴 모습을 많이 보이며 주로 훈계 위주의 내 말만 한다. 가끔은 쌍둥이가 내가 상담교사인 걸 계속 모르길 바란다. 엄마는 상담교사인데 왜 그러느냐는 말을 들을 준비가 아직 안 됐기 때문이다. 아이들과 함께하는 모습은 주변의 다른 가정과 비슷하지만 그래도 난 부모로서 꼭 지키는, 지키려 하는 세 가지가 있다.

자녀에 대한 관심과 열정으로 다양한 도서를 섭렵하고 거기에서 추천하는 방법을 모두 써보겠다 하는 부모가 있다. 하지만 자녀 지도에 있어 중요한 것은 방법의 가짓수가 아니라 지속성이다. 작심삼일(作心三日)이라고 결국 그 시도는 짧게는 일주일, 길게는 한 달을 넘지 못하는 경우가 많다. 그렇게 끝날 거 같으면 차라리 시작하지 않는 게 오히려 나을 수 있다. 이런 실패의 반복은 부모와 자녀 사이에 신뢰감을 떨어트릴 뿐이다. 보호자 상담을 할 때 나는 여러 가지 정보를 제공하고 문제에 적합한 자녀 지도 방법을 제시한다. 그리고 무엇보다 욕심을 버리고 부모로서 끝까지 지킬 수 있는 세 가지만 정해서 실천하라는 말을 꼭 한다.

내가 부모로서 지키는, 지키려 하는 세 가지를 소개하면 다음과 같다.

1. 아이와 같은 높이에서 눈 맞춤 하기

아이와 어른은 키 차이가 있기 때문에 의식적으로 눈 맞춤을 하지 않으면 대화를 하거나 훈계를 할 때 자녀의 얼굴과 표정은 보지 못한 채 일방적인 전달이 돼버리고 만다. 자녀 입장에서도 위로 올려다보는 시선에서의 부모 모습은 고압적으로 느껴질 것이다. 나는 아이와 대화할 때 몸을 낮춰 눈 맞춤을 하며 야단을 칠 때도 눈 맞춤을 통해 눈빛과 표정으로 자신의 감정을 전달할 수 있도록 한다. 아이와의 관계에서는 열 마디의 말보다 한 번의 눈 맞춤이 더 효과적일 때가 있다.

2. 아이에게 직접 물어보기

저학년의 많은 부모들이 내 아이는 아직 어리기 때문에 질문을 해도 답을 잘 못 할 거라 여기거나 부모인 내가 잘 안다고 생각하여 지레짐작으로 자녀의 감정과 생각을 마음대로 정해버린다. 하지만 자녀의 감정과 생각은 아이 스스로가 더 잘 알고 있다. 비록 표현이 서툴 수 있지만 기회조차 주지 않는 건 자녀 입장에서는 분명 억울할 것이다. 나는 유아기 때부터 감정이나 생각을 아이들에게 직접 물어봤다. 엄마의 섣부른 판단으로 '내 아이는 이럴 거야.'라고 대충 넘기지 않고 직접 물어보며 자신과 관련된 일은 스스로 결정할 수 있는 기회를 주고 있다.

3. '너'가 아닌 '나'로 말하기

말을 할 때 그 주어가 '너'가 되면 결과에 대한 모든 탓을 아이에게 해버리고 만다. 또한 문제해결을 위한 노력을 아이에게만 요구하게 되고 그로 인해 아이가 나의 요구를 수용하기보다 거부할 가능성만 높아진다. '너는 왜 그러니?', '네가 그랬잖아.', '네가 해야지.' 등의 말을 떠올려보면 쉽게 이해할 수 있다. 나는 아이들에게 말을 할 때 '너'가 아닌 '나(엄마)'로 표현한다. 예를 들면 '너 장난감 치워.'보다는 '엄마는 네가 장난감을 치우면 좋겠어.'로 '너 동생 또 때렸어?'보다는 '엄마는 네가 동생을 자꾸 때려서 속상해.'라고 말하는 것이다. '너'로 말할 때 아이들은 엄마 말을 참 안 들었는데 입장을 바꿔 생각해도 '나'로 표현하는 것이 훨씬 더 듣기 좋다.

내가 부모로서 지키는, 지키려 하는 세 가지를 매일, 모든 순간 지킨다고는 자신 있게 말할 수 없다. 하지만 적어도 7년 동안, 80% 이상은 지키고 있다고 말하고 싶다. 그리고 더 잘 지키기 위해 계속 노력 중이다. 우리는 자녀에게 완벽한 부모가 되기 위해 노력하지만 그럴 수 없다는 건 누구나 잘 알고 있다. 자녀에게 좋은 100가지의 방법보다 부모로서 내가 할 수 있는 세 가지를 지속적으로 실천하는 것이 더 중요하다. 짧은 주기로 반복되는 부모의 태도 변화에 아이들은 이렇게 말하곤 한다. "또 얼마나 가실까?"

06

친구 같은 부모님? 과연 좋을까?

보호자 상담이나 학부모 연수를 하면서 종종 듣는 말이 '친구 같은 부모가 되고 싶다'는 것이다. 그렇게 말한 건 분명 강압적이기 보다 수용적이고 자녀와 언제든 대화할 준비가 되어 있음을 표현하려는 의도였을 거라 짐작한다. 하지만 그 뜻이 왜곡되어 그야말로 진짜 친구 같은 부모가 되는 경우가 있다. '친구 같은 부모님, 과연 좋을까?' 상담교사로서 나는 아니라고 답하고 싶다. 눈에 보이지는 않지만 가족 간에는 경계선이 존재하는데 그 경계선이 명확하지 않고 애매하다면 모든 문제에 서로 지나치게 얽혀서 필요 이상의 영향을 받게 된다. 부모와 자녀 관계를 굳건하게 하려면 명확한 경계선과 함께 분명한 위계질서가 있어야 한다.

친구 같은 부모가 되는 것을 목표로 했던 보호자가 토로하는 어려움은 바로 '자녀가 말을 안 듣는다'는 것이다. 나와 평등한 친구 같은 관계였기 때문에 부모의 지도와 제한이 통제력을 잃은 것이다. 나는 심지어 초등학교 6학년 아이가 부모와 정말 친구처럼 다투는 상황을 목격한 적도 있다. 부모와 자녀는 절대 동급이 되어서는 안 된다. 특히 초등학생 자녀를 둔 부모는 아이를 훈육해야 하는 상황이 많은데 이때 권위와 위계질서가 없다면 그 효과는 조금도 기대할 수 없다. 하나의 인격체로 자녀를 존중해주는 건 맞지만 위계 없이 대하는 것은 부모와 자녀 관계에 부정적인 영향만 줄 뿐이다. 초등학생 자녀와 친구가 되고 싶다고 생각하는 부모가 혹시 있다면 다시 한 번 숙고하길 바란다.

그렇다면 부모가 자녀에게 존댓말을 쓰는 건 어떨까? 이 역시 좋다고 말할 수 없다. 부모는 분명 자녀 위에 존재해야 하고 기본적으로 부모는 아이를 하대하는 것이 맞다. 부부관계에서 서로에게 하는 존댓말은 자녀에게 긍정적인 영향을 주지만 자녀에게 쓰는 존댓말은 오히려 위계질서를 무너뜨린다. 보통은 자녀를 존중한다는 의미로 존댓말을 쓰게 되는데 이것이 꼭 존중하는 태도와 연결되는 건 아니다. 한편으로 자녀를 야단칠 때 갑자기 그전에는 하지 않던 존댓말을 쓰는 경우가 있다. 아이 입장에서는 존댓말이 혼날 때마다 듣는 말이 돼버려 거부감이 생기고 오히려 그 습득을 방해할 수 있다. 혹여 자녀가 존댓말을 잘 배웠으면 하는 바람으로 그동안 사용했다면 이제는 멈추길 바란다. 앞으로는 아이에게 하는 존댓말이 아니라 부부 관계에서 또는 부모가 주변 이웃이나 선생님, 조부모에게 사용하는 모습을 보여줌으로써 자연스럽게 습득하도록 해야 한다.

자녀에게 존댓말이 아닌 반말을 한다고 해서 자녀를 강압하거나 무시하는 것은 결코 아니다. 부모와 자녀 관계는 서로 간 존중과 신뢰를 바탕으로 분명한 위계질서도 함께 존재해야 한다. 그렇기 때문에 부모는 자녀에게 반말을 하고 자녀는 부모에게 존댓말을 하도록 지도할 필요가 있다. 상담에서 가족에 대해 이야기하던 중 부모의 이름을 친구처럼 호칭하던 4학년 아이가 있었다. "○○이는요. ○○이가요." 처음에는 친구에 대해 말하는 줄 알았으나 분명 부모를 일컫는 말이었고 상담 중 걸려온 엄마의 전화에 "어, ○○○."라고 받기도 했다. 이에 대해 아이는 부모님과 친구 같은 사이이며 장난을 자주 친다고 했다. 아이 입장에서는 부모에 대한 친근감의 표현일지 몰라도 나는 듣기가 영 거북했다. 실제로 아이는 부모와 갈등이 많았고 훈육이 잘되지 않았으며 자기중심적인 태도로 가정과 학교에서 어려움이 있었다. 이 아이와 부모를 상담하며 가장 중점으로 둔 건 부모와 자녀 관계에서 위계질서를 바로잡고 부모님은 아이에게 반말을 아이는 부모님에게 존댓말을 하도록 한 것이다.

친구 같은 부모가 되고자 한 건 자녀와 좀더 가까워지고 싶은 마음에서 비롯되었을 것이다. 이런 부모의 마음을 부정하는 건 아니다. 오히려 그만큼 자녀에게 관심과 애정이 있다는 말이니 상담교사로서 어느 정도는 지지한다. 남과 같은 사이, 부모의 무관심보다는 친구 같은 사이가 조금은 나을 수 있기 때문이다. 하지만 자녀를 위하는 마음만큼 자녀의 올바른 성장을 위해서는 부모로서 적절한 지도와 통제도 할 수 있어야 한다. 앞으로는 친구가 되고 싶었던 마음은 고이 간직하되 부모로서 분명한 권위와 위계를 가지고 뿌리 깊은 든든한 나무로 사랑하는 자녀와 함께하길 바란다.

07

실바람에도 흔들리는 부모 마음

한글공부 미리 해야 할까?

쌍둥이가 일곱 살이 되던 해에 나는 주변 사람들의 염려 섞인 조언을 많이 듣게 되었다. "아직 한글을 몰라 어떻게 해요?, 지금부터라도 공부시켜야죠." 또래 여느 아이는 한글을 떼고 동화책도 술술 읽는다며 너무 방치하는 건 아닌지 걱정한 것이다. 나는 쌍둥이가 한글에 호기심을 가지고 공부의 필요성을 스스로 느끼길 기다렸다. 아이들은 동화책을 보더라도 그림은 좋아했지만 아직 한글을 직접 읽고 싶어 하지 않았기에 "노는 게 제일 좋아!"라고 말하던 뽀로로처럼 조금은 더 열심히 놀고 재밌는 날을 보내길 바랄 뿐이었다. 내 인생을 돌아봤을 때 공부 스트레스나 앞날에 대한 걱정 없이 그야말로 순수하게 놀 수 있었던 시절은 딱 초등학교 들어가기 전까지였던 거 같아 더 그런 마음이 들었다.

초등학교 1학년 교실에 들어가 보면 아이들의 수준은 정말 천차만별이다. 입학한지 얼마 되지 않았음에도 선생님이 나눠준 안내장을 막힘없이 읽을 수 있는 아이와 함께 자기 이름 석 자도 제대로 못 쓰는 아이도 있다. 담임교사 한 명이 모든 아이의 수준을 일일이 고려하여 지도하는 것이 참 힘들겠다 싶었다. 초등학교 1학년 입학 전에 '한글을 떼야 하나?, 안 떼도 되나?'라는 질문에 정답은 없다. 그나마 내가 생각하는 답은 아이가 학교 수업에 흥미를 잃지 않을 정도여야 한다는 것이다. 한글부터 수학에 영어까지 선행교육이 지나치면 아이는 교실에서의 공부가 재미없어진다. 그리고 자기만큼 하지 못하는 친구가 이해되지 않고 심하면 친구들을 무시하는 태도를 보여 대인관계능력 형성에도 부정적이다.

수업 중에 자꾸 책상에 엎드리고 잘 듣지 않으며 옆 친구의 공부를 방해하여 상담 의뢰된 1학년 아이가 있었다. 나는 공부가 어려워서 그럴 거다 생각했지만 아이는 의외로 다 아는 내용이라 재미도 없고 시간도 잘 안 가서 그렇다고 말했다. 이미 다 알고 있는데 학교를 왜 와야 하냐는 질문에 나는 선뜻 답하지 못했다. 초등학교 상담교사로 있으면서 내 아이들이 초등학교 교실에 앉아 있을 모습을 상상하곤 했다. 그럴 때마다 나는 쌍둥이가 교실에서 새로운 것을 알아가는 재미와 성취감을 느끼길 바랐다. 그러나 나만의 교육관을 분명히 가지고 있다고 여겼음에도 나도 부모인지라 주변 사람들의 말에 마음이 흔들릴 때가 많았다. 이게 맞다, 저게 좋다, 이렇게 해야 한다며 확신에 찬 조언을 들을 때마다 '내가 잘못하고 있는 건가?' 하고 생각했으며 부랴부랴 학습지나 학원을 알아본 적도 있다.

마냥 놀기만 할 거 같았던 쌍둥이가 일곱 살 여름방학 무렵 나에게 와서 말했다. "엄마! 우리도 한글 하자. 나 간판도 읽고 싶고 유튜브 찾기도 하고 싶어." 이전에는 한글을 몰라 가게 간판이나 현수막 등을 그림으로 유추해서 이해했는데 이제는 정확히 알고 싶다고 한다. 무엇보다 유튜브에서 자기가 보고 싶은 걸 검색하고 싶은데 한글을 몰라 매번 엄마나 아빠한테 부탁했던 게 힘들었나 보다. 본인이 원하고 필요에 의해 시작된 한글공부는 일사천리로 진행됐다. 빨리 배우겠다는 욕심에 아이들이 먼저 한글공부를 재촉하는 진풍경도 있었다. 아이들의 성향과 타고난 능력에 따라 한글을 떼는 기간은 각자 다르겠지만 쌍둥이는 그 기간이 비교적 짧았던 거 같다. 한글을 배우고 나서 아이들이 처음으로 유튜브에 직접 검색한 단어는 각각 꿀벌과 공룡이었다.

누군가의 강요로 억지로 한 공부가 아니었기에 쌍둥이에게 '공부 첫 경험'은 좋은 추억으로 남아있다. 그리고 초등학교 1학년이 된 지금 아이들은 학교 공부를 재밌어하고 집에 돌아오면 항상 무엇을 배웠는지 엄마에게 자랑스럽게 알려준다. “오늘 이렇게 하는 걸 배워서 앞으로 이런 걸 할 수 있게 됐어.”라고 말이다. 만약 그때 주변 사람들의 말에 따라 아이들은 원하지 않는데 억지로 공부를 시켰다면 지금 결과가 어땠을까 생각한다. 나도 귀가 얇은 편이라 나의 교육관을 지키는 것이 그리 쉽지 않다. 그렇지만 나는 내 아이들을 위해 여기저기 흔들리지 않으리라 매일 다짐한다. 주변에서 좋다고 하는 방법이 내 아이들에게도 무조건 좋을 리가 만무하기 때문이다. 자녀에게 좋은 것만 주고 싶기에 실바람에도 흔들리는 게 부모 마음이라지만 필요한 순간에는 부모로서 뚜렷한 주관도 가져야 한다.

스마트폰은 언제 사줘야 할까?

길을 걷다 보면 스마트폰 세상에 빠져 앞도 제대로 보지 않고 가는 사람을 많이 본다. 그러다 서로 부딪치기도 하고 장애물을 미처 피하지 못해 넘어지기도 한다. 한동안 보지 못했던 친구와 오랜만에 만나서는 서로를 바라보며 대화하기보다 각자 스마트폰을 쳐다보고 있거나 심지어 그 자리에서 카카오톡으로 대화하기도 한다. 과몰입과 중독 문제로 골머리를 앓아도 결국 스마트폰은 현대사회에 없어서는 안 될 필수품이 됐다. 이런 스마트폰의 필수성은 초등학교 아이들에게도 마찬가지였고 없으면 오히려 이상할 정도이다. 그러나 하루에 몇 시간씩 스마트폰만 잡고 있는 자녀에 대한 부모의 잔소리 역시 필수가 됐고 또 그 모습을 본 다른 사람들은 '그럴 거면 왜 사준 걸까?'하는 시선을 보내고 있다.

육아 선배들은 나에게 종종 아이들에게 스마트폰을 사주면 그때부터 전쟁이 시작될 거라는 정보를 주었다. 그 무시무시한 경고에 나는 초등학교에 입학하는 쌍둥이에게 스마트폰을 사줄 생각을 조금도 하지 않았다. 이번만큼은 주위 육아 선배들의 조언을 듣는 게 좋겠다고 생각한 것이다. 그런데 시간이 지날수록 아이들에게 바로 연락을 할 수 없는 문제로 어려움이 생겼다. 특히 첫째 아이의 경우 일주일에 한 번은 주기적으로 피부과 레이저치료를 받아야 했는데 맞벌이 가정이다 보니 병원에 동행하는 어른이 할머니, 할아버지까지 총출동하여 매주 바뀌고 고정적이지 못했다. 게다가 코로나 상황인지라 둘째 아이는 병원에 함께 가지 못하고 혼자 태권도 학원에 가야 했다. 나는 첫째 아이가 병원에 가는 날이면 담임 선생님, 태권도 사범님께 문자를 드려 오늘의 쌍둥이 일정을 알렸지만 갑작스런 사정으로 일정을 변경해야 할 때는 여간 힘든 게 아니었다.

어느 날은 모르는 번호로 전화가 와서 조심스럽게 받았는데 첫째 아이가 울면서 이가 아프다고 한다. 알고 보니 보건실에 직접 찾아가 엄마에게 전화를 걸어달라 한 것이다.

첫째 아이가 꽤 덤벙거리기도 하고 벌들과 친하다 보니 넘어지거나 벌에 쏘일 때가 많았고 그럴 때마다 나는 알지 못하는 번호로 연락을 받게 됐다. 어떤 때는 친구의 스마트폰을 빌려 나에게 전화한 적도 있어 아이들이 초등학교에 입학한 후에는 더 이상 모르는 번호라고 거부할 수 없었다. 위급할 때 엄마에게 어떻게 전화할지를 고민하고 찾아다닐 아이들을 상상하니 스마트폰이 없는 게 맞는 건가 하는 생각이 들었다. 그리고 그동안 내가 스마트폰의 부가적인 기능만 너무 우려하며 정작 주요 기능은 무시했던 게 아닌가 하는 자책감이 들었다.

'아이에게 스마트폰은 언제 사줘야 할까?' 이 질문에 쉽게 답할 수는 없다. 아이의 타고난 기질과 주어진 상황이 각자 다르기 때문에 그 어떤 전문가의 말도 반드시 정답인 건 아니다. 다른 집 아이가 어떻든 옆에서 어떻게 조언하든 내 아이에 대한 정답은 결국 부모가 정하는 것이다. 부모가 관찰한 자녀의 특성이 뭔가에 잘 빠지고 자기가 하고 싶은 것만 하려 들며 지도에 잘 따르는 편이 아니라면 스마트폰을 사주는 시기는 자기조절력이 생길 때까지 최대한 늦추는 게 좋다. 하지만 그렇지 않다면 사정에 따라 조금 이른 시기에 스마트폰을 사줄 수도 있다고 생각한다.

초등학생 자녀에게 스마트폰을 사준다면 사용 규칙을 아이와 함께 정하는 게 좋다. 나는 스마트폰 사용과 관련해 쌍둥이와 세 가지의 약속을 정했다. 첫째, 학교에서는 소리가 나지 않게 해서 가방에 넣어두기. 둘째, 유튜브 시청이나 게임은 집에 와서 정해진 시간만큼 하기. 셋째, 학교를 벗어나면 스마트폰을 목에 걸고 다니며 연락 잘 주고받기. 만약 지금까지 육아 선배의 정보만 믿고 있었다면 나는 쌍둥이에 대한 걱정으로 많은 스트레스를 받고 있었을 것이다. 물론 전문가의 주장처럼 어린 나이 아동의 스마트폰 사용이 좋은 건 아니다. 그렇지만 나는 상황에 따라서는 무조건 좋지 않다고 여기며 물러서기보다 위험을 감수하고 도전하되 아이가 올바르게 사용할 수 있도록 부모가 함께 노력하는 것이 맞지 않을까 생각한다.

제 말을 이해 못하시겠어요?

상담 진행 중 나는 아이가 이야기한 것을 정리하여 "이렇게 말한 게 맞니? 그래서 이렇다는 거지?"라고 물었다. 아이의 말을 요약하고 정리하는 이유는 내가 이해하고 있는 게 맞는지 확인하고 상담방향을 제대로 유지하기 위함이다. 그런데 뜻밖에도 아이는 짜증스럽게 말한다.

"선생님! 제 말을 이해 못하시겠어요?"

아이의 반응에 선뜻 수용도 공감도 하지 못했다. 아무리 자신을 편하게 내보일 수 있는 상담이라도 기본적으로 지킬 예의가 있다. '아이를 좀더 이해하기 위해 한 질문이 오히려 나를 비난하는 말로 돌아오다니…'

며칠 후, 아이의 문제해결을 돕기 위해서는 가정 내 생활도 확인할 필요가 있어서 어머니께 전화를 했다. 어머니는 상담교사의 전화상담에 흔쾌히 응하시며 아이에 대한 이야기를 이어갔다. 그런데 어머니께서 제공하는 정보가 너무 많아 중간에 한 번 정리하여 말씀드리고 맞는지 확인했다가 깜짝 놀랐다.

"선생님! 제 말을 이해 못하시겠어요?"

정말 토씨 하나까지도 아이와 똑같은 말버릇.

'아! 그래서 자녀는 부모의 거울이라 하나 보다.'

08
교사의 마음이 건강해야 학생의 마음도 건강하다

나의 건강이 곧 학생의 건강

내가 초등학교에 와서 놀란 것 중 하나가 담임교사의 중대한 역할이었다. 중학교와 고등학교도 담임교사의 역할이 중요하긴 하지만 여기에 비할 바가 아니었다. 아이들이 학교에 있는 동안 거의 모든 시간을 담임교사와 함께하다 보니 그 영향력은 이루 말할 수 없다. 그렇기 때문에 초등학교 담임교사의 마음건강이 무엇보다 중요한 것이다. 하지만 일과 중에는 아이들을 교육, 지도하고 나머지 시간은 잡무에 시달리는 선생님에게 자신의 마음을 돌볼 여유는 없을 거 같다. '부모님의 마음수업'에서 대다수의 보호자가 자녀의 마음건강에만 집중하여 자신을 돌보지 못하는 것이 안타까웠는데 선생님은 아이들뿐 아니라 부모님들의 마음건강까지 신경써야 하는 입장이기에 그 어려움은 배가 된다.

올해 초등학교 1학년인 나의 쌍둥이 아이들은 에너지가 차고 넘친다. 집에서 관찰하다 보면 가끔 스스로도 그 에너지를 주체하지 못하고 흥분상태로 도저히 이해할 수 없는 행동을 한다. 아들만 둘이다 보니 정돈된 집은 상상하기 힘들고 '나한테 이런 모습도 있었나?'하는 생각이 들 만큼 나 역시 이상 행동을 하게 된다. 둘만으로도 마음속에 참을 인을 몇 번이나 새기는데 20명 가까이 되는, 혹은 20명이 넘는 아이들을 보며 담임교사는 얼마나 힘들까 싶다. 게다가 저학년일수록 신체기능이 아직 균형 잡혀 있지 않아 교육보다 돌봄이 필요할 때가 많고 주의력도 약해 수업 진행이 어려우며 사회성이 커가는 시기라 교실 안에서 소소한 갈등도 빈번히 발생할 것이다.

한시도 선생님을 가만히 놔두지 않을 교실 풍경이 그려지며 이런 상황에 자신의 마음까지 돌봐야 하는 임무를 드리는 것 같아 내 마음도 좋지 않다. 하지만 내 몸이 아픈 상태에서는 교육과 지도가 잘 되지 않는 것처럼 마음이 아프고 지친 상태에서도 마찬가지이다. 내 마음이 건강하지 않을 때는 반복되는 일상에 불만이 생기고 늘 있었던 아이들의 질문에도 예민하게 반응할 수 있다. 나의 아픈 마음 상태가 지속될수록 아이들의 마음에도 부정적인 영향을 주며 결국 학생들과의 관계도 망치게 될 것이다. 나의 몸과 마음이 건강해야 수업의 질도 높아질 수 있으며 내가 행복해야 우리 반도 행복할 수 있다.

상담교사는 양성부터 채용까지 그 과정이 초등학교 교사와 차이가 있기 때문에 조금은 다른 입장에서 관찰자가 되기도 한다. 상담교사인 내가 관찰한 초등학교 교사의 특징은 다음과 같다.

첫째, 아이들에 대한 책임감이 강하다.

둘째, 아이들에게나 동료교사에게 모범적이다.

셋째, 아이들을 잘 지도하고자 하는 의지가 크다.

넷째, 아이들에 대한 애정이 넘친다.

다섯째, 아이들에게 제2의 보호자이다.

같은 학교현장에 있지만 나는 초등학교 선생님들이 존경스럽다. 초등학교 교사에게는 내가 아직 발견하지 못한 좋은 점이 많은데 안타깝게도 이것이 굴레가 되기도 한다. 즉 이런 좋은 점이 초등학교 교사에게 '더 잘해야 한다.'는 신념을 갖게 하고 스스로 만족하지 못한 채 끝없이 자신을 채찍질하게 만들기 때문이다. 비합리적 신념은 당연히 교사의 마음건강에 부정적으로 작용한다. 자신의 장점, 강점보다 단점, 결점을 먼저 보고 매일 채찍질하고 있을 선생님들에게 '지금도 충분히 잘하고 있다.'고 말씀드리고 싶다.

마음을 건강하게 하는 방법

상담교사로서 선생님의 마음건강을 위해 추천하는 방법 두 가지는 '내려놓기'와 '인정하기'이다.

1. 내려놓기

초등학교 교사는 아이들의 문제에 대해 본인 탓을 하는 경우가 생각보다 많았다. 책임감을 가지고 잘 지도하고자 노력했음에도 불구하고 결과가 좋지 않은 것에 대해 담임교사는 자기 탓을 하며 무척 힘들어한다. 하지만 그 결과가 담임교사의 탓인 경우는 극히 드물다. 예를 들어 초등학교 저학년 아이들에게 많이 나타나는 주의력결핍 과잉행동장애(Attention-Deficit Hyperactivity Disorder, ADHD)는 10% 정도의 유병률을 보인다고 한다. 반마다 약 1~3명꼴로 주의집중을 못하고 선생님의 지시에 따르지 않으며 자리에 앉아있지 않고 수업을 방해하는 아이가 있는 셈이다.

주의력결핍과 과잉행동을 보이는 아이는 새 학기 첫날부터 쉽게 눈에 띈다. 때문에 담임교사는 해당 아이에게 더 많은 관심을 갖게 되고 어떻게든 지도하고자 시간과 노력을 투자하나 치료가 병행되지 않는 한 그 효과는 미미하다. 사실 주의력결핍 과잉행동장애의 주요 원인은 환경이나 교육의 문제가 아닌 유전이다. 부모로부터의 유전이 70~90%를 차지하기 때문에 결국 부모의 의지와 노력 없이는 완전한 문제해결이 힘들다.

'내려놓기'라고 해서 아이들에 대한 선생님의 지도를 포기하라는 건 아니다. 부디 선생님이 마음의 짐을 조금 덜고 더 이상 내 탓을 하지 않길 바랄 뿐이다. 새로운 해를 맞이할수록 마음이 아픈 아이들이 점점 많아지고 있다. 늘어나는 수만큼 문제의 수준도 심각해지고 있기에 담임교사의 지도와 함께 전문상담이나 치료적 접근도 절실히 요구된다. 앞으로는 선생님 혼자 애쓰기보다 '내려놓기'를 통해 아이에 대한 현실적인 기대감을 가지고 우리 모두 함께 노력했으면 한다.

2. 인정하기

여기서 말하는 '인정하기'는 교사가 자기 자신에 대해 하는 것이다. 보통 초등학교 교사는 아이들과 다른 사람에게 인정과 칭찬의 표현을 참 잘한다. 하지만 오히려 자신에게는 너무 인색한 편이다. 아이들을 가르치거나 대할 때는 항상 따뜻한 미소를 짓는 선생님이 정작 자기 자신에게는 굉장히 차갑다는 것을 종종 느낀다. 나의 노력과 능력은 인정하지 않고 부족함에만 집중하는 자세는 선생님의 마음건강에 치명적이다. 단점과 결점에만 몰입하면 자연히 열등감을 갖게 되고 교사로서의 자존감이나 효능감도 떨어지기 때문이다.

'인정하기'는 자신에게 직접 인정하는 표현을 하거나 마음속으로 생각할 수도 있지만 보다 효과적인 방법은 나비포옹법을 활용하는 것이다. '부모님의 마음수업'에서 부모의 불안감을 해소하기 위해 추천했던 방법이지만 나비포옹법으로 자신을 인정하고 칭찬할 수도 있다. 우선 양팔을 'X자'로 교차하여 두 손을 각각 반대쪽 어깨에 올리고 어깨를 서너 번 토닥토닥 두드려주거나 자신을 꼭 안아주며 이렇게 말해보자. "잘했어!" "최선을 다했구나!" "오늘도 고생했어!"

09

교사효능감 높이기

교사효능감이란?

10년 전 나는 박사과정 중이었는데 '교사의 심리학적 분석'이라는 수업을 통해 교사효능감에 대해 듣게 되었다. 처음 듣는 개념은 아니었으나 당시만 해도 교육현장에서는 학생이 학업 상황에 잘 적응하고 과제를 잘 수행할 수 있다고 믿는 자기효능감이 대세였기 때문에 교사효능감에 대한 관심은 매우 적었으며 언급도 거의 없었다. 지금도 별반 다르지 않은 것 같지만 그때는 교사의 심리나 교사효능감은 교육현장에 꼭 필요한 영역은 아니라고 여겼던 거 같다. 교육의 3주체는 교사, 학생, 학부모임에도 대부분의 연구가 학생에게만 집중되는 현실을 우리는 반성해야 한다.

교사효능감이란 교사가 학생들에게 얼마나 긍정적인 영

향력을 발휘할 수 있는지에 대한 교사 신뢰 수준을 의미한다. 교사로서 학생들에게 긍정적인 영향을 줄 수 있다고 생각하느냐는 질문은 묻는 사람이나 받는 사람이나 모두에게 어색할 수 있다. 어쩌면 너무나 당연한 결과를 묻는 질문이기 때문이다. 하지만 이 질문에 모든 교사가 확신에 차서 '그렇다'고 답하진 못할 것이다. 아니라고 하거나 또는 쉽게 답하지 못하다가 결국 '모르겠다'로 마무리할 수도 있다.

교사효능감은 궁극적으로 교사 자신의 존재 이유에 대한 질문이기도 하다. 교사효능감은 고정되어 있는 것이 아니기에 환경이나 상황에 영향을 받고 매일 다를 수 있으며 노력에 따라 높아질 수도 있다. 이런 교사효능감은 학생들의 학습동기를 향상시키고 학습효과를 높일 뿐 아니라 교사 자신의 마음건강에도 긍정적인 영향을 미친다. 교사로서 수업의 질을 높이는 것도 중요하지만 교사효능감도 함께 높일 수 있도록 노력해야 한다.

교사효능감을 높이는 방법

상담교사로서의 효능감과 초등학교 교사로서의 효능감은 다소 차이가 있겠지만 일반적으로 교사효능감을 높이는 방법은 다음과 같다.

1. 실패보다 성공경험에 집중하자.

누구나 시행착오를 겪고 실패를 경험하며 또 누구든지 성공경험을 할 수 있다. 교사효능감을 높이기 위해서는 실패보다는 성공경험에 집중해야 한다. 실패에 대한 반성의 시간도 필요하지만 반대로 어떻게 성공하게 되었는지를 분석하고 그것을 반복하는 게 더 중요하다.

2. 오늘 내가 이룬 성취 세 가지를 찾자.

하루를 돌아보며 오늘 내가 이룬 성취 세 가지를 찾아보자. 의식적으로 하지 않으면 그 날 있었던 안 좋은 일과 하지 못한 일에만 집중하게 된다. 작더라도 오늘 내가 이룬 성취를 정리하고 스스로를 칭찬하면 교사효능감도 그만큼 커져 있을 것이다.

3. 좋은 관계에 집중하자.

어느 곳에서나 다른 사람과의 관계는 우리의 심리상태에 큰 영향을 미친다. 좋은 관계가 있으면 힘들고 부정적인 관계도 있기 마련인데 이는 학교에서도 마찬가지이다. 부정적인 관계에 집중하는 건 에너지 소모가 심한 것에 비해 얻을 수 있는 게 없고 결과도 좋지 않다. 반대로 좋은 관계에 집중하면 동료, 선배교사와 상호 협력하며 서로 의견을 교환하는 것만으로도 나의 교사효능감을 높일 수 있다.

4. 자기개발을 멈추지 말자.

누구에게나 배움에는 끝이 없다. 의무적으로 받아야 하는 교육이 더 이상 없다고 하여 멈춰있으면 점차 도태될 뿐이다. 지속적으로 자기개발을 하며 앞으로 나아가다 보면 새로운 나를 발견할 수 있고 교사효능감도 높일 수도 있다. 자기개발로는 석사과정 또는 박사과정 진학, 교육연수, 전문연수, 자격증 준비 등 다양하게 고려할 수 있다.

5. 스트레스를 관리하자.

스트레스는 만병의 근원인 만큼 평소에 잘 관리해야 한다. 스트레스가 높을수록 교사효능감은 떨어지므로 나에게 맞는 적절한 방법을 찾아 스트레스를 조절할 필요가 있다. 그 방법으로는 산책, 운동, 음악 듣기, 책 읽기, 맛있는 음식 먹기 등 다양하게 생각할 수 있다.

교사효능감을 높이는 방법은 교사마다 각자 다 다를 수 있다. 하지만 어떤 방법이든 자신에게 맞는 방법을 찾아 교사효능감을 높이길 바란다. 어느 날 누군가 선생님에게 '교사로서 학생들에게 긍정적인 영향을 줄 수 있다고 생각하나요?'라고 묻는다면 확신을 가지고 '그렇다'고 답할 수 있길 기대한다.

10
선생님은 혼자가 아니에요

혼자라는 생각

강원도의 경우 2016년이 돼서야 초등학교에 상담교사가 배치되기 시작했다. 상담교사의 입장에서 초등학교는 '상담'이라는 나무가 갓 심어져 이제야 겨우 뿌리내리고 있는 그런 곳이다. 대부분의 학교에서 상담교사는 보통 한 명이기 때문에 '혼자'의 의미를 누구보다 잘 알고 있다. 더욱이 상담교사는 양성부터 채용까지 초등학교 교사와 다르기 때문에 혼자라는 느낌이 마음속에 더 크게 자리 잡고 있다. 상담교사라면 누구나 아이들의 어려움과 문제를 해결하기 위해 혼자 애쓴다는 것이 얼마나 외롭고 힘든지 잘 안다.

중학교와 Wee센터를 거쳐 초등학교에 처음 왔을 때 나는 낯선 존재였다. 발령받은 초등학교에 상담교사로는 첫 배치였기 때문이다. 당시에는 상담교사인 내 역할에 대한 학교의 이해가 너무 부족했고 나 역시 초등학교 교사에 대한 이해도가 낮았다. 이로 인해 본의 아니게 서로 오해하거나 실수를 저지르기도 했다. 하지만 그런 상황에서도 나는 담임교사가 애쓰는 모습에 존경심과 함께 동질감도 느꼈다. 자기 반 아이들을 위해 혼자 고군분투하는 모습을 보며 나와 처지가 비슷하다고 생각한 것이다. 내가 본 초등 담임교사는 아이들에 대한 책임감이 크고 현재 드러나는 어려움뿐만 아니라 예상되는 문제까지 미리 헤아려 지도하고자 했다.

아이들 앞에서는 든든한 나무와 같았지만 각자 저마다 어렵고 안타까운 사정을 가지고 있었다. 힘든 기색을 숨기고 항상 아이들을 향해 웃어주는 선생님의 모습에 안쓰러움을 느끼기도 했다. 내가 경험한 초등 담임교사는 어떤 문제가 있을 때 되도록 다른 사람에게 피해를 주지 않게끔 혼자 어떻게든 해보려 한다. '기쁨은 나누면 배가 되고 슬픔은 나누면 반이 된다'는 말이 무색하게 담임교사는 자신의 어려움이나 슬픔을 나누면 동료교사도 함께 힘들어질 거라 여긴다. 한편 상담에서 비밀보장을 하듯 자식과도 같은 우리 반 아이의 문제를 다른 사람이 알게 하지 않으려는 이유도 있는 것 같다.

초등학교 아이들에게 보이는 심리적 문제의 수준이 해마

다 심각해지고 있다. 담임교사의 지도를 넘어 전문적인 접근이 필요한 아이가 점차 많아지고 있는 것이다. 상담교사인 나조차도 아이의 문제해결을 돕는 데 한계를 느낄 때가 많다. 전문상담과 병원치료가 요구되는 아이를 대하는 담임교사는 좌절감, 무력감, 죄책감, 쓸쓸함, 답답함, 혼란스러움 등 여러 감정을 동시에 느끼기 마련이다. 나는 이런 감정에 공감하고 담임교사가 아이를 위해 가고 있는 그 길을 함께하는 든든한 동반자가 되길 바란다.

혼자가 아니에요

누구나 알고 있는 '백지장도 맞들면 낫다'라는 속담은 아무리 작고 사소한 일이라도 함께하면 더 쉬워진다는 말이다. '개미 천 마리가 모이면 맷돌도 든다'라는 표현도 있는데 아무리 미약한 힘이라도 합하면 어려운 일도 해낼 수 있다는 의미다. 고개를 들어 옆을 보면 담임교사만큼 아이를 위해 애쓸 준비가 되어 있는 상담교사가 있을 것이다. 상담교사는 마음전문가로 담임교사와는 조금 다른 시각과 입장에서 새로운 방법으로 아이를 도울 수 있다. 어쩌면 담임교사가 아직 풀지 못한 숙제를 상담교사와 함께하며 기막히게 풀게 될지도 모른다.

담임교사 입장에서 보호자에게 아이의 심리적 문제, 병

원치료의 필요성에 대해 말하는 건 참 어려운 일이다. 보호자는 담임교사의 의견을 '설마'로 받아들이고 싶어 하기 때문에 본의 아니게 갈등이 생기기도 한다. '내 아이를 싫어하나?, 문제아로 생각하나?' 하는 오해로 이어질 수 있는 것이다. 하지만 상담교사는 보호자에게 아이의 심리적 문제나 병원치료의 필요성을 보다 전문적으로 전달할 수 있다. 보호자도 담임교사를 통해 어느 정도 자녀의 문제에 대해 들었기 때문에 제3자가 추가로 제시하는 의견은 좀더 쉽게 수용한다. 더욱이 그 3자가 앞에 '전문'이라는 단어가 붙는 상담교사이기 때문에 그 효과는 생각보다 크다.

어떨 때는 담임교사가 오랫동안 힘들어했던 문제가 상담교사의 시각으로 새롭게 해석될 수도 있다. 담임교사가 문제에 대한 시각을 바꾸면서 생각보다 쉽게 문제가 해결되기도 한다. 혹은 반대로 그동안 가볍게 여겼던 문제에 대해 인식하게 되면서 '소 잃고 외양간 고치기' 전에 예방도 가능하다. 담임교사는 혼자가 아니다. 마음을 열고 보면 동료와 선배교사가 곁에 가까이 있고 시선을 돌리면 언제나 손 내밀어줄 상담교사도 있다. 특히 상담교사는 혼자서 애쓰는 고단함에 대해 잘 알고 있기 때문에 담임교사의 마음을 충분히 공감해줄 수 있을 것이다. 상담교사와의 협력을 통해 아이의 문제해결뿐 아니라 담임교사의 마음도 위로받았으면 한다.

episode 13

너와 나의 기준

쌍둥이 중 첫째는 유아시절부터 사교성이 참 좋았다. 잠깐 동안에도 친구가 몇 명씩 생겼다 사라지곤 했으니 말이다. 초등학생이 된지 세 달쯤 된 어느 날, 놀이터에서 처음 보는 친구와 잘 어울려 놀다가 갑자기 나에게 달려와 이렇게 말한다.

"엄마! 나 여자친구 생겼어!"

'응?' 설마 하는 생각에 아이에게 "여자인 친구를 말하는 거야?"라고 되물었지만 그런 엄마가 답답한지 첫째는 "진짜 여자친구!"라고 거듭 강조한다.

'아…. 벌써 이성관계에 눈을 뜬 건가? 난 아직 마음의 준비가 안됐는데…'

숫기가 없어 그야말로 노총각이 될 뻔한 남편을 닮지 않아 다양이다 싶으면서도 여자친구에 대해 첫째와 내가 생각하는 기준이 똑같을지 궁금했다. 결과적으로 우리의 기준은 너무 달랐고 아이는 이전 친구보다 좀더 마음에 들었다는 걸 표현하고 싶었단다.

초등학교에서 상담을 하다 보면 아이들이 이성관계에 대해 이야기할 때가 있는데 그 관계에 대한 기준이 나와 참 다르다. 아이들은 보통의 친구보다 조금 더 친하면 그걸 사귄다고 표현하는 듯했다. 처음에는 1학년 아이들이 말하는 이성관계에 대해 '벌써?'하며 놀라기도 했으나 생각하는 기준이 다르다는 걸 알고는 이젠 태연하게 어떤 친구를 이성친구라 생각하는지 먼저 묻는다.

11

허용과 통제 그 경계 사이

교사라면 학생을 지도하는데 있어 어디까지 허용하고 어디까지 통제할지에 대한 고민이 있었을 것이다. 과거의 학교교육은 학생의 행동을 통제하고 지식을 주입하는데 집중했지만 최근에는 학생의 자율성을 인정하고 스스로 문제를 해결하며 공동체 의식을 경험하도록 하는데 초점을 두고 있다. 많은 교육학자가 학생을 존중하며 제한과 통제보다는 신뢰와 허용을 바탕으로 지도하도록 주장하고 있으나 이것이 학교현장과 모든 교사에게 정답은 아니다. 실상 초등학교에서는 저학년일수록 통제가 더 필요하고 반 아이들의 성향에 따라 허용과 통제의 비율이 달라질 수 있기 때문이다.

초등학교 담임교사는 자신의 학급을 잘 통제하고 유지해야 하는 책임을 가진다. 20명 가까이 되는 혹은 20명이 넘는 아이들을 지도해야 하는 담임교사는 어쩔 수 없이 허용보다는 통제를 선택하는 경우가 많다. 하지만 무조건적인 통제는 아이들의 성장과 발달을 돕기보다 그 순간 나쁜 행동을 중지시키는 장치만 될 뿐이다. 문제행동의 개선이라기보다 억지로 누르는 정도이므로 효과는 그리 오래가지 못한다. 그렇다고 무조건적인 허용이 좋은 걸까? 지나친 허용은 아이들이 지켜야 할 규칙을 무너뜨리고 자기중심적인 사고만 키울 수 있다. 결국 공통적으로 모든 경우에 적용할 수 있는 답은 없다. 그때의 상황에 따라 통제가 더 필요할 수도 있고 또는 허용을 좀더 할 수도 있는 것이다.

상담교사는 어떨까? 무조건적인 허용만 있을 거 같은 상담에도 통제가 분명히 존재한다. 담임교사의 수업에 비해 상담은 허용 범위가 큰 편이지만 나를 다치게 하거나 다른 사람을 다치게 하는 행동, 위험하거나 위협이 되는 행동, 도덕적 또는 사회적으로 수용될 수 없는 행동 등에 대해서는 제지와 통제를 한다. 상담이지만 아이의 문제와 태도에 따라 어떨 때는 통제를 더 많이 하게 된다. '하면 안 돼! 그만해!'라고 하며 허용과 통제, 그 경계 사이에서 상담교사는 오히려 더 큰 고민을 한다. 그래서 나는 그때마다 '무엇이 아이를 위해 가장 좋을까?'를 먼저 생각하고 결정하려 한다.

학급운영과 학생지도에서 가장 중요한 것은 담임교사로

서 명확한 기준과 규칙을 세우는 일이다. 즉 반 아이들에 대한 담임교사 나름대로의 판단에 따라 허용과 통제의 기준을 분명히 하는 것이다. 이때는 어떤 걸 가르칠 것이고 장기적으로 아이들에게 어떤 도움이 되는가를 고려해야 한다. 또한 학급회의를 통해 허용과 통제의 기준을 아이들과 함께 공유하고 협의하는 과정을 거치는 것이 좋다. 통제할 때는 담임교사가 단호한 태도를 보여야 하지만 그전에 아이들과 신뢰관계가 먼저 형성되어 있어야 한다. 그렇지 않으면 아이들은 담임교사의 통제에 따르지 않고 반항하게 될 수도 있다.

담임교사의 지시에 전혀 따르지 않고 반항심을 보인다고 하여 의뢰된 6학년 아이가 있었다. 상담실에서 처음 만난 날, 아이는 생각보다 순응적이고 나의 말에 잘 따랐다. 그러나 상담실에 오게 된 이유를 묻자 그때부터 표정이 어두워지더니 자기는 원하지 않았는데 선생님이 가라고 해서 왔다고 말했다. 아이는 담임교사에 대해 '내 말은 하나도 듣지 않으면서 무조건 하라고만 한다'며 불평했다. 아이는 담임교사와 신뢰관계가 전혀 없었고 사춘기까지 더해진 상태였다. 그렇기 때문에 담임교사의 합당한 지도에도 '내가 왜?'라고 생각하며 반대로만 행동하려 한 것이다. 나는 그 마음을 확인한 후 담임교사에게 허용과 통제의 기준에 대해 아이와 대화하며 둘만의 규칙을 세워보도록 권유했다. 그리고 시각을 조금 바꿔 선생님의 지시에 따라 상담실에 온 아이를 격려하고 칭찬해주시길 부탁했다. 그 사실 하나만 보더라도 아이가 담임교사의 지시를 전혀 따르지 않는 건 아니기 때문이다.

허용과 통제의 기준을 정하는 건 확실히 쉽지 않은 일이다. 어쩌면 이 둘은 떼려야 뗄 수 없는 관계에 있을 수 있다. 또한 교사마다 사정과 상황이 각자 다르기 때문에 전문가의 의견이라고 무턱대고 따를 수도 없다. 결국 교사로서 나의 교육관과 신념에 따라 나만의 기준을 정할 수밖에 없다. 아이들을 위해 어떻게 하는 게 최선일지 생각하며 앞으로 학급 상황에 따라 선생님이 필요한 만큼 허용과 통제를 적절히 잘 활용할 수 있길 바란다.

12

문제로 보면 정말 문제가 된다

정말 문제가 맞을까?

초등학교 상담교사로 있으면서 내가 많이 하게 된 말은 "문제로 보면 정말 문제가 됩니다."이다. 학교라는 작은 사회를 처음 경험하면서 적응하고 성장하는 과정에 있는 초등학교 아이들은 당연히 다양한 어려움과 문제에 직면한다. 예를 들어 1학년 아이들은 40분이라는 수업 시간을 제대로 지키고 앉아 있기 힘들어하며 산만하고 충동적인 행동을 보일 수 있다. 1학년 초반에 이런 문제는 비단 주의력결핍 과잉행동장애(Attention-Deficit Hyperactivity Disorder, ADHD)가 아니어도 충분히 나타날 수 있다. 4학년 아이들의 경우 친구의 영향력이 커지면서 모든 생활이 친구관계에 따라 좌우되고 관련 문제가 발생할 수 있다. 6학년이 되면 아동기를 넘어 청소년기에 입성하게 되고 이로 인해 감정 기복이 심해지며 반항심과 함께 이해할 수 없는 돌발행동을 보이기도 한다.

발달과정 중에 겪을 수 있는 자연스러운 변화임에도 이를 큰 문제로 여긴다면 아이들은 그 문제에서 벗어나지 못하고 머물러 있게 된다. 그렇다고 담임교사에게 아이들의 모든 문제를 가벼이 여기라고 말하는 것은 아니다. 하지만 문제의 지속성과 고의성 그리고 위기수준 등을 종합적으로 고려한 후 때에 따라서는 유연하게 받아들이는 자세도 필요하다. 담임교사가 상담실을 찾아와 학생의 문제에 대해 자문을 구할 때 상담교사로서 나는 '그럴 수도 있다'고 말하는 편이다. 담임교사 입장에서는 아이에 대한 걱정과 미래에 대한 염려로 실제 문제수준보다 더 심각하게 받아들이는 경우가 많기 때문이다. 그러다 자칫 아이와 문제를 지나치게 연결하여 낙인찍는 일도 있기에 상담교사로서 나는 중립적이고 객관적인 자세를 유지하고자 노력한다.

상담교사는 특히 낙인에 대해서 예민하고 조심스럽다. 지금은 학교 상담실에서 상담을 받는 것이 그다지 주목받을 일이 아니지만 불과 몇 년 전까지만 해도 상담은 곧 '문제가 있다'는 편견과 낙인이 있었다. 상담실에 가는 것 자체가 문제를 인정하는 꼴이 돼버려 아이들뿐 아니라 부모님과 선생님도 선뜻 상담실 문을 열지 못했다. 한편 아이에 대해 ADHD, 품행장애, 성격장애, 우울증 등으로 명명하며 나에게 정보를 제공해주는 담임교사도 있다. 나는 담임교사가 결정한 병명을 들으며 마음이 씁쓸했다. 상담교사인 나도 아이의 심리적 문제를 파악하면서 가능성은 제시하지만 그와 같은 병명은 쉽게 언급하지 못한다. 병명은 병원에서 전문의사의 진료와 충분한 관찰, 종합심리검사 등을 통해 결정되는 것임을 알아줬으면 한다.

피그말리온 효과와 스티그마 효과

피그말리온 효과(Pygmalion effect)는 그리스 신화에 나오는 조각가 피그말리온의 이름에서 유래한 것이다. 조각가였던 피그말리온은 아름다운 여인상을 조각했고 그것을 진심으로 사랑하게 된다. 얼마나 그 사랑이 컸는지 그에게 감동한 여신 아프로디테가 여인상에게 생명을 주었다고 한다. 이처럼 피그말리온 효과는 다른 사람의 기대와 관심에 따라 나의 결과가 좋아지는 것으로 자기 충족적 예언이라고도 한다. 다른 사람이 나를 존중하고 나에게 기대를 가지면 그 기대에 부응하기 위해 노력한다는 의미로 교육심리학에서는 교사의 관심과 기대가 학생에게 긍정적인 영향을 미친다고 본다.

반대로 스티그마 효과(Stigma effect)는 낙인효과라고도 하며 낙인이 결국 학생으로 하여금 실제로 그렇게 행동하게 만들고 부정적 인식을 더 강화할 수 있다는 것이다. 교사의 부정적 낙인과 편견이 강할수록 아이는 거기에 맞춰 행동할 가능성이 커지며 악순환은 반복된다. 학교에서 계속 사고를 치던 아이가 상담 중에 한 말이 떠오른다. "어차피 저는 문제아니까 사고를 칠 수밖에 없죠." 장난기 많던 아이는 1년 전 어떤 잘못을 저질렀고 당시 부정적인 평가를 받았는데 그 일이 지금까지 영향을 미치고 있었던 것이다. 아이는 한 번 문제아로 찍힌 이상 벗어날 수 없다고 생각하며 자포자기했고 이런 태도가 다시 부정적으로 평가되며 결국 꼬리표를 떼지 못했다.

교사가 보는 시각에 따라 아이들은 달라진다. 교사의 관심과 기대가 아이의 문제를 사전에 막을 수 있고 어쩌면 아이가 가진 문제를 해결하는데 가장 큰 도움이 될 수도 있다. 하지만 반대로 교사의 편견과 낙인은 문제가 없던 아이에게도 문제를 만들 수 있고 비교적 가벼운 문제 혹은 지나가는 문제도 무겁고 심각하게 변질시킬 수 있다. 나는 교사가 학생에 대한 문제를 말할 때 그것이 과연 '아이에게 문제인가 아니면 나에게 문제인가'를 곰곰이 생각해봤으면 좋겠다. 그렇다면 나는 담임교사로서 우리 반 아이들을 어떤 시각으로 보고 있을까? 지금 스스로 점검하며 앞으로 어떤 시각으로 아이들을 볼지 정하는 시간을 가져보자.

13
엄마 아빠 같은 선생님? 과연 좋을까?

지금 이 시대의 가족은 부모의 맞벌이 증가와 함께 가족 내 불안정성이 커지며 제대로 기능하지 못하는 경우가 많아지고 있다. 가족해체로 이어지기도 하고 조부모, 한부모, 다문화 가족 등 다양한 형태를 가지기도 한다. 그러다 보니 보호자가 담당해야 할 교육적 기능이 상실되고 통제력을 잃으면서 가족 내에서 수행되던 역할이 점차 학교로 이전되고 있다. 게다가 아이들이 집에 혼자 있는 시간은 늘어나는 반면 부모와 대화하거나 인성 및 예절교육을 받는 시간은 점차 사라지고 있다. 예전에 온 가족이 함께 밥을 먹으며 그 자리에서 이뤄지던 밥상머리 교육을 이제는 찾아보기 힘들게 됐다. 이런 현실 속에서 아이들은 안정감을 잃었고 고립감은 더 커지고 있는 실정이다.

상황이 이렇다 보니 아이들은 담임교사가 엄마 아빠와 갈은 역할을 해주길 기대하기도 한다. 담임교사로서 할 수 있는 정도를 넘어 과도한 관심과 애정을 바라며 그것이 충족되지 않으면 자신의 불편한 감정을 표현하고 갈등을 만든다. 교사와 학생 관계에는 명확한 경계가 있어야 하고 무엇보다 일대일이 아닌 일대다수의 관계이므로 담임교사 한 명이 모든 아이의 엄마 아빠 역할을 수행하는 건 현실적으로 불가능하다. 한편 저학년의 경우에 오히려 보호자가 담임교사에게 자기 역할을 대신해 주길 바랄 때가 있는데 이는 분명 제지될 문제행동이다. 담임교사의 조언을 구하거나 일부분 도움을 받을 수 있지만 행동의 주체는 엄연히 보호자 자신이 되어야 하며 스스로 해결을 위해 노력해야 한다.

담임교사에 따라 아이들의 엄마 아빠 역할을 자처하는 경우도 있는데 '엄마 아빠 같은 선생님, 과연 좋을까?'라는 질문에 상담교사로서 나의 대답은 '절대 아니다'라는 것이다. '엄마 아빠 같은 선생님'이라는 표현은 아마도 아이들에게 관심과 애정을 쏟고 싶은 교사의 마음에서 비롯되었을 것이다. 담임교사의 입장에서는 아이에 따라서 자연스럽게 엄마 아빠와 같은 마음이 들거나 왠지 그렇게 해주고 싶은 연민을 느끼기도 한다. 하지만 본래의 역할을 수행하면서 동시에 보호자까지 되기에는 한계가 있고 담임교사가 가진 에너지는 한정적이다. 따지고 보면 결론적으로 자원이 취약하고 문제해결력이 부족한 가족을 도와 제대로 기능하게 하는 것만으로도 충분하다. 이때는 담임교사 혼자 애쓰기 보다 상담교사, 학교복지사, 외부기관 등과 협력하는 것이 좋다.

담임교사가 엄마 아빠의 역할을 하면 할수록 아이들과의 관계는 지나치게 밀착되고 모든 문제에 서로 과도하게 얽힌다. 필요 이상의 영향을 주고받으면서 문제에 감정적으로 대응할 수 있고 담임교사와 학생의 관계뿐 아니라 반 아이들 사이의 관계에도 부정적이다. 예를 들어 부모의 사랑을 쟁취하기 위해 자녀들 사이에 다툼이 발생하듯 반에서도 담임교사의 마음을 얻기 위해 아이들 간에 불필요한 경쟁이 발생할 수 있다. 또한 기대가 크면 실망도 커지듯 담임교사의 작은 변화에도 아이들은 예민하게 반응하며 점차 더 많은 관심과 애정을 갈구하게 될 것이다. 상담교사로서 나의 경험상 보호자로부터 충족되지 않은 애정은 밑 빠진 독에 물 붓기처럼 아무리 애써도 채우기가 힘들다.

나는 엄마 아빠와 같은 교사가 되면 안 된다는 걸 잘 알고 있지만 정작 행동은 그렇지 못하다. 왜냐하면 많은 아이들이 부모의 사랑을 충분히 받지 못해 외롭고 힘든 마음을 가지고 상담실에 오기 때문이다. 사람은 누구나 사랑을 받고자 하는 욕구를 가지고 있고 발달 단계상 초등학교 아이들은 애정의 욕구가 클 수밖에 없다. 우리가 흔히 말하는 애정결핍은 실제로도 초등학교 아이들의 성장에 중대한 영향을 미친다. 나는 아이들의 마음을 다루는 상담교사이기에 애정의 욕구를 인정하고 일정 부분 채워주려고 노력하지만 생각보다 쉽지 않다. 때에 따라 그 노력이 지나쳐 내가 아이의 엄마처럼 되기도 하고 반대로 아이가 나의 노력에 불만족하며 더 많은 걸 바라기도 한다.

상담을 받는 아이들이 가끔 "선생님이 엄마 같아요."라고 말할 때 나는 그동안의 접근과 과정을 돌아보는 편이다. 교사로서 줄 수 있는 사랑과 부모로서 줄 수 있는 사랑은 명백히 다르고 채워지는 속도나 질에도 차이가 있다. 나는 부모의 마음으로 최선을 다하지만 부모가 되려고 하진 않는다. 고학년 아이라면 자신의 애정욕구를 알고 스스로 조절하는 방법을 찾도록 한다. 담임교사의 가장 중요한 역할은 학생 교육과 지도이다. 그 역할을 제대로 수행하기 위해서는 교사로서 분명한 권위를 가지고 명확한 경계를 유지해야 한다. 그렇다고 해서 엄마 아빠와 같은 마음을 완전히 버리고 무조건 객관적인 태도를 가져야 한다는 것은 아니다. 부디 아이들에 대한 관심과 애정은 간직하되 담임교사로서 내가 할 역할과 가정에서 보호자가 할 역할을 잘 구분하길 바란다.

선생님 상담은 제가 할게요

점심시간에 나는 상담실로 놀러온 아이들과 함께 둘러앉아 소소한 이야기를 나누고 있었다. 그런데 한 아이가 뜬금없이 나에게 많은 아이들의 고민을 들어주느라 힘들지는 않은지 물었다. 나는 솔직히 힘들 때도 있지만 그런 날보다 아이들을 도울 수 있어서 기쁘고 뿌듯한 날이 더 많다고 말했다. 이어 다른 아이가 상담 선생님도 우리처럼 고민이 있냐고 질문했고 나는 당연히 있다고 답했다. 그러자 아이들은 눈을 반짝이며 한꺼번에 말하기 시작했다.

"와! 상담 선생님도 고민이 있구나."

"선생님의 고민 상담은 제가 할게요."

"저희 고민 때문에 고생하시는데 저도 상담해 드릴게요."

"저희가 상담하면 선생님의 마음이 좀 편해지겠죠?"

나는 아이들의 말을 들으며 가슴이 뭉클해졌다. 아이들의 기분 좋은 제안에 나는 '견디기 힘든 야식의 유혹'과 같은 사소한 고민 몇 가지를 말했고 아이들은 각자의 경험과 생각을 나누며 '꼬마 상담자'로서 최선을 다해주었다. 내가 하는 건 그저 아이들의 마음을 알아주고 말을 들어주는 것뿐인데 아이들은 항상 그 몇 배로 나에게 감동을 준다. 나를 향한 아이들 하나하나의 마음이 모일 때마다 나는 치유 받음과 동시에 앞으로 닥칠 어떤 고난도 이겨낼 힘을 얻는다. 이런 나는 정말 행복한 상담교사인 것 같다.

기꺼이 나아가다

‘기꺼이 하리라.’ 상담교사는 직업의 특성상 감정 소비가 심하고 마음건강의 중요성을 외치면서도 오히려 그 건강을 유지하기가 힘들다. 상담교사는 항상 도움이 필요한 아이들을 위해 감정을 풍부하게 하고 안정된 마음상태를 갖추어야 하는데 이게 참 쉽지 않다. 상담실이라면 어디나 감정 쓰레기통 역할을 하겠지만 초등학교는 특히 더 그렇다. 행복하고 좋은 일이 있을 때 상담실을 찾아오는 아이는 거의 없다. 뭔가 터질 거 같고 힘들 때 오는 곳이 상담실이다 보니 상담교사는 감정 쓰레기통 역할을 겸허히 받아들여야 한다. 그렇게 우리는 상담실 밖을 나서는 아이들의 마음이 한결 가벼워진다면 기꺼이 그 역할을 하겠노라 다짐했고 오늘도 최선을 다해 아이들의 마음을 청소하고 감정 쓰레기통을 비우고 있다.

'아이들은 희망이다.' 상담을 통한 변화에는 인내심과 함께 꽤 오랜 시간이 필요하다. 이건 마치 그 끝을 알 수 없는 어두운 터널에서 발견하기도 어려운 아주 작은 빛에 기대어 나아가는 것과 같다. 힘들고 지치기도 하며 때로는 외롭고 무섭지만 아이들의 작은 변화에도 행복해하며 기꺼이 나아가는 사람이 바로 상담교사이다. 아이들의 공허한 마음을 우리로 인해 조금이라도 채울 수 있길 바란다. 우리의 땀과 눈물로 아이들이 웃을 수 있다면 그걸로 충분하다. 우리의 마음수업으로 아이들이 좀더 성장하고 자신의 마음을 오롯이 볼 수 있게 된다면 더할 나위 없다. 아이들은 희망이기에 상담교사로서 우리는 오늘도 어두운 터널 입구에 선다.

'우리는 멈출 수 없다.' 교사라면 누구나 그렇겠지만 상담교사는 더욱더 멈춰있어서는 안 된다. 새로운 해를 맞이할수록 마음이 아픈 아이들이 많아지고 문제도 다양해지며 그 수준도 심각해지고 있다. 그렇기 때문에 상담교사는 아이가 어떤 어려움을 겪고 있는지, 어떻게 하면 좋을지, 어떤 도움을 줄 수 있을지 등을 매일매일 고민하고 행동해야 한다. 변화무쌍한 아이들의 마음을 다루기 위해 우리는 오늘도 임상가가 되기도 하고 의뢰자가 되기도 하며 자문가가 되었다가 다시 상담교사로 돌아온다.

'기꺼이 가리라.' 초등학교는 '상담'이라는 나무가 이제 막 심어졌다. 아직은 그 뿌리가 깊거나 단단하지 않기에 초등학교 상담교사는 '상담' 나무가 잘 뿌리내리고 튼튼하게 자랄 수 있도록 해야 하는 막중한 책임이 있다. 초등학교에서 '상담' 나무가 잘 자라야 아이들이 행복해질 수 있다. 그래서 우리는 이 어린 나무가 잘 성장하길 바라는 간절한 마음으로 지금도 노력과 열정이라는 물을 주고 있다. 초등학교 상담교사로서 앞으로 나아갈 길이 비록 평탄하지 않더라도 우리는 기꺼이 갈 것이다.

상담교사의 길

그 길을 함께할 동료가 있다.
그 길을 믿어줄 아이들이 있다.
그 길을 격려할 가족이 있다.
그 길을 갈 수 있는 내가 있다.
그래서 우리는 오늘도 그 길을 기꺼이 나아간다.

아이들의 웃음꽃이 피는 초등학교 상담실
세 명의 상담교사가 진짜 마음수업을 전하다.

초등상담 10계명

초등학생을 대상으로 하는 상담은 중·고등학생을 대상으로 하는 상담과 차이가 있다. 초등 상담교사의 현장경험을 바탕으로 초등학교 상담에서 지킬 10계명을 정리해보았다.

1. 인내심을 키워야 한다. 여기서 말하는 인내심은 변화되지 않는 문제에 대한 인내심이 아니다. 초등 상담에서는 같은 이야기를 몇 번씩 반복해야 한다. 지난주에 분명 상담을 했지만 아이의 기억 속에는 존재하지 않을 수 있다.

2. 눈 맞춤이 중요하다. 중·고등학생을 대상으로 하는 상담에서도 눈 맞춤이 중요하지만 초등학생 상담에서는 그 중요도가 훨씬 크다. 상담이 익숙하지 않은 초등학생은 비언어적인 표현에 더 큰 영향을 받기 때문이다.

3. 교육적인 접근이 필요하다. 초등학생에 대한 '마음수업'을 강조한 것처럼 초등학교에서는 교육적인 접근이 반드시 필요하다. 감정이라는 단어도 생소한 아이에게는 감정이란 무엇인지, 어떤 감정들이 있는지, 어떻게 표현하면 좋을지를 알려주는 것이 더 효과적이기 때문이다.

4. 말보다는 활동과 놀이가 효과적이다. 초등학생에 대한 언어적 상담은 분명 한계가 있다. 저학년일수록 언어적 상담에 제한이 있으며 초등학생의 발달 단계를 고려할 때 몸을 활용하거나 직접 경험하는 활동과 놀이가 보다 효과적이다.

5. 상담교사 혼자보다는 보호자, 담임교사와 협력해야 한다. 초등학교 상담에서 무엇보다 중요한 건 보호자, 담임교사와 함께 노력하는 것이다. 아이가 가진 문제와 어려움에 대해 혼자 애쓰기보다 함께하는 것이 효과를 높일 뿐 아니라 해결 시기도 앞당길 수 있다.

6. 각본가의 역할과 함께 연기력도 필요하다. 초등학교 상담교사는 필요에 따라 아이의 긍정적인 변화를 위해 각본가가 되어 부모와 담임교사가 어떻게 말하고 행동하면 좋을지를 정해줘야 한다. 그들이 아이에게 어떻게 표현하면 좋을지에 대한 지도와 함께 상담교사 스스로도 훌륭한 연기력을 갖춰야 한다.

7. 초등학생 눈높이에 맞는 말을 사용해야 한다. 초등학생이 쓰는 말은 중·고등학생이 쓰는 말과 다를뿐더러 언어 이해력에도 차이가 있다. 초등학교 저학년의 경우 수용, 공

감 등의 단어를 잘 모르는데 상담을 할 때 쓰게 된다면 아이들에게는 외계어로 들릴 뿐이다.

8. 비밀보장의 한계를 이해한다. 상담에서 비밀보장은 상담자로서 기본적으로 지켜야 하는 윤리이다. 하지만 초등학교 상담에서는 비밀보장에 한계가 있다. 아이들 스스로 비밀보장의 중요성을 인지하지 못해 상담경험을 여기저기 말하고 다니고 보호자와 교사의 관심도 중·고등학교에 비해 높은 편이라 상담내용과 결과를 직접 물어보는 경우가 많다.

9. 변화 가능성을 믿어야 한다. 초등학생은 중·고등학생과 비교하여 성격이나 정체감 등이 형성과정에 있기에 생각이 유연하고 변화 가능성이 크다. 때문에 상담교사는 그 변화 가능성을 믿고 더 많은 시도와 노력을 해야 한다.

10. 함께 해결하는 과정을 알도록 한다. 초등학생은 상담에서 문제에 대한 직접적인 해결을 요구하는 편이다. 때문에 상담에서 아이가 문제에 대한 책임감을 가지고 상담교사와 함께 해결하는 과정임을 알도록 하는 것이 중요하다.

초등 상담교사의

마음수업

초판 1쇄 발행 2022년 11월 15일

지은이 이진희·손주현·김효경

발행인 김병주
COO 이기택 **뉴비즈팀** 백헌탁, 이문주, 백설
행복한연수원 이종균, 이보름 **에듀니티교육연구소** 조지연 **경영지원** 박란희

편집주간 이하영

펴낸 곳 (주)에듀니티
도서문의 070-4342-6110
일원화 구입처 031-407-6368 (주)태양서적
등록 2009년 1월 6일 제300-2011-51호
주소 서울특별시 금천구 가산동 371-28 우림라이온스밸리 A동 1208호
출판 이메일 book@eduniety.net
홈페이지 www.eduniety.net
페이스북 www.facebook.com/eduniety
인스타그램 www.instagram.com/eduniety/
www.instagram.com/eduniety_books/
포스트 post.naver.com/eduniety

문의하기

투고안내

ISBN 979-11-6425-132-2 (13370)
값은 뒤표지에 있습니다.